세계사라는 참을 수 없는 농담
Weltgeschichte to go

세계사라는 참을 수 없는 농담

알렉산더 폰 쇤부르크 지음 이상희 옮김

**짧지만 우아하게
46억 년을 말하는 법**

Ć
추수밭

편견으로 가득한
세계사로의 초대

일찍이 400여 년 전에 조선의 이수광李睟光은 《지봉유설芝峰類說》(1614년 편찬)에서 독일을 가리켜 "백옥으로 만든 성의 나라"라고 소개했다. '아름다운 성'이라는 뜻의 이름(쇤부르크Schönburg는 '아름다운'의 schön과 '성'의 Burg가 합쳐진 말이다)을 가진 나의 글이 한국에서 공감을 받는 현상은 어쩌면 자연스러운 일일지도 모르겠다. 하지만 내 이름이 그림처럼 아름답게 들린다는 이유만으로 한국에서 내 책을 읽는 독자들이 많은 까닭을 설명할 수는 없을 것이다. 나로서는 내 책의 어떤 부분이 한국의 독자들에게 많은 공감을 받았는지 짐작할 수 없다. 그렇기에 더더욱 한국 독자들의 성원에 자부심을 느끼기도 한다.

10여 년 전 한국어로 옮긴 《우아하게 가난해지는 방법》(개정판 '폰 쇤부르크 씨의 우아하게 가난해지는 법')을 처음 손에 쥐었을 때 그 사실을 실감할 수가 없었다. 내가 쓴 단어들이 울리고 있을 그 낯선 문자들을 응시하며 나는 홀린 듯한 기분과 고마움을 동시에 느꼈다. 난생 처음 스스로가 언론인을 넘어 제대로 된 작가처럼 여겨졌다. 한국에서 에리히 케스트너Erich Kästner와 헤르만 헤세Hermann Karl Hesse를 사랑하는 이들이 많다는 사실을 잘 알고 있던 터에 갑자기 이들 거장 사이에 슬쩍 함께하게 된 것이다.

이번에는 《세계사라는 참을 수 없는 농담》이 한국의 독자들에게 다가간다. 모든 역사책이 가지고 있는 문제는 그 서사가 책이 쓰인 관점에서 분리될 수 없다는 것이다. 나는 이 책을 유럽의 시각에서 썼다. 책의 첫 부분을 써내려 간 공간도 어쩌면 가장 유럽적인 장소라 할 수 있는 아테네에서였다. 역사란 그것을 바라보는 이의 관점으로 정리된 결과다. 나로서도 나만의 관점, 곧 유럽인의 관점을 가질 수밖에 없다. 만약 네팔의 무스탕이나 서아프리카에 정체성을 둔 어느 역사가가 세계사 책을 집필한다면 어떤 내용이 될까. 아마도 그 책들에서 강조되는 역사들은 십중팔구 내 책과는 다를 것이다.

이 책은 피할 수 없고, 또 피하고 싶지도 않았던 유럽중심주의적 관점으로 쓰인 세계사다. 이에 대해 사과의 말을 전하며, 그럼에도 기꺼이 나의 시각을 따라 인류의 역사를 살펴보고자 하는 한국의 모든 독자들께 고마움을 전한다.

알렉산더 폰 쇤부르크

차례

여는 글을 대신해

거대하고 사소한 이야기에 대한 진지한 농담

"민족과 개인,
우둔함과 지혜,
전쟁과 평화 등은
파도처럼 왔다 사라지지만
바다만은 변치 않고
그 자리에 남아 있다.
신 앞에서 국가와 그 권력이나
영광이란 황소 발굽에 짓밟히는
개미 무리, 양봉업자 앞에 놓인
벌집과 다름없다."

비스마르크
Otto von Bismarck
독일의 정치인, '철혈재상'

아직 아침 10시다. 우리가 묵고 있는 호텔의 발코니는 그늘
속에 있는데도 벌써 기온이 섭씨 30도에 육박한다. 나는
아이들과 식탁에 앉아 아침을 먹고 있다. 우리 바로 앞에
는 세계에서 가장 유명한 도시 요새인 아크로폴리스가 펼
쳐져 있다. 그 중앙에는 한때 이 도시 주민들이 아테네 여
신을 기리며 지은 사원인 판테온이 우뚝 서 있다. 지금의
핵강대국만큼 막강했던 페르시아에 맞섰던 아테네인들이
자신들을 승리로 이끌어준 아테네 여신의 은덕을 기리며
세운 사원이다.

최고의 군대를 가진 페르시아 왕은 성가시게 맴도는 파
리를 때려잡듯 아테네쯤이야 쉽게 없앨 수 있다고 생각했
다. 아테네는 그런 페르시아에 맞서 세계사에 남은 기적과
같은 두 승리, 마라톤 전투와 살라미스 해전의 승리를 일
궜다. 리히텐슈타인 국가대표 축구팀이 독일에게 7대 1로
이기는 것만큼이나 믿기 어려운 사건이었다. 이후 역사의

방향이 크게 바뀌었다. 모험심이 강하고 몸과 정신이 팔팔한 시민들 덕분에 아테네는 한적한 마을에서 지중해의 강국으로 부상했고, 지금까지도 우리의 일상 구석구석에 큰 영향을 끼치고 있다.

아내는 발코니 밖으로 나가버렸다. 아무래도 가족 소풍이 못마땅한 것 같다. 나 때문에 무더위 속에 고대 아테네 시민들의 주 활동무대였던 아고라를 행진하듯 돌아다녀야 하는 일이 마음에 들지 않는 모양이다. 더욱이 아내는 내게 잔뜩 화가 나 있었다. 어젯밤 내가 특파원 친구인 파울 론츠하이머를 따라 아테네의 밤 문화 탐방에 나섰기 때문이다.

그동안 아이들은 세계투어에 나선 록스타의 기행을 흉내라도 내듯 호텔방을 엉망으로 만들어놓았다. 십대인 우리 아이들은 세계에서 가장 인상적인 유적보다 아침 뷔페에 더 관심이 많다. 막내가 식빵과 베이컨 오믈렛이 가득 담긴 접시를 가져온다. 그 칼로리를 모두 합하면 스파르타인 30여 명이 일주일간 행복감을 느낄 정도가 될 것이다. 우리 딸은 한 시간 전부터 호텔 와이파이에 접속하느라 끙끙대고 있다. 세련된 취미를 가진 녀석은 유적 자체보다 세계사적인 유적에 왔다는 사실을 디지털 세상에 증명하는 데 더 관심이 많다. 인스타그램의 프로필에서는 세계지도에 꽂힌 깃발을 통해 어디에서 사진을 올리는지 알릴 수 있다. 아테네 위의 조그만 깃발, 카메라 앱인 힙스타매틱의 존 S. 렌즈 Ina's 1969 필름으로 찍은 하얀색 판테온 사진이 그럴싸하게 보이기는 한다. 판테온은 수영장 바닥처럼 새파란 하늘과 극명한 대조를 이루고 있다.

역사는 나의 이야기다

나는 어째서 가족들을 가만두지 않는 것일까? 모처럼 가족여행에 나섰는데 멀리 보이는 파노라마 풍경으로 만족하고 아이스크림이나 먹으며 쇼핑거리 플라카Plaka 지구를 돌아다니는 편이 나을지도 모른다. 지금 눈앞에 펼쳐진 폐허에서 오래전 번성했던 그리스 문명이 지금 독일에서 건너온 우리 가족과 도대체 무슨 상관이 있을까? 아니, 그보다 왜 인간은 그토록 스스로를 대단하게 여기는 것일까? 왜 우리는 끊임없이 과거의 이야기를 서로에게 들려주려고 할까? 차라리 지금 여기에 집중하는 편이 더 현명한 선택이 아닐까? 뒤를 돌아 지나온 발자국을 반추하는 것이 우리 평범한 사람들에게 무슨 소용이 있을까?

이에 대한 대답은 하나뿐이다. 우리로서는 달리 어쩔 수가 없다. 물리학적으로 현재를 증명하기란 불가능하다. 우리 눈에 보이는 모든 것은 과거다. 내 옆에 놓인 유리잔은 아주 찰나일망정 원래보다 늦게 보인다. 이미지가 내 망막에 도달하는 데 걸리는 시간만큼 지연이 되는 것이다. 밤하늘로 고개를 올리면 6,000여 개의 별을 눈으로 볼 수 있다. 우리가 보는 빛은 지금 지구에 도착하지만 사실은 아주 오래 전에 발생한 것이다. 가장 오래된 빛은 130억 년이나 되었는데, 우주가 탄생한 빅뱅 당시 광속도로 여행을 떠난 것이다.

우리가 스스로에게 쏟는 관심이 아주 당연하게 여겨지던 시절이 있었다. 얼마 전까지만 해도 인류는 지구가 우주의 중심이라고 믿고 있었다. 이곳에서 멀지 않은 델피에는 돌 하나가 놓여 있다. 한때 세상의 중심을 표시한 돌이었다. 이제는 우리가 속한 작은 행성계 안에서조차 우리가 중심에 있지 않다는 것을, 다른 행성계들처럼 우리 은하계의 주변부, 눈에 띄지 않는 변두리에 있다는 것을 많은 이들이 알고 있다. 우리 은하조차도 수십억 개의 은하계 가운데 하나에 불과하다. 우리가 사는 지구가 우주 속에서 차지하는 의미란 광활한 아프리카 대륙에 사는 수천 마리 코끼리의 꼬리털 위에 앉은 벼룩의 코딱지 속 바실러스균 정도일 것이다.

그럼에도 우리 같이 미미한 생명체가 누가, 언제, 왜, 누구와 싸우고 지배했는지를 기록하느라 많은 시간을 허비한다는 것은 우습지 않을까? 우리 행성이 내일 당장 멸망할지라도 드넓은 우주에서는 그다지 중요한 사건이 아니다. 은하수로 불리는 나선형 안개 모양의 우리 은하계는 다른 은하계와 마찬가지로 아무 일 없다는 듯이 회전운동을 이어갈 것이다. 혹시 이 모든 것이 헛소리는 아닐까? 우주가 존재하는 것 자체가 우리에 의해 빛을 받기 때문일까? 우리가 그것을 보기 때문일까? 그것을 관찰하기 때문일까? 만약 관찰하는 어느 누구도 없다면, 그래도 그것은 정말 존재할까?

우리가 살고 있는 이 별이 꽤 흥미로운 곳이라고 가정해보자. 그렇다고 해서 흔히 역사책에서 그러듯이, 뒤늦게 출현한 호모사피엔스에게 모든 관심을 집중해야 한다는 뜻은 아니다. 대다수 역사책에는 이렇게 적혀 있다. "그리고 인간이 등장했다." 전 우주가 인류를 중심으로 창조 또는 진화가 완성되었다고 전제하는 것 같은 말이다. 인간을 이 세상의 지배자로 정한 세계 차원의 구상이 우리 인간의 등장과 함께 성대하게 마무리되었다는 듯이 말이다.

역사는 우리 인간이다

등장하자마자 지구를 굴복시킨 종種, 즉 인간이 이 책의 주제다. 우리가 속한 이 특이한 종을 이해하려면 우선 초기 호모사피엔스에 대해 알아야 한다. 이유는 간단하다. 이 초창기 인간이 바로 우리이기 때문이다. 이미 수십만 년 동안 인류가 존재해왔던 만큼, 최근 수천 년의 인류 문화가 우리에게 이렇다 할 변화를 가져왔다고 말하기는 힘들 것이다. 마찬가지로 우리 역시 스스로가 만들어낸 상황에 제대로 적응할 기회를 갖지 못했다. 적어도 15만 년 전부터 인류는 현재의 모습으로 존재하고 있다. 외견상으로나 뇌의 능력이라는 관점에서나 우리는 당시 살았던 조상들과 하등 구분이 되지 않는다. 어쩌면 인류의 조상은 우리보다 더 똑똑했을지도 모른다. 우리 현대인들은 스마트폰으로 게임이나 하면서 따분함을 달래고 있지만, 그들은 생사를 좌우하는 수천 가지 정보를 머릿속에 저장하고 해석해야 했기 때문이다.

인류가 수렵채집을 관둔 시기는 불과 1만 2,000년 전이었다. 그때부터 우리는 집을 짓고, 곡식을 거두고, 관청을 드나들고, 주택융자 계약을 맺고, 약속 기한을 지키기 시작했다. 여러분은 '현대인'이라는 점에 자부심을 느낄지도 모르겠다. 그렇다면 간단한 실험을 해보자. 이를 통해 여러분은 동굴에 살면서 매머드를 사냥하던 초창기 인류와 자신이 신체적으로 별 차이가 없음을 실감하게 될 것이다. 실험을 위해 한번 욕조에 몸을 담가보자. 욕조 물이 식으면 우리 몸에는 소름이 돋는다. 인류의 조상들은 현대인보다 몸에 훨씬 털이 많았다. 그들이 춥다고 느낄 때 소름은 피부의 털을 똑바로 세우도록 도와준다. 공기가 털 사이에 걸리면서 몸을 따뜻하게 해주는 원리다.

집에 욕조가 없다면 풍성하게 차려진 식탁 옆을 지나가 보자. 인류의 조상들이 고생고생하며 식량을 채집하고 사냥하며 살았다는 사실을 알게 된 이후로 나는 왜 내가 호텔의 아침 뷔페 상 옆을 그냥 지나칠 수 없는지를 깨달았다. 딱히 배가 고픈 것도 아니다. 나는 아침에는 식욕이 나지 않는다. 다만 수십만 년에 걸쳐 인간에게 음식물이란 큰 전리품이나 마찬가지였기에 나 또한 음식물을 보고 뇌 속의 신경세포에 폭풍 같은 환희를 불러일으켰을 뿐이었다. 방금 전 아침 식사를 할 때 접시를 가득 채울 수밖에 없었던 까닭이다. 이것이 한동안 마지막으로 먹는 음식이 될지도 모른다는 예감이 내 깊숙한 곳에 자리하고 있었다.

역사는 짧고 오만하다

역사에 대한 관심은 곧 우리 자신에 대한 관심이다. 우리가 역사를 고찰하는 이유는 단 하나, 우리 자신을 고찰하기 위해서다. 앞으로 보게 되듯이 인류가 창조한 문화를 바탕으로 인류의 시각에서 역사를 이야기하는 데에는 그릴 만한 이유가 있다.

이 책은 욕조와 호텔뷔페가 등장하기 훨씬 이전인 인류
사의 첫 수백만 년을 대부분 건너뛰고 마지막 수천 년, 인
류가 정착하기 시작한 기원전 1만여 년 전부터의 시기에
집중하고자 한다. 미리 분명히 해두자면, 그럼으로써 나는
동시에 가치판단을 하는 셈이 된다. 전통적인 역사학에 따
르면 약 1만 2,000년 전에 시작된 '농업혁명'은 인류가 도약
하기 시작한 출발점, 우리가 문명이라 일컫는 것의 시작점
이 된다. 물론 이처럼 인간이 자연에 맞선 시점부터 역사
를 서술하는 것이 일반적인 접근방식이기는 하다. 다만 이
방식을 따르기 전에 그 뒤에 얼마나 대담한 주장이 숨어
있는지 깨달을 필요가 있다. 다시 말해 그 같은 견해에 따
르자면 인간이 자연적 존재가 아닌 문명적 존재일 때, 인간
이 스스로를 자연의 일부가 아닌 자연의 정복자로 이해할
때 비로소 역사에서 관찰할 만한 가치를 찾을 수 있게 된
다는 것이다.

한편으로 우리는 인류 역사 가운데 첫 15만 년으로 범
위를 한정하면서, 그 근거로 이 시기가 인류 역사에서 가
장 길면서 단연코 가장 성공적인 시기였다는 점을 내세울
수도 있다. 그 경우 농업혁명 이후인 지난 1만 2,000년에
대해서는 마지막에 몇 줄 정도로만 다루게 될 것이다. 수천

세대에 걸쳐 정성껏 인류를 부양해온 자연을 우리가 착취하고 파괴한 슬픈 역사의 후기로 말이다.

물론 이것은 나의 의도가 아니다. 다만 이 책이 인류가 정착하고 문명을 건설한 이후의 시기에 집중하는 것에는 가치판단이 전제되어 있음을 밝혀둬야 할 것 같았다. '우리' 세계와 '우리' 환경이라고 말하는 것이 하나의 가치판단이듯이 말이다. 이로써 나는 우리가 스스로를 자연의 일부가 아닌 자연과 분리된 존재로, 심한 경우 자연의 주인으로 여기고 있다는 사실을 분명히 보여주고자 한다.

대부분의 역사책들이 지난 1만 2,000년, 즉 농업혁명 이후의 시기에 집중하는 데에는 사소하지만 실용적인 이유도 있다. 그것이 더 쉽기 때문이다. 당연하겠지만 시간과 공간적으로 우리와 가까운 시기일 경우 관찰하기도 쉽고 더 면밀하게 파악할 수도 있게 된다. 또 다른 문제는 정착 이전의 시기에 대해 우리가 아는 것이 훨씬 적다는 점이다. 문자로 된 기록이 남아 있지 않기 때문이다. 수렵꾼과 채집인이 글을 남겼을 리 만무하다. 문자를 발명할 생각을 한 것은 도시인들이 등장하면서였다.

지난 1만 2,000년 동안에 이루어진 인류의 발전에 대해 보다 정확히 알아야 할 이유는 또 있다. 그것이 의미심장한 성공담이기 때문이다. 인류는 무서울 정도로 빠르게 놀랄 만한 성공을 일궈냈다. 처음에는 먹이사슬에서 사자와 양 사이 어디쯤에서 시작했지만, 어느덧 우주에서 트위터를 이용하고, 뉴런으로부터 미니 두뇌를 만들어 의약품을 시험하고, 인간 유전자를 조작할 뿐만 아니라 슈퍼지능을 개발하는 수준까지 도달했다.

세계사를 불러올 때 우리 앞에는 46억 년이라는 시간이 펼쳐져 있다. 도구를 사용한 최초의 유인원이 등장한 때는 약 300만 년 전이다. 우리와 외모가 같은 인간은 15만 년 전에, 생각하고 계획을 세우는 인간은 빠르면 7만 년 전에 비로소 등장했다. 46억 년의 세계사를 눈앞에 떠올린다면 7만 년의 인류 역사는 지극히 짧은 시간이다. 세계사를 100분짜리 영화에 견준다면 인간이 돌을 쪼개기 시작한 순간에서 시작해 나토와 구글이 창립되고 로봇과 자율주행 자동차를 발명한 시점까지는 1초가 채 되지 않는 시간에 해당한다. 그런데도 인류 역사에서 무수한 흥미로운 일들이 그 짧은 시기에 벌어졌다.

역사는 아마추어다

이제 아마추어 역사가로서 내 특별한 자질이 빛을 발할 때가 왔다. 나는 저널리스트다. 다시 말해 나는 역사 전문가와 반대되는 입장에 서 있다. 이 책의 독자들에게 다가가

기에 나의 이러한 위치는 오히려 큰 장점이 될 수 있다. 어떤 학문에 대해 지나치게 깊이 파고들어갔을 때 어떤 결과가 나타나는지는 니체가 잘 보여주고 있다. 너무 많이 알고 너무 많이 이해하고 또 너무 많은 연관을 발견하고 너무 많은 정보를 가진 자는 자연히 혼란의 늪에 빠지게 된다. 방대한 자료 탓에 인류의 역사를 살피는 작업이 무모하게 비칠 수 있음에도 내가 이 같은 일에 나설 수 있었던 데에는 역사를 다루는 데 있어 스스로의 모자람을 인정하고 과감히 세부를 무시하는 대신 정확히 핵심 또는 핵심적이라 여기는 것에만 집중했기 때문이다. 독자들도 나와 같은 아마추어가 단순하게 정리해 전하는 설명을 통해 인류 역사의 전체를 조망할 기회를 얻게 될 것이다.

위대한 저널리스트이자 문화철학자인 에곤 프리델Egon Friedell은 아마추어를 옹호하는 의미심장한 말을 한 바 있다. 나 역시 그의 생각에 동의한다. 프리델은 누가 아마추어라고 놀려도 전혀 상처를 받지 않았다. 오히려 그 반대였다. 작가 프리드리히 토르베르크에 따르면, 극작가로 활동하던 프리델은 "우리는 술꾼인 이 뮌헨 출신의 아마추어를 두 번 다시 빈에서 보고 싶지 않다!"는 혹평을 빈의 일간지 《비너차이퉁Wiener Zeitung》으로부터 들은 적이 있었다. 이에 프리델은 신문사에 다음과 같은 편지를 보냈다. "이따금 술을 즐기는 것을 부인하지는 않겠다. 아마추어라는 말도 기분 나쁘게 받아들이지 않는다. 원래 그 말은 자기 일을 사랑하는 사람이라는 뜻이기 때문이다. 하지만 '뮌헨 출신'이라는 말에 대해서는 고소를 각오하시라!" 막스 라인하르트에게 보낸 편지에서 프리델은 인간의 모든 활동은 아마추어에 의해 행해질 때에만 진정한 생명력을 갖는다고 밝힌 바 있다. "애호가로도 불리는 아마추어만이 대상과 진정으로 인간적인 관계를 맺는다."

단순화는 역사를 전달할 때 실행할 수 있는 유일한 방법이기도 하다. 극히 과학적 방식으로 수행되는 역사학조차도 단순하게 정리하는 것과 관련이 있다. 정리란 곧 분류하고, 해석하고, 풀이하고, 사후에 연관성을 짜맞추는 것을 뜻한다. 과학적이라는 것도 결국 질서를 부여하는 시도다. 이와 대척점에 있는 것은 자료와 정보가 한눈에 알아보기 힘들고 서로 연관성 없이 뒤섞여 있는 상태다. 누가 어디서 통치했는지 열거하기 시작하는 순간 이미 자신만의 분류화에 나서고 질서를 부여하는 작업 한가운데로 뛰어든 셈이다. 이 시대의 가장 영향력 있는 저서 가운데 하나인 《블랙 스완》의 저자 나심 니콜라스 탈레브Nassim Nicholas Taleb는 사물을 분류하는 인간의 강박적 행동을 '플라토나이징platonizing'이라 일컬었다. 그런데 분류하고 연관을 지을 때에야 비로소 우리는 생각하는 사람이 된다. 생각한다는 것은 뇌 속에서 정보를 서로 연결시킨다는 뜻이기도 하다. 정보들이 우연에 따르지 않고 더욱더 체계적으로 연결될수록, 또 더욱 더 뚜렷한 패턴화가 이루어질수록 우리 머릿속에 저장하고 전달하고 책에 기록하기도 한결 쉬워진다.

역사는 편견이다

탈레브에 따르면 사람들이 원하는 것은 구체적이며 분명한 것, 눈길을 사로잡으면서 흥미진진하고 낭만적인 것이다. 애당초 인간은 추상적인 것을 좋아하지 않는다. 다만 문제는 그 과정에서 사고의 오류가 일어난다는 것이다. 분류는 늘 일이 벌어지고 난 다음에 이루어진다. 우리는 과거를 되돌아보며 어떤 사건들이 그런 식으로밖에 일어날 수 없었다고 말한다. 예컨대 이런 저런 일들로 인해 프랑스혁명이나 1차 세계대전의 발발이 불가피했다는 식이다. 그러나 사건이 일어날 당시에는 어느 누구도 어떤 일이 시작되는지를 알지 못했다. 2001년 9월 11일 이후로 모두가 테러리즘에 대해 설명할 수 있게 되었다. 하지만 9월 10일만 해도 테러리즘에 진지하게 관심을 가지고 있는 사람이 얼마나 되었을까. 내일 후세대가 우리에 대해 어떻게 평가할지 오늘 우리는 알 수 없다.

역사란 그런 것이다.
역사는 누가 어디서 무엇을
이야기하는지가 무엇보다 중요하다.
그래서 역사란 존재하지 않는다.
오직 나와 당신들의 오만하고
이기적인 수많은 역사들만이
존재할 뿐이다.

역사는 객관적 진실을 붙잡는 학문이 아니다. 사실로 가득한 한 무더기 서류철보다 동화 속에 더 많은 진실이 응축되어 있을 때도 있다. 어쩌면 기존 질서에 도전하는 인간을 그린 아담과 이브의 이야기, 또는 죽음이라는 가장 무자비한 자연법칙을 깨부수고자 길을 떠난 인간을 다룬 〈길가메시 서사시〉 같은 이야기들이야말로 가장 진실한 고백일지도 모른다. 나에게 중요한 것은 역사의 학문적 엄밀함이 아니라 그것이 주는 치유 효과다. 어쩌면 우리가 서로에게 과거의 이야기를 들려주는 유일한 목적은 스스로를 위로하기 위해서가 아닐까. 우리의 삶이 한정되어 있다는 것을 잘 알기에 그러한 방법으로 불멸의 감정을 느껴보고자 하는 것이다.

내가 머물고 있는 이곳 아테네는 연극의 발상지다. 연극은 우리 자신을 살피고, 우리가 갈망하는 것과 우리의 어두운 면을 무대에 되비쳐 직접 눈으로 보게 하자는 의도에서 생겨났다. 안전한 거리를 두고 펼쳐지는 일종의 연출된 자기치료의 시간인 셈이다.

누가 어디서 무엇을 서술하는지가 중요하다는 점에서라도 역사는 과학이 될 수 없다. 우리는 서사Narrative를 통해 사고한다. 역사란 일차적으로 사건들을 서술하는 과정이 아니다. 내가 이 책에서 신화와 이야기를 거듭 언급하는 까닭도 그 때문이다. 신화와 이야기에는 역사가 학문적인 의미에서 응축되어 있다. 몇 년 뒤 세계에서 가장 빨리 성장한 도시 가운데 하나가 될 킨샤사에 사는 어느 콩고인이 세계사 책을 집필한다거나, 500년 전 히말라야 무스탕 왕국의 한 불교도가 똑같은 일에 나섰다고 가정해보자. 당연히 두 책은 아테네에서 노트북으로 글을 쓰는 나 같은 육중한 체구의 유럽인이 쓴 내용과 많이 다를 것이다. 하지만 역사에서 내가 지닌 관점 말고는 어떤 다른 관점도 내게는 있을 수 없다.

마찬가지로 나는 오해의 위험을 무릅쓰고 '유럽인'이라는 단어를 사용한다. 유럽은 대륙명이라기보다는 그곳에 사는 사람들이 2,000년 전부터 형성해온 개념이다. 지질학적으로 볼 때 유럽은 아시아라 불리는 거대한 대륙판 맨 끝에 자리한, 이리저리 갈라진 돌출부에 해당한다. 하지만 이 대륙 끝자락의 주민들은 오늘날 지구에 사는 다른 모든 이들의 삶을 크게 바꿨다. 그것이 내가 유럽의 관점에서 역사를 서술하는 이유다.

유럽적 관점에서 역사를 바라보는 것은 심지어 필요한 일이기도 하다. 멕시코 영화감독 알레한드로 곤잘레스 이냐리투Alejandro González Iñárritu의 말을 빌리면, "문제가 되는 것은 백인이 다른 피부색의 사람을 비롯해 자연, 동물, 생명체 전체를 대하는 방식이다". 나머지 거대한 문명들의 사정은 어떨까? 왜 중국은 호주를 발견했지만 정복할 생각이 없었을까? 왜 유럽이 아메리카를 '발견'했고, 그 반대의 일은 벌어지지 않았을까? 왜 마야족은 유럽으로 아니면 남아메리카로 정복을 떠나지 않았을까? 이것이 지금부터 우리가 다룰 질문들이다.

그림도, 연표도, 지도도 없이
우아하게 읽는 세계사

내가 택한 접근방식은 무엇일까? 무엇이 여러분을 기다리고 있을까? 카를 야스퍼스Karl Jaspers는 단순화시켜 설명하기 좋아하는 철학자는 결코 아니었다. 그럼에도 그는 인류의 역사를 네 시기로 구분했다. 그에 따르면 네 차례에 걸쳐 인간은 새로운 토대를 세웠다. 맨 처음에는 언어와 도구가 탄생한 시기가 있었다. 이어지는 제2단계에서 수렵과 채집을 그만둔 인간은 씨를 뿌리고 수확에 나서면서 거대한 왕국을 건설한다. 기원전 800년부터 200년 사이에 걸친 제3단계에 대해 야스퍼스는 '축의 시대Achsenzeit'라는 근사한 말을 찾아냈다. 이 시기에 인류는 이성의 힘으로 별을 탐구하고, 철학하고, 사상의 구조물을 짓고, 세계종교를 탄생시켰다. 우리가 현재 살고 있는 제4단계는 기술과 과학의 시대다. 모든 분류 행위가 그렇듯 여기에도 이치에 들어 맞지 않는 면이 있지만, 이러한 분류가 큰 도움을 주는 것도 사실이다. 나는 대체로 야스퍼스의 분류를 따를 것이다. 더 나아가 사피엔스 고유의 형식에 대한 감각을 적극 활용해 볼 작정이다. 다시 말해 각 장이 끝날 때마다 앞서 다룬 주제를 요약하는 톱10 목록을 제시할 것이다.

우선 마음이 급한 독자들을 위해 속성 코스를 제공한 뒤, 이어지는 10개의 장을 통해 각 장마다 전체적으로, 하지만 서로 다른 관점에서 세계사를 다룰 것이다. 인류 역사의 가장 중요한 사건을 다룬 장에 이어 주요 도시의 발전을 통해 세계사를 설명하는 장이 뒤따를 것이다. 그런 다음 역사를 만든 영웅들, 역사를 바꾼 중요한 사상 및 예술작품, 혁명적인 발명품 등을 다룬 장들이 차례로 소개될 것이다. 이어서 악당과 세계를 바꾼 말에 관한 장이 등장한다. 끝으로 가슴 아프지만 세계의 종말에 관한 몇 마디 말도 빼놓을 수 없다. 하지만 여러분이 너무 우울해지지 않도록 역사적 연관성에 관한 몇몇 놀라운 통찰도 함께 소개하고자 한다.

여러분은 수많은 이름과 사건, 날짜가 이 책에 빠져 있다는 사실을 발견할 것이다. 이 책은 세계사 교과서가 아니다. 이 책에서 중요한 것은 전투와 혁명이 언제 일어났는지,

지배자들의 이름이 무엇이었는지가 아니다. 나는 대부분의
사람들이 기원전 400년경 아테네인들이 어떻게 생활을 꾸
려갔고 10년경 로마인들이 어떤 걱정에 빠져 있었는지에
대해 진심으로 깊은 관심을 가지리라고는 생각하지 않는
다. 진정 역사에서 흥미로운 부분은 고대 아테네를 살펴봄
으로써 우리에게 던져지는 질문들, 또 당시 사람들이 던졌
던 질문에 대한 대답이 지금 여기 우리들에게 주는 의미일
것이다. 투키디데스Θουκυδίδης에 따르면 역사란 사례를 통해
배우는 수업이다. 여러분은 개론서나 참고서가 아닌 바로
지금 여기의 우리와 관련된 과거의 사례들을 만나게 될 것
이다.

한 가지 미리 일러둘 내용이 있다. 여러분은 이 책에서
나만의 생각은 발견하지 못할 것이다. 역사와 관련한 독창
적인 사고들에 대해서는 주의가 필요하다. 슈펭글러와 마
르크스, 즉 독창적인 역사 이론을 세우고자 했던 마지막
두 거장의 책을 읽은 독자라면 내 말을 이해할 것이다. 그
와 같은 생각은 금방 돌팔이의 영역으로 빠지기 십상이다.
마르크스Karl Marx에 따르면 인간은 자신을 묶은 사슬에
서 해방되는 순간 영원히 걱정 없는 삶을 살게 된다. 슈펭
글러Oswald Spengler에게 문명은 한정된 수명을 가진 열매와
도 같다. 문명은 꽃이 피고 시들어버리기까지 약 천 년 간

지속하다가 쇠망한다. 즉 모든 것이 운명적인 흐름을 따른다는 주장이다. 나는 이 책에서 어떤 독창적인 주장도 하지 않겠다고 엄숙히 맹세한다. 인간에 대해서는 이미 수백 번, 수천 번에 걸쳐 중요한 생각들이 제시되었다. 세상도 어느 정도 나이를 먹은 만큼, 수천 년 전부터 여러 위대한 선인들이 나타나 많은 생각을 해왔기 때문에 이제는 새로운 것을 찾아내거나 말하는 게 거의 어려울 지경이 되었다. 물론 이 또한 내 생각이다. 그렇지만 괴테라는 이름의 작가가 오래전 그런 말을 했다는 것을 알게 되었다. 그럼 이 생각은 더 이상 내 생각이 아닐까? 따라서 나는 표절 오해를 피하고자 내가 거인의 어깨에 올라탄 난쟁이임을 미리 고백한다. 그것이 꼭 나쁜 일만은 아니다.

내가 어떤 이들의 도움을 받았는지 책 말미에 소개한 참고문헌을 통해 대략 짐작할 수 있을 것이다. 초기 고대사에 관해서는 얀 아스만Jan Assmann에게, 고대사는 저명한 모지스 핀리Sir Moses Finley에게, 후기 고대사는 피터 브라운Peter Brown에게 특히 빚진 바가 크다. 중세에 관해선 자크르 고프Jacques Le Goff로부터 많은 도움을 받았다. 안타깝게도 그는 2014년 90세를 일기로 타계했다. 이밖에 베를린에 사는 문화·정신사 분야의 저명한 학자인 알렉산더 데만트

Alexander Demandt의 저서와 강의도 크게 참고가 되었다. 노르베르트 엘리아스Norbert Elias, 카를 야스퍼스, 칼 포퍼Karl Popper, 이사야 벌린Isaiah Berlin 등의 저서도 큰 도움을 주었다. 이들 사회학자와 철학자는 가장 뛰어난 통찰력을 지닌 역사가들이기도 하다. 우리 시대의 가장 탁월한 자유주의 사상가인 이사야 벌린이 세상을 떠나기 직전 옥스퍼드 집 필실에서 만나 계몽주의와 자유주의에 관해 논쟁을 벌인 기회가 있었다. 하지만 내게 가장 큰 영감을 준 이는 예루살렘 대학에서 교수로 있는 내 친구 유발 하라리Yuval Harari 였다. 그의 저서 《사피엔스》가 없었더라면 이 책이 나오기 힘들었을 것이다. 2014년 가을에 그를 방문했을 때 마침 유발 하라리는 후속작을 완성한 뒤였다. 그는 이 책을 위해 소중한 조언을 아끼지 않았다.

제1장

단숨에 살펴보는 46억 년의 이야기

또는 1만 2,000년 인간의 시대

"뜨거운 인더스강과
차가운 아락세스강이
서로 만나고, 페르시아인들이
엘베강과 라인강의 물을 마신다.
바다의 여신이
새로운 세계를 드러내면,
틀레Thule(신화 속 북극의 섬)는 더 이상
지구의 최극단이 아니다."

세네카
Seneca
고대 로마의 철학자, 정치가

역사의 시작에 대해서는 빨리 넘어가기로 하자. 그것을 아는 사람은 어차피 아무도 없다. 하지만 약 130억 년 전에 무슨 일이 일어났는지에 대해서는 정확히 알려져 있다. 극소의 우주가 최대의 에너지로 폭발하면서 천체들이 사방으로 날아갔고, 부풀어 오르는 풍선 위에서처럼 서로 멀어졌다. 그렇게 해서 공간, 빛, 시간이 탄생했다. 왜 그런 일이 일어났는지 말할 수 있는 사람 또한 아무도 없다. 하지만 지금도 급속도로 멀어져가는 별들의 거리를 통해 그 일이 발생한 사실과 시점을 추정할 수는 있다.

대폭발을 둘러싼 이런 불가사의한 이야기와 지구가 탄생한 태고의 역사에 대해서는 이제 건너뛰기로 하자. 우주가 사방으로 흩어지는 과정에서 중력으로 인해 가스 덩어리와 별이 탄생했다. 매우 작은 항성에 속하는 우리 태양은 약 55억 년 전에 생겼다. 태양 주위를 도는 지구는 태양보다 약 10억 년 더 늦게 태어났을 뿐이며, 생성 이후 대부분의 기간 동안 생명이 살기 힘든 곳이었다. 40억 년이 넘도록 지구는 뜨겁게 달아오르고 부글부글 끓는 상태로 있었다. 35억 년이라는 지구 역사상 가장 긴 시간 동안 우리 행성은 흡사 해초 건더기를 넣은 원시 수프와 같은 모습을 하고 있었다. 그 35억 년간 저녁뉴스 시간에 어떤 소식들이 전해졌는지 알고 싶어 하는 사람은 아마도 없을 것이다.

그러다 약 5억 년 전 특이한 현상이 나타났다. 생명이 탄생한 것이다. 이른바 캄브리아기의 대폭발(생물종의 폭발적 증가)이다. 여기서 우리가 다루는 시간과 비교하면 순식간에 벌어진 일이었다. 육상식물, 갑각류, 최초의 어류, 양서류, 곤충, 파충류, 조류 등이 잇달아 등장했다. 단기간에 전례 없이 다양하고 화려한 모습들로 각종 식물이 자라고, 곤충들이 떼 지어 다니고, 동물들이 육지와 하늘을 돌아다니고 땅 위를 기어 다녔다. 이어 소행성과 혜성이 하늘에서 떨어졌고, 여러 동식물 종이 멸종하면서 다른 종이 들어설 자리가 마련되었다.

이제 시간을 앞으로 빨리 돌려보자. 4억 9,700만 년의 시간이 지나 지금으로부터 약 300만 년 전이 되면서 다시금 흥미진진한 시기가 펼쳐진다. 유독 행동이 눈에 띄는 한 동물 종이 나타난 것이다. 곤충을 먹고 사는 나무두더지에서 유래한 원숭이 가운데 일부 종이 이상한 행동을 하기 시작했다. 이들은 직립 생활을 한 덕분에 손을 자유롭게 사용할 수 있었다. 다수의 유인원 종이 출현했고, 다양한 개와 새들이 존재하듯 적어도 200만 년 동안은 다양한 인간 아종이 살았다. 유럽과 서아시아 지역에서는 네안데르탈인이 출현했다. 아시아 지역에서는 호모 솔로엔시스와 체구가 작은 호모 플로레시엔시스도 볼 수 있었다. '호빗'이란 이름으로 대중문학에도 등장한 호모 플로레시엔시스의 경우 1만 2,000년 전에 비로소 멸종했다.

기원전 300만 년과 7만 년 사이에는 다시 놀랄 만큼 기술 발전의 속도가 느려졌다. 최초의 주먹도끼가 만들어진 이후 수백만 년 동안 주먹도끼 2.0은 등장하지 않았다. 스티브 잡스는 사방 어디에도 보이지 않았다. 한참이 지나 기원전 7만 년 전 무렵 뇌 속의 회로망에서 모종의 연결이 이루어지면서 수많은 인간 종의 하나였던 동아프리카의 호모사피엔스가 선두로 나서게 되었다. 호모사피엔스가 가진 진화상의 약점, 즉 미숙아로 태어나는 현상이 아마도 이들의 커뮤니케이션 능력을 발달시켰을 것이다. 주위에 널브러진 돌을 도구로 쓰는 대신 갑자기 번듯한 작업장이 만들어졌다. 조직하는 능력과 기술적 능력이 폭발적으로 발달했다. 말을 하고, 그림을 그리고, 놀이를 하고, 계획을 세우고, 교역에 나서기 시작했다. 우리가 생각하는 인간이 된 것이다. 이른바 인지혁명이 시작되었다.

그 혁명은 우리 같은 인간이 소수에 지나지 않던 시절에 일어났다. 화산폭발 같은 수많은 자연재해로 7만 년 전 우리 종의 숫자는 만 명에도 못 미치는 수준으로 급감했다. 이 만 명이라는 숫자가 뜻하는 것은 다음과 같다. 첫째, 한때 인류는 거의 멸종될 뻔했다. 둘째, 우리 모두는 아주 가까운 친척이다. 영국 여왕, 멕시코 마약왕 '엘 차포El Chapo'나 엘비스 프레슬리 등이 모두 유전적 관점에서 볼 때 이 책을 읽는 독자 여러분과 아주 가까운 가족인 셈이다.

약 1만 2,000년 전 어쩌면 인류사에 가장 지대한 영향을 끼쳤을 중대한 변화가 발생했다. 정착생활이 시작된 것이다. 사냥과 채집 활동에서 벗어난 인류는 농작물을 심고 수확하면서 한 곳에 정착하게 되었다. 아마도 한 곳에 매이지 않는 전통문화와 정착문화 사이에 큰 갈등이 빚어졌을 것이다. 결국 승리한 쪽은 많은 양식을 저장함으로써 힘도 비축할 수 있었던 정착자들이었다. 하지만 이는 늘어나는 인구를 부양하느라 계속해서 생산을 늘려야 하는 결과를 가져오기도 했다. 이제 인류는 돌이킬 수 없는 길로 들어섰다.

이때부터는 일이 숨 가쁘게 전개되었다. 소유물이 생기면서 인류는 계산과 쓰기를 시작했다. 정착생활과 함께 지켜야 할 고향도 생겼다. 미리미리 계획하는 일이 불가피해졌다. 주의를 쏟고 돌보고 감시할 대상들도 덩달아 늘어났다. 보호와 방어를 위해 방벽, 감시, 무기 등이 필요해졌고, 군사력을 체계적으로 관리할 지도자를 찾아야 했다. 인구가 늘면서 식량도 충분히 확보해야 했다. 원활한 식량 공급은 날씨에 좌우되었다. 경작자들로부터 여분의 식량을 빼앗아가는 지배자도 많아졌다. 스스로에게 가뭄을 막아줄 능력이 있다고 믿는 사제들도 등장했다. 철 생산은 분업을 촉진했고, 사회계층이 발생하면서 조직단체가 필요해졌다. 인간은 도시를 건설하고, 전쟁을 벌이고, 국가와 대제국을 세우고 송수로, 톱니바퀴, 중앙난방, 전자레인지, 주식회사, 스마트폰, 심박조율기 등을 잇달아 고안해냈다.

농업혁명을 소개한 이후에는 초강대국들을 열거하는 것이 일반적이다. 전통적인 방식은 수메르와 아시리아에서 시작해 전설적인 고대도시 바빌론에 대해 설명하는 것이다. 그러면서 신성한 매춘과 그 밖의 불결한 작태를 언급함으로써 바빌론에 대한 내용에 살을 입힌다. 이어 거듭해서 발생하는 민족 대이동의 물결을 소개한다. 당시 아시아 초원과 동부 유럽에 살던 부족들이 남쪽으로 몰려오면서 다른 부족들을 밀어냈다. 이제 페르시아와 이집트를 각각 다룬 뒤 중국과 인더스로 시선을 돌린다. 그럼 드디어 그리스와 로마 차례다.

모두가 흥미만점의 이야기들이다. 하지만 늘 결국에는 지구 어딘가에서 한 유목종족이 다른 이웃 종족에, 한 고등 문명이 다른 문명에 승리를 거둔다는 식으로 흘러가기 일쑤다. 이 같은 대립의 과정을 열거하는 것보다 훨씬 더 흥미로운 이야기가 있다. 바로 고립된 각각의 문화로부터 얼마나 무서운 속도로 서로서로 연결된 세계가 탄생했는가에 대한 이야기다. 메소포타미아의 한 지배자는 기원전 13세기만 해도 아무런 양심의 가책 없이 자신을 '세계 네 개 연안의 왕'으로 칭할 수 있었다. 중국에 있는 왕에 대해 그는 까맣게 모르고 있었다. 더욱이 이 두 왕 가운데 어느 누구도 마야에 대해 들어본 적이 없었다. 이들은 각기 다른 행성에 살았다고 해도 과언이 아니었다.

기원전 4세기 알렉산드로스 대왕은 지중해에서 인더스강에 걸쳐 여러 도시를 건설했다. 예수가 태어난 해에 이미 세계 여러 민족들이 서로 왕래를 하고 있었다. 네로 로마 황제는 나일강 근원지로 탐험대를 보냈고, 예수의 제자였던 토마스(도마)는 인더스강에서 설교를 했다. 그다음에는 아랍의 정복 물결이 지중해 세계를 휩쓸었고, 이슬람은 다문화 세계제국을 건설했다. 서기 첫 1000년이 끝나갈 무렵 유대인, 기독교인, 바이킹족, 중국인들은 대륙을 넘나들며

물자교역에 나섰다.

십자군 전쟁 이후 12세기와 13세기에 세계는 이미 상당히 밀접하게 연결되어 있었다. 교황이 무슬림들의 저지를 요청하는 편지를 몽골인들에게 보내는가 하면, 고대 그리스 문서에 대한 아랍 번역서들이 서유럽으로 밀려들었고, 국제적 네트워크로 연결된 대학들과 구속력을 띤 국제 법규, 세계무역의 중심지 등이 출현할 정도였다. 따라서 우리가 사용하는 '세계화 반대자'라는 용어만큼 바보 같은 표현도 없을 것이다. 이런 식이라면 식물 성장의 반대자라는 말도 똑같이 사용될 수 있을 것이다. 적어도 2,000년 전부터는 지금 우리가 세계화라고 부르는 네트워크화가 갈수록 빠르게 구축되었다. 헌법학자 카를 슈미트Carl Schmitt의 많은 저서들은 논란의 대상이 되고 있지만, 그가 쓴 소책자 하나는 의심의 여지없는 독창적인 주장을 담고 있다. 슈미트는 2차 세계대전 중 딸 아니마Anima를 위해 《땅과 바다》를 집필했다. 딸에게 세계에 대해 설명해주고자 한 슈미트는 인류 역사를 공간 극복의 역사로 기술하고 있다.

슈미트가 말한 이른바 "공간혁명" 가운데 가장 파급력이 컸던 사건은 바다로의 진출이었다. 처음에는 해안을 따라 항해하다 나중에는 미지의 바다로 나아갔다. 슈미트는 어떻게 바이킹족, 고래잡이꾼, 해적들이 가장 먼저 대양으로 진출할 용기를 냈는지를 설명한다. 이후 15세기와 16세기 과학·군사적으로 발전한 각국은 이들이 발견한 바닷길을 통해 대양을 정복했다. 아메리카 대륙의 정복, 세계무역, 세계제국의 시대가 열린 것이다. "바다를 지배한 자가 세계의 무역을 지배하고, 세계의 무역을 지배한 자는 세계의 보화, 그리고 사실상 세계를 차지하게 된다." 영국의 군인이자 탐험가였던 월터 롤리Walter Raleigh의 말은 사실이었다.

슈미트의 독창성은 그가 다양한 공간혁명을 분류함으로써 세계화라는 현상에 최초로 이름을 부여했다는 데 있다. 최대 해양국가로 부상한 영국은 기계의 발명으로 최대 기계강국의 지위까지 거머쥐었다. 영국에서는 1770년 최초의 고성능 증기기관이 발명되었고, 1786년 최초의 기계식 직기가 만들어졌다. 1804년에는 최초의 증기기관차가 운행되었고, 1825년에는 최초로 승객들을 철로로 수송했다. 19세기 중반 영국은 누구도 넘볼 수 없는 강력한 세계제국을 이루었다. 훗날 영국 총리를 역임한 디즈레일리 Benjamin Disraeli는 1847년 《탄크레드, 또는 새로운 십자군 전쟁Tancred: or, The New Crusade》에서 영국 황제가 제국 수도를 런던에서 델리로 이전하는 상상을 펼치기도 했다. 심지어 현재의 구글보다 훨씬 막강한 힘을 자랑한 동인도회사 같은 영국 기업들은 전쟁과 평화가 달린 문제를 직접 결정할 정도였다. 19세기에서 20세기로 넘어오면서 미국이 과거 식민지 주인이었던 영국을 제치고 점차 세계를 호령하는 강대국으로 떠오르게 되었다.

슈미트의 생각을 계속 이어가 보자. 1835년과 1910년 사이에 전신, 무전기, 라디오, 전화 등이 발명되면서 또 다른 공간 경계들이 사라졌다. 1850년 유럽과 미국을 잇는 최초의 해양 케이블이 설치되었고, 1866년에는 지멘스가 전기 발전기를 개발했다. 1903년에는 라이트 형제가 모터를 이용한 첫 비행에 나섰다. 전투기가 1913년 제작되었고, 그로부터 채 10년이 지나지 않아 독일 데사우에 있는 항공기 제작공장 융커스Junkers에서는 여러 대의 여객기를 완성시켰다. 1931년에는 팬암사에서 마이애미에서 부에노스아이레스까지 운행되는 최초의 장거리 노선 취항에 나섰다. 1969년에는 데이터 전송을 위해 처음으로 여러 컴퓨터를 연결하면서 공간 경계가 결정적으로 붕괴했고, 달 여행도 실현되었다. 이제는 더 이상 배를 띄우거나 비행기를 타지 않고도 지구의 저 다른 쪽 끝에 영향력을 행사할 수 있고, 심지어 우주의 인공위성을 조종하기도 한다. 이 모든 것이 마우스를 딸깍거리는 것으로 충분하다. 이제 전 세계가 하나가 되었다.

한때 각 골짜기마다, 씨족들마다 고유의 제식을 지내고,

전 세계에서 각기 다른 방식으로 숫자를 세고, 집을 짓고, 장례를 치르던 시절이 있었다. 지금은 민주적 자유주의 같은 세속적인 구원의 약속을 포함해 다양한 세계종교가 존재하고, 우리 모두가 동일한 셈법을 사용하며 외관상 거의 구분이 어려운 비슷비슷한 건물에서 생활하고 있다.

오늘날 세계화로 모두가 공유하게 된 현실은 지구 구석구석 영향을 끼치지 않는 데가 없다. 이러한 네트워크화를 이끈 힘은 무엇이었을까? 가장 먼저 교역을 꼽을 수 있고 이어서 정복과 종교 따위를 떠올릴 수 있을 것이다. 이웃 종족이 무엇을 믿는지에 관심을 갖게 된 시점부터 역사에는 이제껏 없던 새로운 재미가 더해졌다. 이런 일이 일어난 때가 대략 기원전 1000년경이다.

유럽에서는 네트워크화를 가속화하는 또 다른 엔진이 추가되었다. 바로 과학이었다. 페르시아나 몽골 같은 과거 정복국가들이 새로운 민족과 종족들을 정복해나갈 때 그 목적은 늘 부의 축적에 있었다. 물론 그들에게도 천문학자와 수학자가 있었다. 하지만 근대 유럽과 동방의 과학자들의 차이점은 무엇인가를 다른 목적을 위해 유용하게 만드는 능력에 있었다. 다시 말해 교역과 전쟁이라는 목적을 위해 과학을 활용하거나 종교를 위해 교역을 이용하거나 아니면 그 반대의 일이 일어나기도 했다. 16세기와 17세기, 기독교 국가의 항해자들은 경제나 제국주의적 이해관계만이 아니라 과학과 종교적인 이익도 함께 추구했다. 정복전쟁이 벌어지면 늘 출정과 탐험, 선교가 동시에 이루어졌는데, 과학자와 성직자가 함께 배에 오르는 것이 원칙이었다.

구원을 전파하려는 기독교인들의 갈망은 과학과 교역의 힘과 결합되어 세계를 정복하는 과정에서 엄청난 위력을 발휘했다. 그 가운데 어떤 요인이 가장 중요했는지를 두고 다투는 것은 부질없는 일이다. 그것이 교역, 종교, 과학이었는지에 상관없이, 핵심은 그 세 가지 요인이 시너지 효과를 발휘했다는 사실이다. 거기서 발휘된 역동성은 어마어마했다. 유럽의 아메리카대륙 진출, 최초의 천문대, 지구의, 비교적 정확한 세계지도, 우편, 휴대용 시계, 시계탑, 인쇄술, 화약 등 그 성과물을 일일이 열거하기가 힘들 정도다. 화기의 등장으로 전쟁은 전쟁기계가 되었고 병사들은 전쟁의 부속품으로 전락했다.

인쇄기 역시 폭발적인 결과를 가져왔다. 바로 생각의 폭발이었다. 자유자재로 위치를 바꿀 수 있는 활자 덕분에 전해지는 고문서를 경건하게 옮겨 베끼는 일은 과거가 되었다. 이제 단어와 문장을 무궁무진하게 조합할 수 있고, 또 누구나 쉽게 접할 수 있게 되었다. 이와 동시에 주장과 반대 주장을 대중들에게 전달하기도 쉬워졌다.

바야흐로 대중의 시대가 열렸다. 이는 자본주의의 시작을 뜻하기도 했다. 인쇄기의 보급이 생각에 날개를 달아주기 시작하던 시기에 루터Martin Luther와 칼뱅Jean Calvin이라는 두 인물은 세계를 설명하는 이론들을 내놓으며 세계질서를 재편했다. 그들은 부자임을 부끄러워할 필요가 없으며, 낙타와 바늘구멍에 관한 이야기도 달리 해석될 수 있다고 설교했다. 그들은 부유함이 하나님의 호감을 드러내는 표시일 수 있다고 말했다. 이에 따라 경제적으로 성공함으로써 지옥에 가지 않을 것이라는 확신을 계속해서 스스로에게 불어넣는 계급이 등장했다. 신교도들은 하나님의 호의를 입증하고자 가진 자본을 낭비하는 대신 사업을 벌이는 데 썼다. 그 덕분에 거대한 경제제국이 탄생했다.

자본주의는 금욕주의적 경향이 덜한 가톨릭 지역에도 활기를 불러일으켰다. 사치품 생산이 중요한 경제적 요인으로 떠오르면서 수공업자, 전문가, 명인과 같은 새로운 계층이 부상하는 데 유리한 토대를 제공했다. 그 결과 과거의 엘리트들이 서서히 밀려났다. 새로운 추세를 따라가지 못한 이들은 어느 순간 신흥부호 세력에게 돈을 빌리는 신세로 전락하고 말았다. 1789년에 일어난 프랑스혁명은 시민 상업계층에게 완전히 권력이 넘어가는 계기가 되었다. 착취에 시달리던 노동자들이 들고 일어나기까지는 오랜 시간이 필요했다. 신흥 지배계급이 노동자들의 자유를 노골적으로 착취하면서 100여 년 후 비로소 노동자 봉기가 일어났다. 이에 대한 자세한 사정에 대해서는 찰스 디킨스의 소설을 참고해보는 것도 좋다.

자본주의와 이후 전 세계의 네트워크화를 발전시킨 최대 원동력은 유럽에 등장한 금융제도였다. 금융제도 덕분에 담보로 내세울 많은 재산을 소유한 대지주뿐 아니라 땅은 없지만 훨씬 유능하고 훌륭한 아이디어를 가진 사람들도 돈을 빌릴 수 있게 되었다. 유럽 자본주의 발전에 유리한 또 다른 요인도 있었다. 중동과 동아시아 지역에도 부자, 수공업자, 상인들이 있었지만 오직 유럽에서만 어쩔 수 없이 일찍부터 법적 안정성을 위한 제도가 갖추어졌다. 그것이 불가피했던 이유는 유럽에서는 비좁은 공간에서 다양한 집단과 민족이 서로 원만히 지내야만 했기 때문이다. 훨씬 광활한 땅에 자리한 중동과 아시아 문화권에서는 그만큼 서로 충돌할 일도 적었고, 결국에는 가장 힘센 자들이 권력을 쥐고 통치했다. 재산은 권력자의 자의적 간섭 앞에서 제대로 보호받지 못했다.

유럽의 전통은 이와 다른 모습을 보일 수밖에 없었다. 통치자들조차도 때로는 교회의 권위 앞에 무릎을 꿇어야 했고, 그 반대의 경우도 많았다. 이곳에서는 다양한 세력들, 특히 세속 권력과 교회 권력이 사사건건 맞서면서 갈수록 정교한 법률체계가 절실해졌다. 일찍이 13세기에 유럽의 상인들은 법적으로 보장된 특권을 누리고 있었다. 적법하고 올바른 금전거래를 관리하기 위해 동행증서, 관세법, 시장감독기관 등이 등장했다. 이는 박람회 도시와 상사商社의 형성에 유리한 환경을 제공했다. 지금도 이라크나 중국, 러시아보다는 스위스가 투자처로 선호되는 경향이 있는데, 독재 국가에서는 개인은 물론 재산도 보호받기 힘들다는 점을 사람들이 알기 때문이다. 중국인, 러시아인, 아랍인 부호들도 자국 공장에 투자하는 대신 보유한 자금을 제네바 호숫가로 가져 오거나 런던의 비숍가에 화려한 저택을 짓는 데 사용하고자 한다.

세계를 뒤바꾼 유럽의 문물은 아메리카대륙으로 뻗어간 이후 세계를 하나의 지구촌으로 만들었다. 가령 세계 어디를 가든 공항, 호텔, 대형마트 등이 판박이처럼 서로 닮아 있다. 우리는 이제 하나로 성장하고 있고, 빠르게 커가고 있다. 예수가 탄생할 무렵 세계 인구는 3억 명 정도에 불과했다. 산업혁명이 시작된 1700년경 비로소 그 두 배를 넘겼고, 1900년까지 그 숫자는 다시 한 번 갑절로 늘어나 16억 명이 되었다. 1970년부터 현재까지 세계 인구는 두 배가 늘어나 73억 명으로 불어났다. 사망률에는 변함이 없는 채 말이다.

하지만 의료 기술이 엄청난 속도로 발전해간다면 운신의 폭은 좁아질 수밖에 없다. 게다가 모든 사람들이 영양을 섭취하고 에너지를 소비하고 텔레비전과 에어컨을 사용하려고 한다. 벌써부터 우리 지구는 쓰레기 더미와 쇼핑센터가 뒤죽박죽된 모습을 하고 있다. 그 결과 지구 여러 곳에서 이미 식수 등의 자원 부족 현상이 나타나고 있다. 따라서 카를 야스퍼스의 말은 시의적절하다. "역사가 초래한 인류의 도약은 가히 재앙이라 할 만하다 … 역사가 야기한 모든 것들은 결국 인간을 파괴한다. 역사란 장대한 불꽃놀이의 모습을 한 파괴의 과정이다."

물론 좋은 소식도 있다. 인류 역사에서 지금처럼 전 세계 인구의 평균 수명이 높았던 적은 없었다. 우리는 질병을 정복 중이고, 유아 사망률은 역대 최저치를 기록하는데다 1인당 칼로리 섭취량을 기준으로 할 때 2,000년 전, 1,000년 전 또는 100년 전보다 현재 전 세계인의 생활수준은 월등히 나아졌다. 물론 여전히 8억 명의 인구가 극빈한 삶을 살아가고 있다. 다시 말해 이들은 하루에 1.25달러도 못 벌고 있다. 그런데도 1990년에 비해 빈곤층의 수는 절반으로 줄었다. 그 이유는 무엇보다 중국과 인도의 경제 발전에서 찾을 수 있다.

게다가 우리는 한결 온순해졌다. 1,000년 전만 해도 한 부족이 이웃 부족을 습격해 학살하는 일이 허다했다. 500년 전에는 세계 어딘가에서 인종 학살이 벌어지더라도 우리는 그 사실을 알지 못했다. 오늘날 어느 독재자가 집단 학살을 자행하면 TV에선 저녁 내내 관련 보도를 하고, 당사자는 헤이그 국제사법재판소 앞에 서게 될 것이다. 18세기 영국에서는 소매치기를 교수형에 처하기도 했다. 마차 속에서 사색에 잠긴 채 괴테가 살던 바이마르로 향하던 방문객은 도중에 교수형에 처해진 시신을 목격할 가능성이 높았다. 100년 전만 해도 한 나라가 다른 나라로 쳐들어가는 일은 예사였다. 오늘날 그런 일이 벌어지면 전 세계가 위기에 빠진다. 전쟁 희생자의 숫자 또한 역사상 가장 낮은 수준을 나타내고 있다. 우리는 이웃마을에서 갑작스레 쳐들어오리라는 걱정 없이 밤마다 편안히 잠자리에 들 수 있다. 적어도 오늘날 안전한 보금자리를 찾아 나선 난민들이 도착하는 지역에서는 그것이 사실이다. 과거와 비교할 때 우리는 현재 지구상 대부분의 지역에서 유례없이 평화롭고 폭력이 없는 시기를 살고 있다.

이른바 진보와 관련해서는 크게 두 가지 주장이 있다. 하나는 이제까지 인간은 늘 자신의 풍부한 창의력에 의지할 수 있었다는 주장이다. 삶이 어려움에 빠지면 인간은 놀랄 만큼 독창적인 혁신으로 어떻게든 답을 찾아냈다. 다음 위기가 닥칠 때 그와 다르리라고 생각할 이유가 없을 것이다. 또 누가 알겠는가. 지구가 비좁아지면 화성이나 그 밖의 장소에 지구 식민지를 건설할지도 모른다.

또 다른 하나는 진보가 우리 자신을 파괴하는 결과를 낳는다는 주장이다. 어쩌면 '칠면조 원칙'에 대해 들어본 적이 있을지도 모르겠다. 미국에서 추수감사절에 가족들이 모여 커다란 칠면조를 함께 먹는 풍습과 관련이 있는 말이다. 칠면조는 사람들한테 매일 먹이를 얻어먹고 보살핌을 받으면서 남부럽지 않은 삶을 살고 있다고 믿게 된다. 칠면조의 믿음은 다정하게 먹이를 주는 횟수가 늘어날수록 점점 커져만 간다. 그리고 그 믿음은 추수감사절 전날 최고조에 달한다는 것이다.

제2장

역사가 결정된 대전환의 순간들

중요한 사건일수록 뒤늦게 알아차린다

"나는 한 번도
이렇다 할 사고를
당한 일이 없었다.
평생 항해 중 단 한 차례
조난당한 배를
목격했을 뿐이다.
배가 침몰하는 모습을
옆에서 지켜본 적도,
파국으로 치달을 만한
비상 상황에
처한 적도 없었다."

존 에드워드 스미스
John Edward Smith
타이타닉호 선장

I

역사가 결정된 대전환의 순간들

뉴스 소비자인 현대인은 중요한 소식들을 빠짐없이 받아
보는 데 익숙해져 있다. 그러나 정작 가장 중요한 사건들
은 속보 알림이 울리지 않은 채 벌어진다. 우리는 어떤 일
이 일어나면 나중에 그 날짜와 연도를 못 박는다. 그러면
서 이 날짜들이 실은 눈에 띄지 않게 벌어진 사건들을 사
후에 설명하는 상징적 표시에 불과하다는 점을 감춘다. 우
리는 이렇게 말한다. 1789년 7월 14일 바스티유 감옥이 습
격당했다." 그러면서 삼색기를 열정적으로 흔드는 혁명가를
그린 그림들을 떠올린다.

　하지만 그날 바스티유 감옥에는 열 명도 채 안 되는 죄
수들만이 있었다. 솔라제 백작이라는 성추행범과 자신이
율리우스 카이사르라고 주장하는 긴 흰 수염을 기른 어느
아일랜드인도 거기에 포함되어 있었다. 긴박감 넘치는 하
루였으리라 생각되지만, 그날 프랑스 국왕 루이 16세는 여
느 때와 마찬가지로 예배에 참석했고, 푸짐한 아침을 먹었

57

다. 그리고 저녁에는 일기장에 "리앙Rien", 아무 일도 없었다고 적었다. 그것은 사냥감을 두고 한 말이었다.

문명사의 가장 중요한 분기점이라 할 수 있는 농업혁명은 수백 세대에 걸쳐 진행되었다. 인류사의 결정적 전기가 된 인지혁명은 수천 년에 걸쳐 이루어졌다. 그럼에도 우리가 여기서 다루는 기간에 비하면 이상하리만큼 급작스러운 것처럼 보인다. 역사에는 일종의 가속 추진제인 빅뱅의 순간이 있는 것으로 보인다. 하지만 그 같은 순간들을 알아채는 때는 오랜 시간이 지난 다음이다. 사정이 이렇다면 지금 닥친 문제인 기후변화 같은 현상이 일종의 심리적 도전으로 다가온다. 기후연구의 권위자인 한스 요아힘 셸른후버Hans Joachim Schellnhuber는 "기후변화는 슬로모션으로 나타나는 소행성 충돌에 비견할 현상이다"라고 말한다. 인간의 반사적 방어행동이 작동하지 않는 이유도 여기에 있다는 것이다. 아무래도 우리 뇌의 신경세포망은 서서히 다가오는 위협에는 제대로 대처를 못하지만, 갑작스러운 재난에는 놀라운 창의력으로 반응토록 서로 연결되어 있는 것 같다. 따라서 세계사를 좌우한 결정적 사건들을 살펴보기에 앞서 우리가 큰 사건에만 집중하는 경향을 염두에 둘 필요가 있다.

인지혁명

모든 인류사는 인지혁명에서부터 시작되어야 한다. 이
와 함께 인간다움도 시작되기 때문이다. 다만 명심할 부분
이 하나 있다. 이에 관한 가장 중요한 질문인 '왜 하필 인간
이 되었느냐'에 대해서는 아직까지 답을 찾지 못하고 있다
는 것이다. 엉뚱하게 들릴 수도 있지만 이야말로 가장 핵심
적인 질문이다.

인간(독일어의 Mensch, 영어의 man)을 가리키는 단어가
기억, 이성, 사고력을 뜻하는 라틴어 mens에서 유래했다고
말하는 사람도 있다. 사고력, 즉 우리 눈앞에 보이는 사물
만이 아니라 표상을 말로 표현하는 능력, 또 다 같이 규칙
과 계획을 지키고 이 모든 것들을 의식적으로 행할 수 있
는 능력은 뇌 속의 배선 덕분이다. 하지만 이는 다른 유인
원이나 그 밖의 동물들에게서도 얼마든지 나타날 수 있었
던 현상이다. 어째서 이러한 연결이 호모사피엔스에게 가
능했던 것일까? 어째서 개미나 캥거루는 사고력을 발달시
키지 못했을까? 날개 같은 다른 보조수단이 종을 망라해
널리 퍼져 있었다는 점에서 그 사실은 더 놀랍기만 하다.
어째서 자연은, 또 진화는 호모사피엔스를 총애했던 것일
까? 이러한 '왜'는 답을 찾지 못한 채 질문으로만 남을 수
밖에 없다. '어째서'에 대해서는 그 사이 해명이 이루어졌

다. 물론 그것은 섹스와 관계가 있다.

약 7만 년 전부터 4만 년 전까지 우리 뇌 속에서 어떤 일이 벌어졌는지는 과학자들 사이에서 오랫동안 수수께끼 였다. 우리가 속한 유인원 종이 200만 년 동안 거의 일정한 수준의 기술적, 사회적 능력을 보유하고 있다가 돌연 창의력을 발휘하면서 기술혁신이 급증했다는 정도가 밝혀졌을 뿐이다. 이 같은 폭발적인 발전을 촉발한 계기로 오래 의심되어 온 것은 뇌 속의 유전적 돌연변이였다. 하지만 이제 우리는 당시 인류의 뇌 속에서 정확히 어떤 일이 벌어졌는지를 알게 되었다. 이를 이해하려면 먼저 우리 행성의 역사가 곧 네트워크화의 역사라는 비유를 떠올릴 필요가 있다. 우리 두뇌 역시 하나의 우주이며, 여기서도 네트워크화가 모든 것을 결정짓는다. 똑똑한 이들은 연상적 사고에 능하고 연관을 짓는 능력이 탁월하다.

컴퓨터와 마찬가지로 두뇌도 서로 독립해 움직이는 다양한 영역들과 더불어 작동한다. 두뇌의 한 영역에는 사회적 능력을 담당하는 분야가 들어 있다. 그 덕분에 우리는 누가 화난 표정을 짓는지, 아니면 상냥한 표정을 짓는지 알아챈다. 또 다른 영역에는 도구 제작을 통제하는 분야가, 다시 다른 곳에는 자연 지식이 저장되어 있다. 이를 통해 우리는 날씨를 예상하거나 무해한 동물을 위험한 맹수와 구별한다. 이 같은 능력을 관장하는 핵심 영역들은 수십만 년 동안 서로 독립적으로 발전해왔다. 그러다가 7만 년 전부터 4만 년 전까지, 즉 진화사의 관점에서는 아주 짧은 기간 안에 그 같은 뇌 영역들은 제각각 활동하기를 멈추고 서로 관계를 맺기 시작했다. 이처럼 뇌의 각 영역들이 이어지면서 본격적인 변화가 일어났다. 조직하고 소통하는 능력이 폭발적으로 커졌고, 주먹도끼 대신 주먹도끼 작업장이 생겼으며 도구들도 점점 정교해졌다. 집단 내에서 담당 분야가 생기고 분업이 이루어지고 위계질서도 나타났다. 또 장식과 그림이 등장했다. 물론 음악도 생겨났다.

왜 처음부터 이런 일이 일어나지 않았을까? 컴퓨터 프로그래머라면 쉽게 그 답을 짐작할 수 있을 것이다. 복잡한 프로그램을 만들 경우 처음부터 까다로운 기능이나 연결 등으로 프로그램에 과부하를 주지 않는다. 우선은 프로그램이 작동하도록 간단한 기초를 마련한다. 그런 다음 블록을 쌓듯이 점점 복잡한 임무를 추가한다. 각각의 기능 단위(모듈)들이 안정적으로 작동하면, 비로소 가장 마지막 단계에서 이들을 서로 연결한다. 그런데 정작 흥미로워지는 것은 사회 지식과 자연 지식이 서로 연결되는 순간부터다. 진화생물학적 관점에서 이 단계는 여성에 의해 강요당한 것으로 볼 수 있다. 가령 초기의 한 사피엔스 여성이 '우리 집에 곰 한 마리를 잡아다주면 당신과 함께 잘게요!"라는 신호를 보내면, 남성은 뇌 속에서 사회 중추와 실용 중추를 연결시켜야 했다. 남성들은 자신이 지닌 실용적 능력을 자연에서 활용해 사회적 이익을 얻을 수 있음을 깨달았고, 뇌 속에 분리되어 있던 각 역량 중추 간의 벽을 깨면서 선택적 우위를 누리게 되었다.

우리 뇌에서 이러한 연결이 형성된 시점부터 과학자들은 호모사피엔스 대신 호모사피엔스사피엔스라는 용어를 사용한다. 인간이 미묘한 의미까지 표현하는 언어를 사용하게 된 것도 이러한 뇌 속의 연결 덕분이다. 물론 짐승들도 다양한 위협에 대해 서로 경고를 보낸다. 하지만 인간은 유발 하라리가 훌륭히 설명했듯이 '조심해, 사자야!'라고 외치는 것을 넘어서 사자의 이미지를 벽에 그려 넣고 '사자는 우리 부족의 수호신이다'라는 말을 할 능력을 갖고 있다. 인간은 언어로 현실을 창조하고 서로 무언가에 대해 보고하고 과거와 미래의 일을 설명할 수 있다. 인간은 서로에 대해 이야기할 수 있다. 인간은 큰 무리 속에서 함께 일하고, 정해진 규칙에 맞춰 함께 행동하고, 모두가 신뢰하거나 신뢰하기를 바라는 법률을 만들고, 도시, 제국, 거대기업을 세우기도 한다. 인지혁명이 일어난 시점부터 비로소 인류 역사라고 부를 수 있을 것이다. 그 전만 하더라도 우리는 동물의 왕국에 서식하는 재능 있는 수많은 주민 가운데 하나에 불과했다. 약 7만 년 전 일어난 인지혁명부터 약 1만 2,000년 전의 농업혁명까지의 기간은 인류사에서 가장 긴 시기에 해당한다. 그런데도 이 책을 포함해 대다수의 역사책들은 5만 8,000년에 달하는 이 시기를 단 몇 줄로 다룰 뿐이다. '유럽적 의미'에서의 역사 서술은 인간이 정착 생활을 하고, 문명이 태동하고, 제국이 탄생한 시점부터 시작된다.

농업혁명

농업혁명은 인간이 세계의 지배자가 되는 시작점이다. 짐승을 사냥하고 야생딸기와 견과류를 채집하며 여기저기 떠돌며 생활하는 동안의 인간은 지구 역사의 조연에 불과했다. 주연의 자리에 오른 시기는 정착해 부지런한 농부가 되고나서부터였다. 자연의 비밀을 해독해 식량이 떨어지지 않도록 하고, 능력이 된다면 잉여 생산물까지 비축하게 되는 바로 그 시점에서부터 인간의 성공 서사가 시작되었다. 인류가 남긴 위대한 이야기들 속에서 이 같은 행보를 신의 권력에 정면으로 도전하는 이미지로 묘사한 것도 놀라운 일은 아니다. 아담과 이브는 피조물에 그치지 않고 스스로 창조자가 되고자 했다. 두 사람은 자기들 마음대로 삶과 죽음, 선과 악에 대해 결정하려고 했다.

이제 사자도 두려움을 안겨주는 적이 아니라 식량을 두고 다투는 경쟁자, 제거할 대상이 되었다. 어떤 종류의 곡물이 자라고, 어떤 나무와 잡초를 없앨지를 인간은 스스로 정하고자 했다. 성경에 나오는 카인과 아벨의 이야기는 유목문화에서 농경문화로 옮겨가는 과정에서 벌어졌을 세계사적 드라마를 극단적인 형태로 묘사하고 있다. 아벨은 양치기였고 카인은 농부였다(창세기 4:2). 누가, 어떻게 살아남았는지는 이미 널리 알려져 있다. 흥미로운 점은 카인과 아벨의 이야기가 이 세상의 아벨인 희생자들의 시각에서 소개되고 있다는 사실이다. 이 이야기는 세력을 키우며 기존 문화에 맞서 싸우고, 내쫓고, 말살시킨 자들에게 어떤 일이 일어나는지를 설명하려는 인류의 시도라고 할 수 있다. 오래된 유목인 부족문화의 시각에서 새로 등장한 인간들이 보이는 기묘하고 잔인한 행태를 설명하려면 이들을 저주받은 자로 부를 수밖에 없었을 것이다.

낙원 추방. 농업혁명을 이렇게도 표현할 수 있을 것이다. '낙원 추방' 이후 인간은 식량을 얻고자 신들의 관대함에 의지할 필요가 없어졌다. 직접 경작에 나선 인간은 식량을 비축하면서 점점 궁핍에서 벗어났다. 하지만 이상하게도 삶은 더 힘들어져만 갔다. 정착생활이 시작되고 식량이 많아지면서 인구도 늘어났다. 자연히 더 많은 식량을 생산해야 했고, 여가 시간도 사라졌다. 신석기 혁명의 비극적 역설은 생활수준이 높아졌음에도 삶이 고된 노동으로 채워졌다는 점에 있다. 인간의 육체는 원래 엄청난 양의 물을 나르고 밭에서 쟁기질을 하도록 만들어진 것이 아니었다. 농사를 짓는다는 것은 갈수록 더 많은 식구들을 먹여 살려야 함을 뜻했다. 동시에 비좁은 공간에서 인구가 폭발적으로 늘어나 병균과 전염병에 취약해진다는 것을 뜻하기도 했다.

농업은 잉여 생산물을 만들어내는 자가 이득을 본다는 것을 의미했다. 이는 탐욕을 불러일으켰다. 곡물 저장고와 함께 유산계급이, 욕망하는 대중이 탄생했다. 곡물을 많이 가진 자가 이를 다른 사람에게 저장토록 맡기면서 일종의 영수증을 받았다. 바로 돈이었다. 농업은 또한 기술의 촉진을 뜻하기도 했다. 뛰어난 발명가들은 이제 식량을 얻고자 사냥할 이유가 없어졌다. 대신 자신의 특기를 발휘해 농업용구, 무기, 우두머리를 위한 장신구 등을 만들었다.

유럽연합 관료들에게 비판적인 그리스 경제학자 야니스 바루파키스Γιάνης Βαρουφάκης가 말했듯이, 농업혁명과 산업혁명이라는 인류의 두 가지 대혁신은 대단히 실망스러운 결과로 나타났다. 두 혁명은 인류의 삶을 편하게 해주고자 시작되었지만 그와 반대로 인간 스스로를 안락함의 노예로 만들었다. 농업혁명은 경작과 강요된 노동이라는 결과를 낳게 했고, 산업혁명은 영화 〈모던타임즈〉의 찰리 채플린처럼 우리를 거대한 톱니바퀴 속으로 밀어 넣었다(야니스 바루파키스, 《바뀌어야 할 시간Time for Change》, 2015).

현대인이 '부자연스러운' 삶을 살고, 몸을 망가뜨리고 있고, 의무와 강요 속에 갇혀 지내는 느낌을 받는다는 것을 누가 부정할 수 있을까? 평생을 문명의 발생이라는 주제에 천착한 사회학자 노르베르트 엘리아스Norbert Elias는 우리가 서로 의지하는 정도에 따라 문명의 단계를 규정했다. 그의 말에 따르면 타인의 삶과 더 많이 얽혀 있을수록 문명의 단계도 높아진다. 그런데 어느 시점부터는 초기 농업사회에서 벗어난다는 것이 불가능해졌다. 농업사회가 주는 편리함을 포기하기 어려운 사정도 있었겠지만, 무엇보다도 우리 스스로 의무, 규칙, 관습 등에 의해 복합적이고 상호 의존적인 공동체의 일부가 되어버렸기 때문이다.

농업이 고된 것임이 밝혀졌음에도 인류는 이를 포기하지 않았다. 소리 없이 덫이 닫혀 버렸기 때문이다. 이 역시 조용히 진행되는 빅뱅적 사건이었다. 이제 모든 일이 계획대로 진행되었다. 야생 밀을 채집하던 인간에서 경작한 밀을 가공하는 인간으로 바뀌는 과정은 아주 서서히 진행되

어 아무도 그것을 알아차리지 못할 정도였다. 처음에는 소
량의 곡식만 경작하다가 점점 그 양이 많아졌다. 그러면서
아이들도 조금씩 늘어났다. 몇 세대가 흐르자 밀을 수확하
지 않던 시절을 기억하는 이들은 아무도 없었다. 1364년
독일 아우크스부르크에서는 매시간 종소리를 울리는 시계
탑이 처음 등장했다. 당시만 해도 사람들은 이로 인해 훗
날 약속에 쫓기며 스트레스를 받고 남의 지시에 얽매이는
삶이 펼쳐지리라는 것을 미처 깨닫지 못했다. 사람들이 처
음 손에 쥐었을 때만 해도 휴대전화가 사치품에 속했던 것
처럼 말이다.

진보의 길을 걷다가 왔던 길로 되돌아간 문명들이 있다
는 주장이 있다. 지금의 미국 남서부 지방에는 오래전 이
른바 호호캄Hohokam 문화가 번성했다고 한다. 이곳에 살던
원주민들은 콜럼버스가 아메리카 대륙에 오기 전 이미 수
백 년에 걸쳐 용수로와 농사법과 교역에 대해 잘 알고 있
었다. 전설에 따르면 이들은 다시 근대식 용구 없이 생활
하기로 결정했고, 돌연 자취를 감춰버렸다. '호호캄'은 미국
원주민인 피마Pima족의 언어로 '감쪽같이 사라진 자들'이란
뜻이다.

물론 이 이야기는 전설이다. 우리는 농업혁명과 함께 이
미 돌아올 수 없는 강을 건넌 셈이기 때문이다. 자연을 복

종시킨다는 인류의 작전 계획이 확정되었다. 이제 그 길을 계속 가는 것밖에 다른 방법이 없다. 그것이 인간의 속성이다. 우리의 지배가 확고해질 때까지, 또는 우리의 문제가 모두 해결될 때까지 말이다.

사소하고 거대한 대전환의
순간들

우리의 목적은 인류 역사의 가장 중요한 분기점을 살펴보자는 것이었다. 그렇다면 인간다움의 바탕이 된 인지혁명과 인류 문명의 기초가 된 농업혁명을 그 밖의 정복활동이나 발견 또는 자연재해 등과 같은 선상에 놓기는 곤란할 것이다. 결정적 전환을 가져다준 사건들과 비교하면 이런 것들은 주석처럼 비쳐질 뿐이다. 이후 벌어진 각종 사건들, 이를테면 계몽주의 시대의 지식 폭발, 기계, 달 여행, 인간 게놈의 해독, 유전자가 최적화된 인간, 생체공학적으로 신체기능이 강화된 바이오닉bionic 인간 등은 모두 그 두 가지 위대한 혁명의 결과물일 뿐이다. 그럼에도 잠시 몇 가지 중요한 사건들을 살펴보고자 한다. 중요한 사건들이 가진 진정한 의미는 시간이 흘러 되돌아봤을 때에야 비로소 드러난다는 점을 보여주는 사례들이다.

기원후 첫 1,000년 동안 이어진 민족이동의 물결은 중요한 전환점이 되었다. 유럽은 인종적 소용돌이에 휩싸이면서 판이 새로이 짜여졌다. 거친 게르만족 사람들은 로마제국과 접촉하면서 세련된 인간들로 변했다. 어느덧 로마인들처럼 토가를 두른 게르만인들은 라틴어로 대화하고 푹신한 소파에 누워 지내며 고대 로마의 귀족 칭호까지 받게 되었다. 그러면서 족장이 지배하는 지역과 초기 형태의 국가가 생겼다. 기원후 첫 1,000년에 걸쳐 유럽 대륙에서 생긴 것들이 큰 틀에서는 아직도 유지되고 있다. 오늘날 유럽의 국가들은 서기 500년부터 1000년 사이에 형성된 공동체 조직에 그 뿌리를 두고 있다. 하지만 사람들은 이 같은 사실을 잘 모르고 있다.

로마가 멸망한 공식 연도는 476년이다. 로마제국의 마지막 황제가 물러났을 때 그 사건은 과연 지금의 밤 9시 뉴스 첫머리에 오를 만한 비중을 차지했을까? '속보! 로물루스 아우구스투스Romulus Augustus 폐위'와 같은 식으로 순식간에 전해졌을까? 당연히 아니었을 것이다. 변화는 물 흐르듯이 서서히, 좀처럼 눈에 띄지 않게 일어났다. 물론 불평하는 이들도 있었을 것이다. 인기 많은 공공 온천장의 질적 수준과 서비스가 갈수록 떨어졌고, 원형투기장에서 재미삼아 사람을 맹수 앞에 던져놓는 일도 점점 사라졌기 때문이다. 하지만 전반적으로 그 같은 중대한 변화에 관해 들려오는 소식은 별로 없었다.

로마제국의 종말에 비한다면 훗날 세계사의 다른 결정적 사건들을 겪은 이들은 이 대전환의 순간들에 대해 훨씬 쉽게 알아챘다. 14세기에 불어 닥친 흑사병도 이 같은 사례에 속한다. 흑사병으로 인해 유럽 인구의 3분의 2가 사라졌다. 흑사병이라는 전환적 사건을 모르는 이는 유럽인들 가운데 아무도 없었다. 하지만 이 경우에도 역사적 사건이 가진 결정적인 의미는 나중에서야 드러났다. 여기저기 돌연 죽음이 등장하면서 유럽인들의 영혼에 균열이 생기기 시작한 것이다. 그 균열이 어두운 그림자를 드리운 것만은 아니었다. 모두를 평등하게 만드는 막강한 힘을 가진 것 또한 죽음이다. 흑사병은 유럽인들에게 민주주의적 각성이라는 체험을 불러일으켰다. 이를 증명하는 것이 당시 수없이 그려진 그로테스크하고 흥겨운 '죽음의 춤' 모티브인데, 거기서는 농부와 걸인과 귀족의 해골 뼈가 서로 사이좋게 어깨동무를 하고 있었다.

또 다른 예로 17세기에 벌어진 30년 전쟁(1618~1648)이 있다. 이 역시 가공할 전환적 사건이었지만 그 중요성은 일이 벌어진 다음에야 비로소 드러났다. 이 종교전쟁이 보여준 파괴력은 국가, 종교, 사회적 공동체의 기반이 되는 모든 것들에 대해 새롭게 협상하고 합의해야 했을 만큼 엄청났다. 그 결과로 계몽주의가 등장한 것일까? 세상의 모든 지식이 누구에게나 제공되고, 누구나 자신만의 의견을 형성할 수 있어야 한다는 것이 계몽주의의 주장이었다.

종교전쟁 이후에 찾아온 정신적 백지 상태는 근대 유럽의 탄생과 예술, 학문, 기술 분야에서의 도약을 불러왔다. 유럽과 그 식민지 국가들이 세계 통합의 원동력과 주인공으로 부상한 것과 관련한 아이러니 가운데 하나는 참사와 갈등이 진보의 촉진제 역할을 했다는 사실이다. 15세기 중국은 지구상에서 가장 풍족하고 발전한 나라였다. 게다가 가장 안정된 나라이기도 했다. 이슬람 세계도 중세 당시 유럽보다 훨씬 우위에 있었다. 그러나 이들은 세계 패권을 쟁취할 힘을 유지하지 못하고 결국 유럽인들에게 주도권을 넘겨주고 말았다. 왜 그런 일이 일어났을까? 이것이 앞으로 우리가 다룰 주제다. 이제까지 살펴본 바를 통해 분명해진 점은, 사건의 중요성이 클수록 그 의미가 명확해지기까지 더 오랜 시간이 걸린다는 사실이다. 여러 혁명들은 기일 없이 일어났다.

01
인지 혁명

약 7만 년 전부터 4만 년 전. 우리 뇌 속에서 이루어지는 네트워크화 덕분에 우리는 생각하고 계획하고 말하고, 생각을 현실화하는 능력을 갖게 되었다. 호모사피엔스는 지구의 넓은 지역에 정착하면서 다른 원시 인류들을 몰아냈다.

02
천국에서의 추방

농업 혁명 또는 신석기 혁명으로도 잘 알려진 사건이다. 약 1만 2,000년 전 중동 지역에서 시작되었다. 인간이 자연을 마음대로 다루면서 잉여물이 발생하고, 창고를 두고, 쓰기와 계산, 교역 등이 나타났다. 수적 열세를 이기고 정착민이 유목민을 앞지르면서 도시가 발전하고 부자가 늘어났다.

03
민족 대이동

기원후 첫 1,000년간 새로운 이주민들이 유라시아 대륙 주변으로 몰려들었다. 이를 통해. 또한 기독교와 이슬람교의 확산으로 새로운 상황이 펼쳐졌는데, 강력한 신흥 왕국과 국가들이 로마 제국을 대신하게 되었다. 근대 유럽이 탄생한 것이다.

04
백지 상태Tabula rasa

흑사병(14, 15세기)이 창궐하면서 유럽은 불가피하게 새 출발에 나서게 되었다. 사망률이 50퍼센트에 달했음에도 사회 질서와 국가 기능이 완전히 붕괴하지 않은 것은 놀라운 일이 아닐 수 없다. 하지만 사람들의 세계관이 송두리째 바뀌었다.

05
아메리카 대륙의 발견

유럽의 유례없는 세력 확장의 시작을 알리는 사건. 15세기부터 유럽 강대국들은 다른 나라들을 주인 없는 재산처럼 여기기 시작했다. 이에 정당성을 부여한 것이 교회였다. 이로써 근대적 세계 질서가 탄생하게 되었다.

06
과학 혁명

17세기는 자연과학과 기술, 계몽주의와 국제적 시장경제의 시대였다. 모든 새로운 발명은 그 자체로 하나의 혁명이며, 외국의 발명품(화약, 종이 등)이 유럽에서 완성된 형태를 갖추면서 산업적 방식으로 생산되었다.

07
프랑스 혁명

귀족에 맞선 시민계급의 혁명. 여기서 시민계급은 국민이 아니다! 하지만 시민계급 역시 손에 쥔 권력을 오래 누리지는 못했다. 1789년을 기점으로 일련의 정치·과학·기술·정신혁명이 일어났다. 어쩌면 1789년 이후 200년간을 하나의 거대한 혁명의 시기로 평가할 날이 올지도 모르겠다.

08
산업 혁명

1769년 최초의 증기기관이 가동되었다. 한 세기 안에 유럽인들, 그리고 과거 유럽의 식민지였던 미국은 지구를 거대한 글로벌 시장사회로 탈바꿈시켰다.

09
달 착륙

인간의 힘이 뻗어나가는 과정에서 나타난 또 다른 논리적 결과일 뿐이다. 다만 1969년에 벌어진 이 사건은 어느 정도 긴 안목에서 보면 그 중요성이 더 커질 수 있다.

10
디지털 혁명

1969년 아폴로 11호에 탑재된 내장 컴퓨터의 성능은 4킬로바이트를 처리하는 수준이었다. 그로부터 50년도 지나지 않은 지금은 싸구려 전자시계도 그보다 뛰어난 성능을 가지고 있다. 최근에는 스스로 학습하고 프로그램을 짜는 컴퓨터가 연구되고 있다. 그것이 무엇을 의미할지는 아직 더 두고 봐야 할 것이다.

제3장

아름다운 도시에는 사연이 있다

어디가 세계의 배꼽인가?

"내가 살게 될 도시에
바라는 것들은 아스팔트 포장,
물청소된 거리, 집 출입문 열쇠,
난방, 온수, 소음이다.
그럼 나는 혼자서도 편하다."

카를 크라우스
Karl Kraus
오스트리아의 풍자가, 극작가

오늘날 이라크가 자리한 메소포타미아의 아카드 지방을
다스리던 통치자는 4,000년 전 자신을 당당히 '사계四界의
왕'이라 불렀다. 우리로서는 그 왕국이 얼마나 컸는지 정확
히 알 길이 없다. 다만 지금 벨기에의 절반 정도였을 것이
겠거니 짐작만 할 뿐이다. 오늘날 뉴욕 월스트리트 70층
사무실에서 근무하는 거대은행의 회장은 그 꼭대기에서
발아래 세상을 내려다보며 세상의 모든 것이 자신을 중심
으로 돌아간다고 느낄지도 모른다. 하지만 이미 오래 전부
터 뒤에서 은행의 인수 작업이 진행 중이며 뉴욕이 아닌
상하이나 카타르에서 중요한 결정들이 내려진다는 사실은
모를 것이다. 이제부터 우리는 세계의 중심지가 이동한 경
로를 살펴봄으로써 인류사의 진행 과정과 고등문명의 흥망
성쇠에 관한 지리적 의의를 살펴볼 것이다.

아카드 왕국이 있었을 것으로 추정되는 지역에는 이미
8,000년 전 최초의 도시들이 건립되어 있었다. 처음에 이

들은 규모가 큰 마을에 불과했다. 이후 분업과 전문화가 진행되면서 위계질서가 생겼다. 유프라테스와 티그리스강 사이에 자리한 비옥한 지역은 오늘날까지도 메소포타미아('두 강 사이')로 불리고 있다. 6,000여 년 전 이곳의 몇몇 도시들이 연합을 이루어 스스로를 수메르라 불렀다. 당시 '세계를 통치한' 자, 즉 메소포타미아 지역을 다스렸던 지배자들은 몇 세대가 지나면 다시 북부 유목민 일당들에 의해 권좌에서 내쫓기곤 했다. 수메르 사람들의 뒤를 이어 구티족, 카시트족, 후르리족, 아모리족 등이 등장했다. 아마도 그 같은 끔찍한 전쟁은 인류사에 다시없을 것이다. 설형문자로 기록된 비문은 피로 철철 넘칠 지경이었다.

아모리인들은 최초의 국제도시인 바빌론을 건설했다. 바빌로니아 사람들은 아시리아인들에게 다시 자리를 내주었다. 최초로 체계적인 관료조직과 군대, 왕실을 갖춘 아시리아제국의 뉴욕은 니네베Ninive였다. 이들은 상상을 초월할 만큼 잔인했던 것으로 보인다. 제식의 일환으로 인간, 더 정확하게는 아이를 제물로 바쳤을 뿐 아니라 이미 기원전 3000년부터 스탈린이 20세기에서야 추구했던 전략을 시행하고 있었다. 민족 전체를 유배시켜 노예로 삼은 것이다. 이 방법은 통제가 용이하다는 장점이 있었다. 하지만 아시리아도 결국 그들의 지배를 받았던 칼데아족에 의해 멸망하고 말았다. 칼데아족이 세계사에서 특별한 영예를 누리는 까닭은 이들이 수학을 발명하고 천문학과 시간 측정에서 선구자 역할을 했기 때문이다. 하지만 이들도 잔인하기는 마찬가지였다. 칼데아족의 왕이었던 네부카드네자르 2세(느부갓네살)는 저 유명한 도시 예루살렘을 파괴한 장본인이다. 그 역시 민족 전체를 강제로 끌고 가는 아시리아인들의 전통을 고스란히 물려받았다.

바빌론은 당시 첨단을 걷던 도시였다. 바빌론은 사악한 메가시티의 원조라고 할 수 있다. 상인, 매춘부, 전사, 성직자, 공주 등 다양한 계층의 사람들이 다닥다닥 붙어 살았고, 곳곳에 상점, 궁전, 제단, 사원 등이 세워져 있었다. 또 어디서도 볼 수 없던 축제와 상거래, 봉헌 등이 벌어졌다. 2,000년에 걸쳐 바빌론은 세계의 수도였다. 베를린의 페르가몬 박물관에는 바빌론의 도시 성문이었던 사자와 괴물이 새겨진 이슈타르의 문이 전시되어 있다. 바빌론과 칼데아족이 어떤 최후를 맞이했는지 알고 싶다면, 하인리히 하이네Heinrich Heine가 그들의 마지막 왕에 대해 쓴 시를 읽어보도록 하자("벨사살 왕은 그날 밤이 새기 전 / 하인들의 손에 살해되었다"). 아니면 렘브란트의 그림을 봐도 좋을 것이다. 거기서는 연회를 즐기던 폭군 앞에 '메네 메네 데겔 우바르신וְיִסְרְפוּ לֶקַח אֲנָא אֲנָא'이라는 히브리어 글자가 불꽃 모양으로 벽에 나타나는 광경이 묘사되어 있다. 한 유대인 포로가 그 글씨를 해석해 주었는데, '네가 살날이 얼마 남지 않았다'라는 뜻이었다.

문명이 발달하면서 대량학살도 등장했다. 하지만 동시에 꾸준히 숨 돌릴 여유도 주어졌다. 그러면서 문명은 앞으로 전진했다. 바빌로니아 사람들에 이어 지배권을 차지한 세력은 페르시아인들이었다. 메소포타미아 지역 사람들과 비교할 때 이들은 공정하고 온화하다는 평가를 받았다. 페르시아인들은 바빌론을 정복한 기원전 539년 이후 붙잡힌 이스라엘 사람들을 풀어주기도 했다. 이들에 대해서는 나중에 많은 이야기를 듣게 될 것이다. 교양 있던 페르시아인들은 일찍부터 낯선 도시와 문화를 상대로 교류에 나섰는데, 소아시아 서부 해안과 마주본 소도시, 아테네도 그 가운데 하나였다. 지금의 이란을 비롯해 인더스강까지 이르는 아프가니스탄과 인도가 당시 페르시아 땅에 속했고, 서쪽으로는 현재의 터키, 남쪽으로는 나일강까지 경계가 뻗어 있었다. 이들 땅을 모두 차지하자 "향수를 바르고 고도로 문명화된 페르시아인들은" 더 이상 정복의 필요성을 느끼지 못했다(타민 안자리Tamin Ansary, 《세계 미지의 중심Die unbekannte Mitte der Welt》, 2010).

이들의 통치 방식은 매우 근대적이었다. 자신들의 문화

를 강요하지 않은 채 여러 민족을 한지붕 아래 통합시키고
자 했다. 상대방에게 요구한 것은 외부세력의 최고 통치권
을 인정하고, 필요 시 상징적 의미로 조공을 바치는 것뿐이
었다. 적어도 지정학적 차원에서 페르시아인들은 자신들이
이룩한 세계제국의 서쪽 변방에 자리한 그리스에 별 관심
이 없었다. 그럼에도 우리로서는 그리스의 초기 도시국가
들에 대해 간단히 살펴볼 이유가 있다.

유럽의 기원,
아테네

당시 세계 중심에서 멀찍이 떨어져 있던 이 문명에는 무
엇인가 특별한 점이 있었다. 기원전 1000년 이후 그리스가
처음 역사책에 등장했을 때 바빌론은 이미 3,000년의 역
사를 자랑하고 있었고, 중국의 왕조들도 기원전 1000년경
일찌감치 50대에 걸쳐 통치를 이어가던 중이었다. 이집트
와 페르시아의 대제국에서 볼 때 아테네는 지도 위의 작은
점에 불과했다. 그럼에도 이곳은 우리의 관심을 잡아끌 자
격이 있다. 지구 전체에 퍼져서 변화를 가져다준 서양 문명
이 대부분 이 작은 점에 기반을 두고 있기 때문이다. 좋든
나쁘든 간에 근대 이후 세계를 지배한 유럽의 정신은 곧
아테네의 정신이다.

아테네는 유럽과 서양 도시들의 원형을 나타낸다. 지구 곳곳의 도시들이 아테네의 건축물을 흉내 내려 애쓰는 것도 우연만은 아니다. '도시성urbanity'이라는 말이 있다. 아테네야말로 도시성의 진수를 나타낸다. 그렇게 본다면 '아스티니티astynity'라 불러야 더 정확할 것이다. '우르브스urbs'는 라틴어로 '도시'를 뜻하는데, 로마인들은 그리스에서 도시성이라는 개념을 차용했다. 그리스인들이 '아스티Asty', 즉 도시라고 말할 때 이들은 신전이나 관가가 밀집된 지역이 아니라 일상이 펼쳐지는 지역, 사람들이 분주히 돌아다니고 서로 부대끼는 장소를 염두에 두고 있었다. 촌스러운 것은 아테네인들의 관심 밖이었다.

이 주제를 놓고 소크라테스가 벌인 유쾌한 대화가 전해 내려온다. 소크라테스는 한 친구와 시골로 소풍을 떠난다. 그런데 친구는 울창한 나무와 숲 속에서 어딘가 기분이 언짢은 소크라테스를 발견한다. 전형적인 사색형 인간인 소크라테스는 이렇게 말한다. "미안하게나 친구여. 나는 배우고자 하는 욕구가 남다른 사람일세. 들판과 나무는 내게 아무것도 가르쳐주지 않지만 도시에 사는 사람들은 다르다네." 가엾은 소크라테스는 도시의 북적거림이 사라진 곳에서 어쩔 줄 몰라 했던 것이다. 그도 별 수 없는 아테네 사람이었다.

　물론 전성기 때 고대 그리스에는 아테네 말고도 다른 여러 도시들이 있었다. 이들은 경쟁을 좋아한다는 공통점을 가지고 있었다. 그리스인들은 경쟁이 없으면 아무 일도 되지 않았다. 연극, 토론, 놀이, 전차경주, 스포츠 등도 예외가 아니었다. 오늘날 아카데미 시상식, 가요 콘테스트, 월드컵 축구경기, 오디션 방송들, 톱모델, 잡지 《보그》 등에서 볼 수 있듯이 가장 화려하고 아름답고 숭배 받는 존재가 되고자 하는 현대 문화의 욕망은 우리 몸속에 박인 그리스에서 비롯된 것이다. 우리가 유명 인사들에 열광하는 것이 지극히 그리스적인 것처럼 말이다.

　올림픽 경기 우승자가 남다른 매력을 발산하며 대중을 열광시키면 시인들은 그 선수를 기리는 찬가를 짓기도 했다. 지금이라면 유튜브에서 크게 인기를 끌며 소셜미디어를 통해 지구 곳곳으로 유포되었을 것이다. 물론 그 같은 경쟁에 참여한 이들은 대중들이 아니라 상류 계층이었다. 그리스인들의 세계는 부유하고 매력적인 이들의 차지였다. 여러 도시를 하나로 묶어준 것은 스포츠, 예술, 정복 같은 활동에서 남들보다 앞서겠다는 야심이었다. 어느 누가 기원전 5세기의 파급 효과를 담담한 말로 설명할 수 있을까. 철학, 학문, 학파, 시, 연극, 의학 등 그 같은 좁은 장소에서 그 단기간에 그토록 많은 불멸의 업적이 창조된 사례는 인류사에서 두 번 다시 반복되지 않았다.

늦어도 르네상스 이후 유럽에서는 고대 아테네를 이상화하려는 경향이 나타나고 있다. 근대에 들어서는 요한 요아힘 빙켈만Johann Joachim Winckelmann과 같은 미술사가와 바이마르 출신의 요한 볼프강 폰 괴테Johann Wolfgang von Goethe 등이 그 같은 풍조에 일조했다. 힘들이지 않고 도달되는 완전무결함을 동경하고, 저 아래 남유럽인들이 원래 숲속에서 살던 자신들보다 우월할 것이라는 불안한 역사적 기억을 지닌 독일인들은 요아힘 페르나우Joachim Fernau의 말처럼 아테네인이 "땀도 흘리지 않고 욕설도 하지 않는" 세상에 살고 있었다고 설명하는 데 익숙해 있다. 독일인들이 상상하는 그 세계에서는 다들 근육질의 몸을 갖고 늘씬하고 아름다운 데다 고차원적이고 고귀한 대상에만 몰두하고 있었을 것이다.

물론 그렇지만은 않았지만 아테네가 무언가 획기적인 것을 세상에 선물한 것은 사실이다. 바로 질문의 정신이다. 그리스인들의 가장 위대한 발명인 철학은 원인에 대해 탐구하는 것을 가리킨다. 세계란 무엇인가? 세계는 무엇으로 이루어져 있는가? 인간은 무엇인가? 새롭지는 않은 질문들이다. 다만 그리스인들이 나타나기 이전 시기의 사람들은 신화를 통해 그 질문에 답했다. 그리스인들이 가져온 혁명은 어떤 질문이든 그 가장 깊숙한 곳까지 철저하게 따져 물었다는 데에 있다. 그렇게 해서 과학, 철학, 의학, 예술이 탄생했다. 그리스인들은 늘 전승된 것과 기존에 배웠던 것을 내다버릴 준비가 되어 있었다. 그야말로 과학성의 본질이다.

그리스의 역사학자 헤로도토스Ηρόδοτος는 다음과 같은 일화를 들려준다. 페르시아 왕 다레이오스Dareios가 화장 풍습을 지닌 그리스인들을 불러다가 부친이 세상을 뜨면 그 시신을 먹을 준비가 되어 있는지 물었다. 당연히 '절대 안 됩니다! 그런 말씀 마십시오!'라는 대답이 돌아왔다. 그러자 왕은 그 같은 식인 풍습을 따르던 인도의 칼라티 사람을 부르더니 그리스인들이 보는 앞에서 '어떤 대가를 지불하면 기꺼이 조상들을 화장하겠느냐?' 하고 물었다. 돌아온 대답은 역시 '절대 안 됩니다! 그런 말씀이 어딨습니까!'였다. 여기서 헤로도토스가 고대 아테네의 독자들에게 전하려던 요지는 사뭇 흥미롭다. 바로 '이방인의 풍습을 존중하라! 자신에 대한 비판적 자세를 견지하라! 문화 충돌은 삶을 풍유롭게 해준다!'라는 메시지였다. 칼 포퍼는 갈등을 빚기도 하며 꾸준하게 진행된 여러 문화 간의 접촉과 공존이야말로 고대 그리스를 유명하게 만든 비판적이고 합리적인 태도를 낳게 한 바탕이었다는 가설을 펼쳤다. 이러한 아테네의 정신은 지금까지도 우리에게 깊은 영향을 주고 있다.

하지만 현대인과 고대 아테네인의 정신 사이에는 중요한 차이점이 하나 있다. 아테네인들은 순수하게 그 자체를 목적으로 대상을 탐구했다. 지식은 고귀했고 지혜는 최고 자산이었지만, 그 목표는 인간과 자연을 이해하는 것이었지, 탐구한 지식을 구체적으로 활용하는 데 있지는 않았다. 실용은 그리스인들의 장기가 아니었다. 20세기에서 가장 유명한 고대 해설자로 꼽히는 모시스 핀리Moses Finley는 이렇게 말했다. "아리스토텔레스와 테오프라스토스는 가축 사육과 농작물 수확에 관해 박식했지만, 이들은 물론 그들의 독자들 역시 농사를 짓거나 양을 칠 때 선택적 교배를 시도할 수 있다는 결론을 끌어내지는 않았다. 자연에서의 목적, 기능, 최종 원인 등을 이해하는 순간 그들의 호기심은 충족되었다."

왜 그랬을까? 자연과학과 철학은 소수 부자들의 전유물이었고, 무엇을 만들거나 실천하는 일은 장인들의 몫이었다. 고대의 가치 서열에서 제작 활동은 사유 행위보다 훨씬 아래쪽에 자리했다. 아테네에서 제아무리 훌륭한 의사나 유명한 선박 제작자라 할지라도 사회 서열에서는 가장 이름 없는 철학자보다도 낮았다. 엘리트층에서는 정신적인 것에 몰두하는 일을 최고의 활동으로 생각했고, 무언가를 실용적으로 이용하는 것은 천박하다고 여겼다. 아마도 아테네의 위대한 실용적 발명품에 관해 글을 쓴다면 네덜란드의 음식문화를 다룬 어느 책보다도 그 부피가 얇아질 것이다. 아테네 사회에서는 성과나 생산성을 보상하는 어떠한 수단도 찾아볼 수가 없었다. 그야말로 귀족사회였다. 천대를 받던 제작자와 기술자가 무대 위로 등장한 것은 고대가 저물고 나서였다. 이 당시 수공업자 계급을 구성한 것은 주로 초기 기독교인들이었다.

펠로폰네소스 전쟁(기원전 431~404)이라는 대대적인 내전이 그리스에서 벌어진 이후 비교적 짧은 번성기를 거친 뒤 아테네는 다시 쇠락의 길로 들어섰다. 당시 아테네에서는 독재자들이 권력을 잡았는데, 이들은 철인 독재정치를 주창했던 플라톤에서 권위의 근거를 찾았다. 기원전 4세기경 아테네가 몰락하던 무렵, 그리스에서는 여러 사건들이 동시에 벌어졌다. 스파르타와 벌인 전쟁으로 그리스 전체의 사기가 땅에 떨어졌고 주민 수도 급감했다. 설상가상 흑사병으로 추정되는 수수께끼 같은 전염병이 찾아왔다. 기원전 4세기 이후 아테네에서는 문란한 성도덕을 비롯해 미신, 신비교, 광란의 축제 등으로 회귀하는 경향, 그리고 종교적 성격을 띤 집단강간 등의 현상이 발견되었다.

아테네의 명성은 이 도시의 엘리트들이 마법과 무지로부터 세상을 해방시켰다는 데에서 비롯되었다. 하지만 이성의 도시 아테네는 결국 비이성과 미신의 품으로 되돌아가고 말았다. 이후 등장한 엘리트 세대는 연회용 테이블에 둘러 앉아 데모스demos, 민중들을 경멸의 눈초리로 내려다보는 젊고 부유한 남성들로 채워졌다. 적어도 현대인의 관점에서 보자면 아테네인들의 문제는 엘리트들이 윤리적 책임감을 전혀 느끼지 못했다는 데에 있었다. 어쩌면 지적 자기만족('관조'), 육체적 향락, 자신과는 상관없다는 식의 태도 등에 그 원인이 있을지도 모른다.

고대 사회가 범한 가장 큰 도덕적 실패로 꼽을 수 있는 것은 최고의 사상가들조차도 노예경제가 도덕적 문제를 안고 있다고 생각하지 못했다는 점이다. 아리스토텔레스는 눈 하나 깜짝 안 하고 이렇게 말했다. "많은 사람들이 본성상 노예에 속한다. 따라서 이들이 자신에게 필요한 도덕적 결정을 내려줄 남성들에게 복종하는 것은 자연스러운 일이며 본인의 이익에도 부합한다." 이를 통해 피해를 본 것이 바로 그리스인 자신들이었음을 오늘날 우리는 경제학 지식에 비춰 잘 알고 있다. 노예경제는 능력 있는 이들을 생산에서 배제시켜 이들로 하여금 인력을 조달하고 감시를 벌이는 일에 시간을 허비토록 한다. 노예경제는 잠재적 재능

을 갖춘 자유시민을 노동에서 떼어 놓고 노동의 가치를 부
인하는 노동경시 풍조를 불러일으킨다. 그 결과 일하지 않
는 상류층 아래에 다시금 일하지 않는 중산층이 형성되고,
결국 이들은 쓸모없는 존재가 되고 만다.

기원전 338년 알렉산드로스 대왕은 카이로네이아
Chaironeia 전투를 끝내고 흡사 성인인 양 아테네에 입성했
다. 그는 발칸반도 출신이었지만 그리스식 교육을, 그것도
아리스토텔레스한테서 직접 받았다. 알렉산드로스에게 땅
은 신성한 것이었다. 농민과 사냥꾼의 민족을 이끄는 그의
모습이 속물근성이 있는 아테네인들의 눈에는 야만인처럼
보였다. 아테네의 전성기는 오래 전에 끝났지만, 속물근성
만은 여전히 버리지 못하고 있었다.

모든 길이 통했던 중심,
로마

민주주의와 평민에 대한 로마의 경멸적 태도는 후기 아
테네로부터 물려받은 것이다. 로마에도 극소수의 상류층이
존재했지만, 이곳의 공동체는 농민 출신 병사라는 훨씬 폭
넓은 기반 위에 서 있었다. 이들은 수확기간 사이사이를 이
용해 이웃한, 또는 멀리 떨어진 지방들을 정복하러 나섰다.
그 대가로 넓은 토지를 선사받았기 때문에 이들은 여러 세

대를 이어 자신들의 부를 지키기 위해 열심히 전장에 나갔다. 하지만 로마의 권력 기반이 훨씬 광범위한 토대를 갖고 있었으며 그 혜택을 받는 계층도 아테네보다 더 두터웠음에도 가진 자와 없는 자 사이의 대립은 아테네보다 심각했다. 사회 최하층에 속한 많은 주민들의 상황은 아테네의 유사한 계층에 비해 훨씬 열악했다. 로마의 도자기 공장에서는 지금이라면 계획적인 노동자 학대라 불릴 만한 상황이 비일비재하게 일어났다.

콘크리트로 된 주택단지를 최초로 세운 것도 로마인들이었다. 값싸고 빠르게 지을 수 있고, 비참할 만치 사람들로 빼곡한 빈민굴, 그것이 바로 악명 높은 고대 로마의 공동 주택 단지인 인술라이insulae였다. 심미적인 이유에서라도 아테네인들은 그 같은 건물을 견딜 수 없었을 것이다. 물론 로마는 아테네처럼 되고자 했고, 아테네의 건축물을 흉내 내려 갖은 노력을 다했다. 하지만 이는 오늘날 상하이에서 작은 도시 베른Bern처럼 건물을 지으려는 것과 비슷한 일이었다.

예수 탄생을 전후한 시기에 로마의 규모는 아테네보다 최소 열 배는 더 컸다. 세계 최초로 인구 100만을 넘긴 도시로서 유례없는 규모를 자랑했다. 18세기에 이르기까지 고대 로마는 역사상 가장 거대한 도시였다. 예수 탄생 시기

와 겹치는 아우구스투스 황제 재위 기간에 로마시 인구는
이미 100만 명을 넘어섰다. 그 조밀함이란 오늘날에도 상
상하기 힘들 정도였다. 현재 인도의 뭄바이에는 1제곱킬로
미터당 3만 명의 인구가 살고 있으며, 이는 세계에서 가장
높은 인구밀도다. 그런데 아우구스투스 시대의 로마는 그
보다도 3배 이상이나 인구밀도가 높았다.

로마에서도 아테네만큼이나 출신이 중요했다. 하지만 신
분상승을 꿈꾸는 이들에게는 기회가 주어지는 곳이기도
했다. 로마가 스스로를 어떻게 보고 있는지는 로마 건립 신
화에 잘 나타나 있다. 로마 시조인 아이네이아스Aeneas는
멸망하는 트로이아에서 죽음을 피해 여러 길을 우회한 끝
에 라티움Latium 지역으로 피신한다. 로물루스Romulus와 레
무스Remus가 바로 아이네이아스의 후손이다. 동생 레무스
를 살해한 로물루스는 먼저 범죄자와 죄수를 모아 로마의
시민으로 삼았다. 로마의 시조는 피난민이었던 것이다. 아
테네의 경우 그 도시에 수세대에 걸쳐 살았던 자를 고상하
다고 평가했던 반면, 로마에서는 강한 의지력을 가진 이가
대접을 받았다. 출신이 어디인지는 두 번째 문제였다.

로마에서 가장 중요한 장소는 포룸Forum으로 모두들 이
곳에서 만났고 모든 일이 여기서 이루어졌다. 오늘날의 페
이스북에 비견할 만한 곳으로, 단지 이곳은 현실 세계라는

차이가 있었다. 여론선동가들이 '사기꾼과 허풍선이', '미동 美童'을 조롱하는가 하면, 정치가들은 포럼에서 하릴없이 서 있는 자들을 쫓아내려고 포럼에 뾰족한 포석을 깔 것을 주장하기도 했다. 반면 어여쁜 소녀들 때문에 포럼을 칭송한 시인 오비드Ovid는 걸음을 서두르지 말고 느긋하게 거닐 것을 적극 권하기도 했다.

로마는 세계 최초의 과시형 도시이기도 했다. 아테네인들은 만사에 적절한 비율을 중시했고, 노골적으로 드러내는 화려한 미관을 세련되지 못한 것으로 여겼다. 그러나 로마에서는 제국의 권세 앞에서 누구나 소인처럼 느끼도록 모든 게 화려하고 거대하며 압도적으로 위압감을 주어야 했다. 매일 55톤의 하수를 소화한 지하 하수처리장 외에도 경찰, 소방서, 우체국을 비롯해 '해피엔딩', 즉 윤락행위가 어우러진 마사지를 포함한 목욕탕, 30개의 도서관 및 무수한 극장과 사원 등이 들어서 있었다. 여기에 5만 석 규모인 원형투기장도 빠질 수 없었다.

로마가 이끈 제국은 지금의 기준에서는 상상할 수 없을 정도로 오랜 기간 지속되었다. 예를 들어 미국의 경우 건국 이래 대통령 50여 명이 취임하며 200년이 넘도록 놀랄 만큼 안정적으로 유지되어 왔다. 이와 비교하면 공화정만 따지더라도 로마는 기원전 6세기 후반부터 서기 1세기 말까지 거의 500년을 지속한 셈이다. 이 시기를 가리켜 후세에서는 '좋았던 시절'로 평가한다. 처음에 출정을 위해 모인 이들은 농민들이었고, 이들로부터 귀족이 탄생해 서로 권력을 나눠가졌다. 이후 300년에 걸친 황제시대가 도래했다.

몰락은 서서히 진행되었다. 이를테면 건물을 짓는 일에서도 그 점이 관찰되었다. 200년경부터 로마제국의 각 도시에서는 건설 활동이 둔화되었다. 250년 이후로는 새로 지어진 극장이나 야외 원형극장을 찾아볼 수 없었다. 로마는 아테네처럼 고차원적이지는 않았지만 대신 실용주의적 경향이 강했다. 도로망, 즉 로마가 지중해 전역과 중부 및 남부 유럽에 남긴 인프라는 어마어마한 규모였다. 로마는 유럽 전역에 자신의 씨를 뿌렸다. 도처에 로마의 위성 도시들이 건설되었다. 가령 로마의 속주였던 저지低地 게르마니아Germania inferior의 수도 쾰른은 네로의 어머니인 아그리피나Agrippina로부터 콜로니아 클라우디아 아라 아그리피넨지움Colonia Claudia Ara Agrippinensium(CCAA), 즉 아그리피나의 식민지 겸 제단이라는 인상적인 이름을 얻기도 했다. 마지막 순간에 로마제국은 라벤나Ravenna와 콘스탄티노플Konstantinople 등 여러 군데에 수도를 두었고, 황제도 여러 명이 있었다. 그러나 정작 도시 로마는 그 중요성을 잃어갔다.

로마제국이 남긴 여러 유산처럼 쾰른 역시 여전히 건재하다. 로마제국은 결코 몰락한 적이 없으며 다양한 모습으로 계속 이어지고 있다고 사람들이 말하는 이유도 이 때문이다. 고대 로마의 공식적인 마지막 황제는 로물루스 아우구스투스다. 476년 게르만인이었던 오도아케르Odoaker에 의해 폐위 당했을 때 그의 나이는 불과 열다섯 살이었다. 고대 로마는 행정기구는 물론 황제조차 거의 실권을 갖지 못한 국가로 전락했다. 오도아케르는 로물루스 아우구스툴루스를 연금보험 역사상 그 누구보다도 빨리 퇴임시켰다. 보상으로 나폴리 만의 빌라 한 채를 지급받은 그 15세 소년은 시종들과 함께 그곳으로 거처를 옮겨 조용히 삶을 보냈다.

생생한 중세, 마인츠, 코르도바, 파리

고대 도시의 경우 현대 도시와 비슷한 점을 찾아보기가 힘들다. 반면 중세 도시는 지금의 도시와 본질상 동일하다. 위와 아래의 경계가 서서히 사라지고, 각 계층이 점점 뒤섞이고, 신분이 상승한 이가 등장하며, 수공업과 교역에 의해 주민들의 상호 의존도가 강화되는 곳, 이 같은 도시와 함께 비로소 근대가 개막되었다. 이런 유형의 도시들은 고대가 끝나고서야 나타나기 시작했다.

앞서 말했듯이 250년 이후 도시 건설은 최우선 과제에
서 밀려나게 되었다. 그 대신 더 시급한 문제들이 있었다.
예컨대 아시아에서 기마족들이 침입해오고 있었다. 그리고
게르만인들로 말하자면, 처음에는 로마제국의 영토로 피신
해왔던 이들이 나중에는 스스로 지배자가 되었다. 로마인
들보다 확연히 면도상태가 좋지 못했던 게르만인의 등장으
로 일종의 농촌화 현상이 나타났다. 로마인들 덕분에 도시
화가 가속화되었지만 사람들은 다시 시골로 밀려들기 시작
했다. 화폐경제가 후퇴하고, 도로와 수로교가 무너져 내리
고, 돌 대신 목재로 건물을 짓는 일이 빈번해졌다. 기술이
뒷걸음질 친 시기였다. 하지만 시간이 지나면서 파리, 랭스,
마인츠 같은 수공업 및 교역의 중심지들이 하나둘씩 생겨
났다. 9세기와 10세기에 영향력이 커진 도시들의 경우, 노
예제도가 점진적으로 폐지되고 수공업과 교역의 비중이
커진 것이 그 원인으로 꼽혔다. 1000년경부터 여러 교역도
시들이 등장하면서 12세기와 13세기는 원거리 교역의 전
성기를 이루었다.

이 시기 도시들을 따로따로 강조하는 것은 적절치 않아
보인다. 전체를 지배하는 하나의 중심 대신에 다양한 중심
부들이 존재한다는 것이 당시의 특징이었다. 예를 들어 생
레미St. Remi, 겐트Gent, 피사Pisa 등 중간 크기의 여러 교역

및 박람회 도시들이 그렇다. 굳이 하나의 중심이 있었다면 아마도 코르도바Córdoba였을 것이다. 다양한 민족과 종교가 섞인 50만 명의 주민이 당시 이슬람 문화권의 수도였던 알안달루스al-Andalus, 즉 오늘날 스페인에 살았다. 9세기와 10세기 코르도바 칼리파국(후우마이야 왕조)은 유럽의 정신적, 경제적 중심이었다. 막강한 군주나 부유한 상인이 건강에 이상이 생기면 코르도바를 찾아와 치료를 받았다. 오늘날 각국의 국가원수나 억만장자들이 제트기를 타고 메이오 클리닉Mayo Clinic(미국 미네소타 주에 있는 세계 최고 수준의 병원)으로 가는 것과 비슷했다. 세계사에 등장하는 최초의 다국적 무역조직에 해당하는 라다니트Radhanite, 즉 중세 유대 상인들도 코르도바를 근거지로 활동했다. 이러한 유대인 상인들의 거래망은 당시 이미 여러 대륙으로 뻗어 있었다. 유대인 및 동방기독교 상인들은 9세기와 10세기 오리엔트와 서양을 이어주는 중개자였다. 오리엔트 지역에서는 프랑켄 지방의 무기를 비롯해 영국의 양모와 목재를, 점점 늘어나는 서양의 도시 엘리트층에서는 오리엔트의 사치품을 선호했다.

유럽의 시각에서 볼 때, 중세시대 승승장구하던 이슬람 세력이 처음에는 큰 위협으로 다가오지 않았다. 오히려 이슬람 문화권의 성장은 유럽인들에게 교역과 수공업을 활성

화시킬 좋은 기회이자, 그로 인한 상인층과 상업의 발달을 의미했다. 오리엔트 지역에서 수요가 늘어남에 따라 중세 유럽은 경제적으로나 문화적으로 생기를 되찾기 시작했다. 더 많은 교역도시들이 번성했으며, 물건을 사오던 위치에서 벗어나 적극적으로 수출에 나설 수 있게도 되었다. 9세기와 13세기 사이에 발생한 자금 유입으로 유럽에서는 부가 증가하고 도시가 성장했다. 도시에서 살기 위해서는 시골보다 더 많은 돈이 필요했다. 농부들이야 물건을 구입할 필요를 크게 못 느끼지만 도시에 사는 이들은 소비를 통해 스스로의 지위를 과시하도록 사회적으로 강요받기도 했다. 다시 말해 가장 중요한 경제 요인으로 상거래가 토지의 자리를 대신했다. 이로써 '은행가banker'로 불리기 시작한 이들이 도시에 나타났다. '뱅커'는 야외 벤치(뱅크bank)에 앉아 동전을 교환하던 사람들에서 유래된 이름이다. 훗날 여기에 대출업무가 추가되었다.

중세에는 건축업과 직물경제라는 두 가지 중요한 산업 분야가 등장했다. 건축업의 경우 길드와 협회에서 엄격한 규제를 실시한 탓에 프리메이슨 로지Freemason lodge(자유 공인 석공조합 지부)가 만들어졌다. 직물업 분야에서는 완전한 무정부상태가 벌어지고 있었다. 젊은 독신 여성들은 임금도 못 받고 노동을 강요받았는데 공짜 숙소가 그 유일한 대가였다. 그래서 가외로 매춘부로 일하며 생활비를 버는 여성들이 많아졌다. 매춘은 묵인되었다.

13세기에 들어서자 성왕聖王으로 불리던 신앙심 깊은 프랑스 왕 루이 9세가 매춘을 금지시키고자 했다. 이에 파리 주교를 포함해 정부 인사들이 자신들의 군주를 만류했다. 첫째는 그것이 부질없는 짓이고, 둘째는 사회 질서와 맞지 않는다는 이유에서였다. 물론 교회 측에서는 매춘부를 귀의시키고자 애를 썼다. 13세기 이후 기독교 사회에서는 창부와의 결혼이 칭송할 만한 공적으로 여겨졌고, 교회는 전직 매춘부들을 수용하고자 막달레나 수녀회를 세웠다.

1300년경 파리에서는 수십만 명이 넘는 다양한 집단의 주민들이 비좁은 공간에서 함께 거주했다. 수공업자, 상인, 걸인, 매춘부, 병사, 관리, 성직자들이 옹기종기 모여 살았고, 이들 사이에서 큰 구매력을 가진 귀족들의 수가 늘어갔다. 그 결과 사치재 산업과 상업, 대출업이 빠르게 발전했고, 새로운 엘리트들이 등장했다. 중세 도시와 고대 도시 사이의 가장 큰 차이점이 있다면 고대 도시에는 경직된 사회 위계질서가 존재한 반면 중세 도시에서는 사회학에서 '사회 유동성'이라 부르는 현상이 나타났다는 점이다. 도시의 발전은 정치 사회적 역학 관계가 느리지만 꾸준히 변화함을 의미했다. 상업의 중요성이 커질수록 상인과 무역상의 영향력도 커졌다. 귀족을 상대로 사치품을 공급하는 교역상과 상인들의 대리점으로 귀족들의 돈이 유입되었다. 왕의 관심을 끌고 신분을 과시하기 위해 귀족들은 점점 더 호화로운 장식을 찾게 되었다.

사회의 도시화가 진척될수록 신진 엘리트가 과거의 엘리트를 몰아내는 것은 당연한 수순이다. 이는 중세부터 19세기에 이르기까지 면면히 이어져온 하나의 과정이었다. 여기서 중요한 역할을 한 것이 지극히 비귀족적인 활동이었던 노동의 가치 상승이었다. 과거의 엘리트들은 전쟁으로 토지를 강탈함으로써 부를 축적했다. 그들은 그 방법밖에 배우지 못했다. 그러나 중세부터는, 늦어도 12세기부터는 폭력이 아닌 돈과 대부를 앞세운 섬세한 위력으로 부를 축적할 줄 아는 사람들이 도시의 주역으로 떠올랐다. 이제 창과 방패 대신 두뇌가 사용되기 시작한 것이다.

'도시'에서 멀어지는 현대의 도시들

노동의 가치 상승은 매우 도시적인 현상이었다. 무두장이, 대장장이, 구두장이 같은 이들이 모두가 보는 앞에서 노동을 통해 유용하고 근사한 물건들을 만들어냈다. 과거의 엘리트들은 대부분 교외에 살며 미심쩍은 눈초리를 보내고 있었는데, 일부는 여전히 고대 귀족의 반노동적 성향에서 비롯된 사고방식에 사로잡혀 있기도 했다. 기독교에서 볼 때도 노동은 형벌이자 원죄의 결과였다. 인식의 변화를 가져온 데에는 일부러 도시 부근에 자리를 잡은 베네딕트 수도사들의 공이 컸다. 성 베네딕트 수도원 규칙은 노동에 큰 가치를 두고 있었던 만큼 수도사들은 노동의 품위를 높여주는 데 큰 역할을 했다. 도시에서 게으름뱅이와 빌어먹는 이들은 외톨박이로 전락했다.

흥미로운 사실은 '낙타와 바늘구멍'의 비유에서 볼 수 있듯이 가난을 예찬한 기독교가 경제적 성공과 양심을 조화시키려는 노력을 멈추지 않았다는 것이다. 신약에도 이런 구절이 있다. "들꽃이 어떻게 자라는지 살펴보아라. 그것들은 수고도 하지 않고 길쌈도 하지 않는다. 그러나 온갖 영화를 누린 솔로몬도 이 꽃 한 송이만큼 화려하게 차려입지 못하였다(마태복음 6:28~29)". '땀 흘려 일해 오두막을 짓자'는 식의 사고는 애당초 기독교적인 것과는 거리가 멀었다. 예수의 제자들은 가난한 자들을 돌보라고 가르쳤고, 복음서에도 부자들은 좋은 모습으로 묘사되지 못했다. 부유해지는 기독교인들에게 기독교 신앙은 적지 않은 부담이 되었을 것이다. 유럽에서는 행동을 통한 참회라는 의식이 생겨났다. 부유한 상인들은 양심의 가책을 덜고자 도시마다 병원과 빈민구호시설을 세웠다. 13세기 유럽의 가장 중요한 병원은 이탈리아 시에나에 있었는데, 바로 상인들이 건립한 것이었다.

14세기에는 예술 후원이라는 새로운 유행이 상인들 사이에 퍼졌다. 당시는 상인 엘리트들이 통치하는 도시국가의 시대였다. 예술 후원은 급속히 부상 중인 이들 상인 계층에게 자신들의 취향과 사회적 성공을 증명해 보이는 유일한 길이었다. 그 덕분에 오늘날 베니스, 밀라노, 플로렌스 같은 도시들이 존재하는 것이다. 이들 도시를 무대로 빼어난 건축물과 예술작품이 탄생했다. 15세기와 16세기를 거론할 때 플로렌스에 대한 언급이 빠지지 않는 이유도 바로 이 때문이다. 여기에는 이탈리아인들이 홍보에 탁월한 국민이라는 사정도 무시 못할 역할을 하고 있다. 북부, 특히 플랑드르와 네덜란드에서도 위대한 예술이 창조되고 연구되었지만 이탈리아만큼 호들갑을 떨지는 않았다.

16세기 세계 경제의 중심지는 안트베르펜이었다. 네덜란드 상인들의 청탁을 받은 항해자 헨리 허드슨Henry Hudson은 1609년 유럽인 최초로 지금의 뉴욕 맨해튼 남쪽 끝에 당도했다. 뉴욕의 원래 이름은 뉴암스테르담이었는데, 이 뉴암스테르담의 '정복자가 아닌' 건립자들은 상인들이었다. 뉴욕이 전 세계를 호령하는 금융 대도시가 된 데에는 상업, 정확히는 노예 거래의 도움이 컸다. 어느 정도는 갱스터 정신의 덕을 보기도 했다. 초창기의 주민 대부분은 고아, 유죄 판결을 받은 범죄자, 매춘부들이었다. 네덜란드에 있던 감옥과 빈민구호소, 고아원 전체가 식민지 이주를 목적으로 강제 이주되었기 때문이다. 오늘날 세계 5대 기업 가운데 네 곳이 미국 기업이며, 전 세계의 거래가 뉴욕을 통해 이루어지고 있다. 수세대에 걸쳐 이민자의 메카 역할을 해온 뉴욕은 위와 아래의 경계가 섞이고 연결되고 극복되는 현상을 상징하는 도시가 되었다.

로마나 파리를 연상시키는 비좁은 공간들로 뉴욕은 여전히 유럽적이고 중세적인 옛 전통을 간직한 도시다. 급성장하는 우리 시대의 도시들은 그와는 정반대의 방향으로 발전하고 있다. 도시는 얽힘의 장소라기보다는 갈수록 분리의 장소로 변하고 있다. 현재 세계에서 가장 빠르게 성장하는 도시인 멕시코시티, 라고스, 요하네스버그, 뭄바이 등지에서 보이는 전형적인 현상은 유기적인 공존이 아니다. 오히려 커지는 빈민촌에서 멀찌감치 떨어진 최고 수준의 보안을 자랑하는 주택지, 이른바 '빗장 동네gated communities'마저 생기고 있는 실정이다. 이제 메가시티에서는 상이한 사회계층과 사고방식이 더 이상 서로 부대끼며 마찰을 빚지 않는다. 그곳 주민들은 상호 분리된 평행우주 속에서 서로 다른 신발을 신고, 다른 쇼핑센터를 찾고,

다른 광장을 거닐며 생활한다. 우리 시대의 대도시는 너무나 비대해져서 세련되고 교양 있다는 뉘앙스를 가진 '어반urban'이라는 형용사가 무색해질 지경인 데다, 중세 도시를 특징짓는 생산적인 북적거림 같은 현상도 찾아보기 어렵게 되었다. 방콕에 사는 지인들의 말에 따르면 그곳에서는 밤중에 자는 아이를 깨워 잠옷 바람으로 차에 태워 교외로부터 3시간을 달려 등교시키는 것이 일상이다. 아이는 도중에 잠깐 잠을 청하고 옷을 갈아입고 차속에서 아침까지 먹는다는 것이다.

우리 시대의 메가시티는 여전히 성장 중이며, 이곳 도시들은 서로 뒤섞인 채 팽창하고 있다. 미국의 북동부 지역이 그 대표적인 예로, 남쪽의 워싱턴, 중간의 뉴욕, 그리고 보스턴이 합쳐져 하나의 거대한 '도시권city region'으로 성장했다. 이 지역에만 미국 인구의 15퍼센트 이상이 살고 있다. 이밖에도 중국의 양츠 델타지역의 경우에는 상하이上海, 장저우漳州, 쑤저우蘇州를 둘러싼 지역들이 합쳐져 도로와 콘크리트의 사막으로 변했다. 도쿄와 교토 사이에 놓인 지역을 비롯해 인도의 푸네Pune 주변 지역은 반경 100킬로미터가 넘는 해당 지역 내의 모든 도시를 흡수해 버렸다.

새로이 등장하는 메가시티의 최대 위험은 그 규모만이 아니라 그곳이 사회적 무덤이 되어버린다는 점에 있다. 리마, 뭄바이, 델리, 다카, 카이로, 라고스, 킨샤사 등의 빈민가만 해도 유럽의 기준에서 볼 때 이미 그 자체로 메가시티에 해당한다. 수돗물 공급과 의료 시설도 없이 살아가는 멕시코시티 빈민가의 주민 수는 유럽 최대의 도시인 런던의 규모를 뛰어넘는다.

200년 전만 해도 세계인구 가운데 도시 주민의 비율은 3퍼센트에 불과했지만, 1900년경의 10퍼센트를 거쳐 2010년대인 오늘날에는 50퍼센트로 그 비중이 커졌다. 2050년에는 63억 명, 즉 세계인구의 70퍼센트가 대도시에 거주할 것으로 추정된다. 그 결과는 엘리트 집단의 도시 탈출이다. 도시가 문화적, 경제적으로 매력 있는 장소였던 시대는 지났다. 이러한 현상은 현대 통신수단과도 관련이 있다. 미국 금융계의 중요한 투자가들은 더 이상 월스트리트의 사무실에 앉아 있지 않다. 대신 그들은 코네티컷주의 시골 별장에 들어 앉아 스마트폰으로 투자금을 관리한다. 한때 도시가 누린 전통적인 특권이었던 문화축제는 이제 시골이나 해변가, 또는 산속에서 열리고 있다. 스포츠 및 교육 시설도 마찬가지다. 경기장 역시 더 이상 마드리드의 베르나베우 스타디움과 같은 도심이 아니라 파리 근교의 스타드 드 프랑스, 뮌헨의 알리안츠 아레나와 같이 변두리에 건설되고 있다. 한때 대학들은 혼잡하고 북적거리는 도시 한복판에 자리하고 있었다. 파리의 소르본, 프라하의 카를 대학 등이 그 대표적인 사례다. 그런데 오늘날의 명문 대학들은 미국 뉴저지주의 프린스턴 대학처럼 그 자체로 외딴 우주를 이루고 있다.

현대의 대도시에는 더 이상 중심이 없다. '첸트로 스토리코centro storico'와 같이 관광객들에게 보여주는 역사적 중심지만이 남아 있을 뿐이다. 반면 진짜 삶은 다른 곳에서 펼쳐지는데, 중심의 주변부에 위치한 수많은 쇼핑센터들이 그 무대가 되고 있다. 독특한 형태의 유사 도시성을 띤 현대의 공항 역시 산업, 교역, 호텔 단지 등을 자체 보유하며 고유의 상업 중심지로 변모하고 있다. 이제 도시는 '다중심적polycentric'으로 변했다. 이로써 한때 도시 삶의 근본이었던 요소들도 옛날이야기가 되어 버렸다. 예전만 해도 사람들은 도시를 동경했다. 도시야말로 문화의 본고장이었다. 예의바름을 뜻하는 '폴리테스politesse'도 폴리스polis(도시)에서 비롯된 말이다. 과거에는 시골이라고 하면 투박하고 교양 없다는 이미지가 가장 먼저 떠올랐다. 이제는 그 반대가 되었다.

역사는 언제나 연속적으로 전개되는 것만은 아니다.

01
바빌론

모든 도시의 어머니. 기원전 2000년부터 서기 100년까지 2,000년이 넘는 세월 동안 세계의 정상 자리를 놓치지 않았다. 이는 쉽게 깨지기 힘든 기록이다.

02
아테네

역사상 가장 고상한 척했던 도시. 그 덕분에 불과 몇 세대 사이에(기원전 500~300년경) 아테네는 그 어떤 문명보다도 많은 예술과 문학을 후대에 선사했다.

03
로마

세계사 최초의 메가시티. 예수가 탄생할 무렵 이미 백만 명이 사는 도시로 성장했다. 로마 이후 인류 역사에서 비슷한 규모의 다른 도시들이 등장하기까지는 거의 1,800년의 시간이 필요했다.

04
예루살렘

지정학적으로나 경제적으로는 철저히 주변부이나 인류 역사에서 수천 년 전부터 세계의 중심 역할을 해왔다.

05
코르도바

무슬림들의 도시로 기원후 첫 1000년 사이에 유럽에서 처음 생긴 정신적, 경제적 중심지였다.

06
파리

중세 후기와 르네상스 초기만 해도 단 하나의 유럽의 수도란 존재하지 않았다. 팔레르모, 겐트, 볼로냐, 밀라노처럼 여러 곳에 중심지가 있는 것이 전형적인 모습이었다. 하지만 그 모든 도시 가운데에서도 파리의 명성이 가장 높았다. 1300년경 주민 수가 20만 명에 달할 정도로 성장함에 따라 구매력이 집중되면서 수공업과 사치재 산업이 급성장했다.

07
안트베르펜

르네상스 시절 모든 시선이 플로렌스와 밀라노로 쏠려 있을 때 정작 중요한 일이 벌어지던 곳은 안트베르펜이었다. 포목 거래가 활발하고 항구를 보유한 덕분에 14세기부터 16세기까지 유럽에서 상업과 금융의 주요 중심지였고, 현재까지도 가장 중요한 다이아몬드 거래 장소로 남아 있다.

08
런던

산업화 시대에 세계의 중심지 역할을 수행했다. 1800년부터 1900년까지 인구가 여섯 배나 증가해 총 인구 수가 600만 명에 이르렀다. 그러나 20세기 들어 금융 중심지의 지위는 뉴욕으로 넘어가게 되었다.

09
뉴욕

바빌론 이후 세계 역사상 가장 국제적인 도시로 꼽힌다. 바르샤바보다 더 많은 폴란드인들이, 더블린보다 더 많은 아일랜드인들이 이곳에 살고 있으며, 중국 바깥 지역에서 뉴욕보다 더 많은 중국인들이 정착한 곳도 없을 것이다.

10
상하이

유럽에서 100년이 걸렸던 산업혁명이 이곳에서는 10년 남짓한 사이에 이루어졌다. 현재 상하이 항구에서는 매일같이 세계 그 어떤 교역 장소에서보다 더 많은 상품들이 처리되고 있다. 세계에서 인구밀도가 가장 높은 도시이기도 하다.

제4장

한없이 인간적인 인간들의 세계사

영웅에서 영점으로

From Hero to Zero

"한 사람을 죽이면
살인자가 되지만
수백만 명을 죽이면
정복자가 된다."

장 로스탕
Jean Rostand
생물학자이자 철학자

할리드 아사드Khaled Asaad는 50년 넘게 시리아의 사막도시 팔미라Palmyra에서 고대 로마 유적지를 관리해왔다. 이슬람 국가라 자칭하는 지하디스트 무장 단체가 2015년 5월 팔미라에 쳐들어왔을 때 82세의 아사드는 도망치지 않았다. 고고학자였던 그는 납치당한 뒤 고문에 시달렸고, 결국 참수당한 그의 시신이 인터넷에 공개되었다. 그들이 아사드를 고문한 이유는 팔미라에 보물이 있다고 여기곤 그 행방을 알아내기 위해서였다. 나중에 그들은 아사드의 시신을 고대에 제작된 기둥 하나에 매달아 놓았다. 아사드가 평생을 바쳐 보존에 힘썼던 바로 그 기둥이었다.

인간은 역사에서 교훈을 얻는가? 아니다. 그렇지 않은 것 같다. 그렇다면 역사의 위인들을 본보기로 삼을 수 있을까? 그들이 다시 오기를 바랄 수 있을까? 그렇다. 가령 알자바Al-Zabba 같은 인물이 아랍 세계에 나타났으면 하고 말이다. 고대 후기 이곳 팔미라를 통치한 알자바, 즉 사막의

여왕 제노비아Zenobia는 로마라는 세계제국에 타격을 입히
며 3세기경 짧지만 영광스러운 시기를 꽃피웠다. 잊기 쉬운
사실이 있는데, 7세기 이슬람이 세계무대에 등장하기 이전
부터 이미 아랍 문명은 존재했다. 이슬람 이전 시대에는 여
성이 부족과 제국을 이끄는 등 사회에서 탁월한 역할을 맡
는 경우가 많았다.

고대의 페미니즘

이 책에서는 제노비아로 불리는 알자바야말로 세계사의
주목할 만한 인물 가운데 하나로 꼽는다. 하지만 오늘날 그
에게 관심을 갖는 이는 거의 찾아보기 힘들다. 그가 스스
로를 서양인으로 여긴 만큼 '제노비아'라는 서양식 이름으
로 불러도 별 상관은 없을 것이다. 그는 자신이 프톨레마이
오스 가문 출신이라고 주장했다. 프톨레마이오스는 알렉
산드로스 대왕이 이집트에 남겨두었던 총독으로 헬레니즘
시대의 이집트 귀족이었다. 그는 또 스스로를 클레오파트
라의 직계 후손이라고도 주장했다. 어쩌면 프톨레마이오스
의 후손이라는 주장이 사실일지도 모른다. 하지만 고상해
보이고자 지체 높은 그리스인을 끌어들인 아랍 공주의 말
을 믿는 대신 제노비아가 가진 아랍적 전통을 살펴보는 편
이 훨씬 유익해 보인다.

　지금부터 오늘날 이상적인 영웅상에 부합하는 세계사 속 인물들을 대변해 그녀의 이야기를 소개하고자 한다. 더 정확히는 이상적 여성 영웅상이라 말해야 할 것이다. 제노비아는 강렬한 인상을 남긴 여러 사막의 여왕 가운데 한 명이다. 미국의 저명한 동양학자인 나비아 애봇Nabia Abbott은 이 지역 역사에 깊은 자취를 남긴 스무 명 가량의 뛰어난 오리엔트 출신 여인들을 소개했다. 이 가운데 가장 유명한 존재는 사바의 여왕일 것이다. 전설에 따르면 그녀는 기원전 10세기 솔로몬 왕이 세상에서 가장 지혜로운 사람인지를 직접 만나 확인하고자 오늘날 에티오피아에서 예루살렘으로 길을 떠났다. 결론만 말하자면 사바의 여왕은 솔로몬에게 완전히 설득당한 나머지 그의 아들까지 갖게 되었다. 13세기부터 1975년까지 에티오피아를 다스린 솔로몬 가문이 바로 그의 후손들이다. 그 마지막 군주가 1975년 세상을 뜬 하일레 셀라시에Haile Selassie 황제였다. 그의 종손인 아스파 워센Asfa-Wossen은 현재 독일 프랑크푸르트에서 살고 있다.

　지금의 시리아 홈스Homs에서 태어났고 아람어로 마르다Martha(여주인)라고 불린 아랍의 한 공주가 187년 셉티미우스 세베루스Septimius Severus와 결혼을 했다. 세베루스는 다소 잔인한 면은 있었으나 로마 황제로서 큰 성공을 거둔 인물이었다. 율리아 돔나Julia Domna라는 이름으로 로마 역사에 남게 된 이 시리아 여성은 남편과 함께 세베루스 Severer 왕조를 건립했다. 사실상 공동 통치자였던 그는 문학과 철학에 관심이 남달랐던 것으로 알려졌다. 그가 역사책에 이름을 남기게 된 데에는 셈족의 신인 타니트Tanit(로마 이름은 카엘레스티스 데아Caelestis Dea, 천상의 여왕)를 로마로 들여왔기 때문이었다.

이 밖에 언급할 만한 인물로 시리아의 마비아Mawia 여왕이 있다. 그는 아라비아의 베두인족인 야프나Jafna 가문 출신으로 짐작된다. 이 부족은 과거 아라비아 반도 남쪽에서 북쪽으로 이주해 로마와 접경한 시리아 지역에 자리를 잡았고, 이 무렵 기독교로 개종한 것으로 알려져 있다. 380년경 마비아는 팔레스타인의 일부 지역을 차지한 뒤 북아프리카까지 진격해 로마 군단을 수차례 무찔렀다. 하지만 나중에는 고트족에 맞서 로마군을 돕기도 했다.

아랍의 교양층에서는 언급하기를 꺼리지만 지도자로서 훌륭한 자질을 갖추었던 또 한 명의 여성이 있었다. 바로 힌드 빈트 우트바Hind bint 'Utba(Utbah)였다. 무함마드와 동시대인이었던 그는 한때 무함마드의 가장 막강한 적수이기도 했다. 메카에서는 대대로 승리의 여신을 모시는 고대 아랍의 제식이 행해졌는데, 힌드 빈트 우트바는 이를 주재하던 대사제였다. 휘하의 여사제들을 거느리고 전투에 나선 힌드는 무함마드와 그의 군대에 맞서 싸우기도 했다. 이슬 람에서는 전통적으로 그를 '간을 먹는 여인'으로 부르고 있 다. 전해지는 당시 기록에 따르면 그와 여사제들은 의례적 인 식인행위를 했고, 전투가 끝나고 살아남은 포로들의 내 장을 꺼내 먹었다는 소문이 있었다. 힌드의 경우, 무함마드 와 전투를 벌인 뒤 그의 숙부였던 함자Hamza를 죽여 그 심 장을 삶아 먹었다고도 전해진다. 훗날 무함마드가 메카를 정복하자 그 무시무시하던 힌드 빈트 우트바도 결국 이슬 람으로 개종했고, 그의 딸은 무함마드의 아들과 결혼하기 도 했다. 이후 벌어진 전투에서 힌드 빈트 우트바는 무함마 드 편에 서서 함께 싸웠다.

다시 말해 제노비아 같은 지도자를 제대로 이해하려면 이들을 예외적인 사례로 여기기보다는《헝거게임》시리즈 의 여주인공 캣니스 에버딘과 같은 용맹한 전사인 여성들 이 이슬람 이전에, 심지어 무함마드 시기에 이르기까지 흔 히 나타나는 현상이었음을 알아야 한다. 그럼에도 제노비 아는 고대 후기의 여성들 중에서도 유독 두드러지는 인물 이기는 하다. 267년 또는 268년, 그는 엄청난 부를 누리던 오아시스 도시 타드무르Tadmur(팔미라의 아랍 이름)에서 왕 위에 올랐다. 그의 나이 겨우 20대 중반 무렵이었다.

제노비아는 재위 2년 만에 유프라테스에서 이집트를 거쳐 지금의 터키에 이르는 거대한 제국을 지배하게 되었다. 누구나 제노비아를 떠올릴 때 할리우드 영화에서 볼 수 있는, 두려움 따위는 모르는 사막의 여왕을 상상하고픈 유혹을 받을 것이다. 가령 낙타를 몰고 다니며 천막에서 생활하고, 타오르는 불꽃 옆에서 잠을 청하거나, 충실한 반려자로 매 한 마리를 곁에 둔 모습들을 떠올리기 쉽다. 역사가들도 가마 타기를 거부하고 충직한 장군들과 함께 사자 사냥에 나서는 여왕의 모습을 전하고 있다. 심지어 옛 문헌은 그녀가 "사냥과 전쟁에서 남편보다 더 용맹스러웠다"고 강조하기도 했다.

그런데 궁정의 의전과 으리으리하고 화려한 것을 사랑한 이 또한 제노비아였다. 물론 궁정생활과 관련해 팔미라에서는 고상한 이웃나라 페르시아를 따라하고자 했다. 다만 제노비아의 개인적 취향은 그리스 쪽에 가까웠다. 그녀의 취미생활은 철학이었다. 제노비아가 사막 궁전에서 성대한 향연을 열 때마다 세계 각지에서 고명한 지성인과 현인군자를 수레에 태워 데려왔다. 안티오키아의 기독교인, 알렉산드리아의 지식인, 예루살렘의 유대인 학자를 비롯해 인더스 지역과 중국에서 온 현자들이 함께 식탁에 모여 궁정생활에 참여했다. 제노비아는 다양한 사람들이 섞여 있는 것을 좋아했다. 그녀는 연회장에 나타날 때마다 가장 값비싼 보석들로 온몸을 치장했고, 귀빈들의 금쟁반에는 선물이 놓여 있었다. 그녀가 지내던 궁전은 호사스러움과 명석한 지성과 지성적 관용이 넘치는 분위기로 유명했다.

믿을 만한 문헌이 부족한 탓에 역사가와 연대기 저자, 시인들은 자신들의 상상을 그녀에게 투시하고는 했다. 과거에는 역사와 연대기, 시를 엄격하게 구분하지 않기도 했다. 제노비아가 모범적인 통치자의 화신이 된 것도 그 때문이었다. 이상적 이미지에 열광한 19세기 후반 사람들은 그녀를 여성 아서Arthur왕으로 만들었다. 활동욕이 넘치면서도 사려 깊고, 호화로우면서도 미적 감각을 지녔고, 강하지만 아량이 넘치고, 엄격하면서도 공정하고, 자신감에 넘치지만 겸손한 여성으로 묘사한 것이다.

제노비아가 미화된 것은 분명하다. 그 대상이 왕국, 도시, 아니면 제임스 딘이든 잠깐 동안 강렬하고 짧은 전성기로 기억되는 것들이 미화되는 현상은 자연스러운 일이다. 제노비아는 팔미라의 상류계층 출신이었고, 막강한 암라키Amlaqi 부족 씨족장의 딸이었다. 팔미라에서는 당시 오리엔트 지역의 만국 통용어였던 아람어, 즉 예수가 말한 바로 그 언어를 쓰고 있었다. 로마 황제들의 전기인《히스토리아 아우구스타Historia Augusta》는 대체로 냉철하고 객관적인 시각에서 집필된 4세기 역사서인데, 유독 제노비아를 묘사할 때만은 형용사 '아름다운'의 최상급인 '스페치오시시마speciosissima'를 동원할 정도였다. 미화 여부를 차치하고 그가 관능적인 외모를 지녔다는 점은 분명해 보인다. 주변에서 가장 인기 많았던 결혼 상대자를 당당히 차지한 사실만 봐도 그렇다. 상대는 바로 총사령관 우다이나트Udaynath였다. 그는 스스로를 셉티미우스 오데나투스Septimius Odaenathus라 불렀지만 역시 유력한 아랍 부족 출신으로 로마를 대리해 총독의 역할을 맡고 있었다.

제노비아는 남편과 그의 장남이자 후계자가 암살된 이후 비로소 권좌에 올랐다. 이를 두고 일부 역사가들은 제노비아가 남편의 죽음으로 이득을 보았으리라는 상상을 펼치기도 했다. 우다이나트와 함께 죽은 아들은 그의 친자가 아니었다. 게다가 그 아들은 '그리스적 쾌락'에 물들어 있었다고, 즉 유약한 성격을 지닌 것으로 알려져 있었다. 실제로 암살 사건 이후 왕위는 제노비아와 우다이나트 사이에서 태어난 바발라투스Vaballathus가 잇게 되었다.

아주 사소한 이유로 남편들이 살해되는 경우를 우리는 많이 보아왔다. 그런데 대부분의 문헌들은 제노비아의 남편으로부터 명령 불복종의 죄로 가혹한 벌을 받았던 그 조카를 살해범으로 지목하고 있다. 남편의 심복과 휘하 장

군, 팔미라의 주요 씨족장들이 우다이나트가 죽고도 제노
비아에게 충성을 바쳤다는 사실 역시 그의 무고함을 암시
함과 동시에 당시 씨족사회에서 얼마나 그를 존경하고 있
었는지를 보여주고 있다.

제노비아가 즉위할 무렵 로마제국은 매우 쇠약한 상태
에 있었다. 아주 짧은 기간에 19인의 황제들이 거쳐 갔
고, 제국 북쪽에서 게르만족들이 쳐들어오면서 로마의 모
든 관심은 그리로 쏠려 있었다. 제노비아가 침략전쟁을 벌
인 이유는 로마의 역사가들이 전하는 것처럼 과대망상이
나 인정욕구 때문만은 아니었다. 당시 동맹국 로마가 쇠약
해짐에 따라 오리엔트에는 위태로운 권력 공백이 발생했다.
정세의 안정과 대상 이동로의 안전을 확보하는 것은 팔미
라와 같은 무역 중심지에게 있어 무엇보다 중요했다. 제노
비아는 막강한 낙타 기병대와 전설적인 팔레스타인 궁수
들을 비롯해 최신 장비로 무장한 병사 20여만 명과 함께
기습공격을 감행해 주변 일대를 차지했다. 이집트도 예외
는 아니었다. 제노비아는 도널드 트럼프나 칭기즈칸을 합
한 것보다 더 대담하고 당돌했다. 당시 이집트는 로마제국
의 곡창지대에 해당했다.

그의 불운이었다면 팔미라 제국이 방대한 영토를 확보
하자마자 로마에서는 여러 힘없는 황제들을 거쳐 다시 강

력한 황제가 권좌에 올랐다는 것이다. 루키우스 도미티우스 아우렐리아누스Lucius Domitius Aurelianus, 즉 아우렐리안 Aurelian으로 불린 그는 발칸반도 출신으로 로마 군단의 병사에서 시작해 최고 자리까지 올라간 입지전적인 인물이었다. 제노비아는 271년 지중해 지역에 고유의 주화를 통용시키기 시작했는데, 이는 로마제국에 대한 강력한 도발이었다. 아우렐리안은 성가시게 구는 게르만족들을 일단 제쳐두고 팔미라인들을 혼내주고자 군대를 끌고 앙카라 쪽으로 진군했다. 그의 작전은 성공했다. 250년 뒤 로마의 역사가 조시모스Zosimos는 이렇게 적었다. "무자비한 학살이 벌어졌다. 찬란히 꽃피우던 팔미라의 귀족사회는 이날 피바다 속으로 가라앉았다."

하지만 제노비아는 로마인들의 손아귀에서 벗어나는 데 성공했다. 최소 인원으로만 구성된 군대를 거느린 제노비아는 말을 타고 사막을 가로질러 사기가 꺾여버린 수도 팔미라로 향했다. 제노비아를 뒤쫓아 온 로마군은 주민들이 굶어 죽을 때까지 팔미라를 포위했다. 제노비아는 굴복하는 대신 아우렐리안 황제와 서신을 교환했다. 그는 "클레오파트라가 명예를 포기하는 대신 차라리 죽음을 택했다는 사실을 알지 못하시오?"라며 항복할 생각이 없는 이유를 설명했다. 뜻밖의 태도에 놀란 황제와 연락을 주고받는 사이 그는 페르시아 측에 도움을 청하고자 밤을 틈타 도망을 쳤다. 전해지기로는 훨씬 민첩하다는 이유로 수컷이 아닌 암컷 낙타를 타고 갔다고 한다. 그녀는 유프라테스강에 당도했으나, 그곳에서 로마군에게 붙잡히고 말았다. 팔미라도 끝내 로마군에게 함락되면서 무차별 약탈을 당했다.

제노비아의 열성 팬들은 그가 체포된 것이 아니라 유프라테스강 지역에서 피살되었다고 주장하기도 한다. 성대한 개선 행진을 열어 사로잡은 이방의 왕들을 로마 군중 앞에 선보이는 것이 당시 로마의 관행이었다. 그런 다음에는 이들을 왕의 개선 마차를 끌었던 사슴과 함께 카피톨리누스 언덕에서 신들에게 제물로 바쳤다. 로마의 연대기 저자들에 따르면 제노비아는 이 같은 비극을 면할 수 있었다. 대신 그는 황제로부터 지금의 티볼리Tivoli 근처에 작은 집 한 채를 하사받았고, 심지어 로마의 유명인사인 한 원로원 의원과 결혼까지 했다.

낭만주의자들이 주장하듯 제노비아가 유프라테스강 지역에서 죽었는지, 아니면 현실주의자들이 주장하듯 로마 사교계의 유명인사로 생을 마쳤는지는 명백하게 밝혀내기가 힘들다. 다만 로마의 사교계 여인으로 늙어가는 삶이란 유프라테스 지역에서 전사했다는 상상보다 덜 매력적이기는 하다. 처음에는 무기로, 그다음으로는 감언이설과 강제

동화로 세계를 정복한 로마의 방식을 떠올려보면 앞의 이야기가 더 그럴 듯한 것이 사실이다. 현대에 사용되는 정복 방식도 로마 때와 별반 다르지 않다.

'또라이'들의 세계사

이제 아랍권에서 제노비아를 기억하는 이들은 거의 없다. 지난 수백 년간 그녀에 관해 기록되고 창작된 내용은 대부분 서양에서 비롯된 것들이다. 로마의 역사가로부터 시작해 보카치오와 페트라르카를 거쳐 18세기 오페라와 1950년대 스웨덴 여배우 아니타 엑베리Anita Ekberg가 제노비아를 연기한 영화에 이르기까지 모두 그랬다. 시리아나 레바논의 일부 지식인들을 제외하고는 어느 중동 사람들에게도 제노비아는 낯선 이름이다.

이로써 우리는 '영웅은 어떻게 만들어지는가'라는 심오한 질문 앞에 서게 된다. 제노비아를 비롯해 그보다 200여 년 앞서 켈트족의 여전사이자 여왕으로 브리튼 섬을 침략한 로마인들을 괴롭혔던 부디카Boudica 같은 인물을 영웅이라 할 수 있을까? 또 기원전 1세기경 카이사르Caesar 에 맞서 싸운 켈트족의 위대한 지도자 베르킨게토릭스 Vercingetorix는 어떨까? 이들은 하나같이 민중의 지지를 등에 업고 막강한 권력에 대항했고, 어떤 식으로든 기존과 다른 삶의 방식을 지지했다. 그리고 결국에는 모두 파멸했다. 그렇다면 이들은 영웅일까? 영웅에게도 실패는 허용되는 것일까?

헤겔Georg Wilhelm Friedrich Hegel은 역사적 인물을 판단하는 기준에 관해 확고한 견해를 지녔다. 나의 누이인 글로리아Gloria von Thurn und Taxis(요하네스공의 배우자이자 화려한 파티생활로 유명한 독일 귀족), 위르겐 클로프Jürgen Klopp와 함께 세계에서 가장 유명한 슈투트가르트 출신 인사에 속할 헤겔은 유명한 《역사철학강의》에서 역사적 인물에 대한 문제를 상세히 다루었다.

헤겔이 내린 결론은 이렇다. 역사적 인물을 결정할 때에는 그가 세계사에 얼마나 깊은 흔적을 남겼느냐는 기준을 따를 수밖에 없다. 헤겔이 처음 사용한 개념인 세계정신Weltgeist은 역사가 새로운 발전 단계에 이르기 위해 특별한 개인을 이용한다는 것이 핵심 주장이다. 헤겔의 말에 따르면 그러한 개인은 "지금 시급한 일이 무엇인지를" 아는 사람이다. 헤겔처럼 말하자면 이들은 평온한 현재에 안주하지 않고 껍질을 두드리듯 새로운 세계를 두드려 열어젖히는 예외적인 현상이다.

헤겔은 역사의 진보를 믿은 낙관주의자였다. 그는 세계정신이 어떤 보이지 않는 계획, 즉 점증하는 자유의 실현이라는 계획표를 갖고 있음을 확신했다. 헤겔에 따르면 세계가 최고의 발전 단계에 이르는 시기는 인류가 언젠가 먼 미래에 자신이 자유로운 존재임을 깨닫고 자유롭게 살게 될 때다. 세계를 설명하는 헤겔의 공식은 여러분이 탐닉하는 인터넷 기사들을 무색하게 할 만큼 단순하다. 헤겔에게 '세계 역사의 분류'는 간단한 3단계 프로그램으로 구성된다. 처음에는 한 사람만이 자유롭다는 것을 알던 '동양인들'이 있었고, 이어 소수만이 자유로웠던 그리스인과 로마인이 나타났고, 마지막으로 모두가 자유롭다는 것을 아는 근대인이 등장했다.

헤겔에게 역사적 인물을 결정짓는 유일한 기준은 그 인물이 세상을 앞으로 나아가게 했는지, 옛것과 단절하고 새로운 것을 달성했는지에 대한 질문과 연결되어 있다. 헤겔이 보기에 좌절의 경험을 비롯해 역사에 나타나는 모든 움직임은 그와 같은 여정의 일부일 뿐이다. 윤리적, 도덕적 관점도 그에게는 별로 중요치 않았다. 심각한 성격상의 결함도 결코 그 인물의 역사적 위대성을 결정짓는 중요한 요인이 될 수 없다. "하인에게 영웅 따위는 존재하지 않는다"는 유명한 말이 헤겔 강의 중에 등장한다. 이는 곧 영웅의 성격, 의도 또는 개인적인 단점을 보는 자는 그 역사적 위대성을 가늠할 수 없다는 뜻이다. 간단히 말하자면 역사를

전진시키기만 하면 '또라이'나 악당들도 얼마든지 영웅이
될 수 있다.

헤겔의 유명한 베를린 강의는 지난 200년간 조목조목
비판을 받아왔다. 나폴레옹을 목격한 헤겔은 '세계정신'이
말을 타고 있다며 열광했는데, 이 '세계정신'이라는 미심쩍
은 개념이 특히 조롱의 대상이 되었다. 마찬가지로 미리 계
획된 역사의 길을 인식할 수 있다는 오만불손함, 나아가
그 길이 세계 평화와 자유의 완성이라는 목표를 향해 간
다는 주장은 20세기의 경험에 비춰보건대 농담에 불과했
다. 헤겔에 대한 중요한 반론은 스위스 바젤 출신의 위대한
학자 야콥 부르크하르트Jacob Burckhardt로부터 나왔다. 그의
주장에 따르면 역사에서 대체 불가능한 개인이란 없는 데
다 역사적 위대성은 늘 사후의 표식에 불과해 신뢰하기 힘
들고, 변하는 시대정신에 따라 달라지기 마련이다.

다만 부르크하르트도 남다른 영향력을 발휘한 개개인들
이 존재했고, 이에 따라 이들의 역사적 위대성을 인정해야
한다는 점에 대해서는 수긍했다. 심지어 그는 어떤 후보가
이러한 기준을 충족시키는지에 대해 헤겔과 대부분 의견
이 일치했다. 서양사에서 흔히 언급되는 인물들로, 알렉산
드로스 대왕, 카이사르, 나폴레옹, 프리드리히 대왕을 비롯
한 정치가와 군사령관들이 바로 여기에 포함된다.

히틀러 전기 작가인 요아힘 페스트Joachim Fest의 대답은 더욱 주목할 만하다. 19세기 낙관주의자들은 히틀러의 등장을 예측하지 못했다. 그런데도 돌이켜 보건대 히틀러가 헤겔과 부르크하르트의 영웅관에 정확히 들어맞는다는 점에 페스트는 당혹감을 느꼈다. 다시 말해 이들의 기준에는 뭔가 문제가 있는 것이 틀림없었다. 그렇지 않다면 히틀러에게도 '위대하다'는 수식어를 붙여야 하기 때문이다.

페스트가 이 문제를 해결한 방법은 그 같은 전통적 기준을 심미적 논거들로 반박하는 것이었다. 페스트에 따르면 히틀러가 독일 국민들을 오래되고 낡은 상태로부터 벗어나게 해 새로운 상태로 이끈 점은 사실일지 모른다. 어쩌면 히틀러 같은 인물도 보편적인 욕구를 구현했을지 모르는 데다 특히 그는 "일종의 마법적인 충동이 섞인 비정상적인 의지력"을 가지고 있었다. 그런데도 몇몇 결정적인 특징들로 인해 그는 뼛속 깊이 소인배일 수밖에 없었다. 페스트는 히틀러의 지독한 복수심, 관대함의 결여, 노골적인 물질만능주의 등을 언급하며 이러한 혐오스러운 평범함에 일체의 영웅적 기질이 설 자리는 없으며, 따라서 히틀러는 위대한 역사적 인물로서 자질이 없다고 단언한다.

굳이 위대성을 언급하려면 토마스 만이 말한 대로 "일그러진 위대성" 또는 "열등한 천재"라는 표현을 쓸 수 있을 것이다. 페스트는 19세기식의 전통적 독해에 따른 역사적 위대성에 의심의 눈초리를 보낸다. 이와 관련해 그는 비스마르크의 편지 한 통을 인용한다. 멜랑콜리한 명철함이 번뜩이던 어느 순간 비스마르크는 "지상에서 강한 인상을 주는 이들"에 대한 경고의 목소리를 낸다. "이들은 아름답지만 평화롭지 못하고 원대한 계획과 노력을 펼치지만 성공에 이르지 못하고 의기양양하면서도 슬퍼하는, 타락한 천사와 사촌지간"이기 때문이다.

역사적 인물의 이름을 우리가 기억하고 있는지, 또 얼마나 오래 기억하는지를 기준으로 삼아 역사적 위대성을 가늠하려 한다면 이야말로 잘못된 생각이다. 우리 기억 속에 살아 있는 이름들은 대부분 역사책에 피와 함께 기록되어 있다. 아킬레스는 장차 무슨 일이 일어날지를 또렷이 알면서도 죽음의 길로 걸어들어 갔고, 그 결과 집단적 기억 속에 영웅으로 살아남게 되었다. 그런데 정말로 이 점이 아킬레스를 영웅으로 만든 것일까? 그렇다면 헤로스트라토스Herostratos 역시 영웅으로 불러야 마땅할 것이다. 이름이 알려지지 않은 그는 기원전 356년 세계 7대 불가사의 가운데 하나인 에페소스Ephesos의 아르테미스Artemis 신전을 불태운 방화범이다. 왜 그런 짓을 했느냐고 묻자 그는 이렇게 답했다. "유명해지려고요!"

어째서 단 하나의 신전을 파괴했을 뿐인 헤로스트라토스는 경멸을 받고, 수천 개의 신전을 파괴한 알렉산드로스 대왕은 추앙받고 있을까? 알렉산드로스 대왕의 정복 활동은 늘 같은 방식으로 이루어졌다. 그는 고대 도시들을 파괴하고, 약탈하고, 민간인들을 학살하고, 여자와 아이들을 노예로 삼고, 신전을 더럽히고, 형식적인 공개재판을 열고, 민족을 말살했다. 개인적으로 무엇인가를 남기는 일은 알렉산드로스 대왕에게 중요한 문제가 아니었다. 마찬가지로 자신이 죽고 누가 왕위를 물려받을지에 대해서도 별 관심이 없었다. 죽기 직전 그 같은 질문을 받은 그는 "가장 강한 자"라는 대답만을 남겼다. 그의 유일한 관심사는 자신의 이름이 영원히 기억되는 것이었다. 그래서 그는 훗날 나폴레옹이 그랬듯이 자신의 위업을 기록해 후대에 전해주는 역할을 해줄 연대기 저자와 예술가들을 항상 거느리고 다녔다. 이리하여 알렉산더와 나폴레옹은 그 바람처럼 불멸의 지위를 차지했다. 그런데도 그들은 우리가 존경할 만한 위인들일까?

누구나 대량 학살자나 문제아를 영웅으로 칭하고 싶지는 않을 것이다. 따라서 헤겔의 기준을 충족하면서도 그것을 뛰어넘는 세계사의 인물을 찾아 나설 경우 그 후보군은 아주 좁아질 수밖에 없다. 세상을 철저히 뒤엎으면서도 동

시에 과거의 질서를 미래로 이어주는 임무에 성공한 인물
이 누가 있을까? 우리는 한 사람을 알고 있다.

유대인 지식인과 개인의 탄생

1949년 철학자 카를 야스퍼스는 세계사를 성찰하는 과
정에서 기원전 800년에서 서기 200년 사이를 '축의 시대'
라고 일컬었다(《역사의 기원과 목표》, 1949). 지금도 우리 생
각의 바탕이 되는 기본 범주들을 생각해낸 이들이 당시에
대거 등장했기 때문이다. 중국에서는 공자와 노자, 인도에
서는 붓다가 출현했고, 이란에서는 조로아스터가, 그리스에
서는 여러 철학자들이 가르침을 펼쳤다. 오리엔트에서는 처
음에는 예언자들이, 나중에는 예수 그리스도가 등장했다.
열거된 이름들은 당시 벌어진 일들을 그저 암시만 해줄 뿐
인데, 이 모든 현상들이 서로에 대해 알지 못한 채 거의 동
시다발적으로 중국, 인도, 오리엔트 및 서양에서 벌어졌다.
그런데 세계사의 특별한 수수께끼로 여겨지는 질문이 하
나 있다. 바로 '어째서 기독교만이 문화를 아우르는 흡입력
을 발휘할 수 있었으며, 세계 선교로, 궁극적으로는 자본주
의와 세계화로 이어진 역동성을 보여주었는가' 하는 물음
이다.

그 대답은 그리스 문화의 중심지였던 한 도시에서 태어

난 유대인 지식인에게서 찾을 수 있다. 사실 우리는 그를 히브리어 이름인 사울과 그리스 이름인 파울로스라는 두 가지 이름으로 모두 불러야 마땅하다. 세계사의 관점에서 볼 때 그는 유대교와 고대 기독교를 연결하는 고리 역할을 하기 때문이다. 사도 바울은 초기 기독교의 가장 중요한 선교자였다. 바울이 없었다면 기독교는 로마제국에 일부 유대인 기독교 종파가 형성되는 정도로 그치면서, 대중적인 운동으로 번지지는 못했을 것이다. 1세기에는 열정에 넘치는 훌륭한 이들이 도처에 등장해 구원의 소식을 전하거나 최후의 날이 도래했음을 선포했다. 또 여러 기독교 선교자들이 큰 성과를 거두기도 했다. 그런데도 오직 바울만이 대중들을 제 편으로 끌어들일 수 있었다. 왜 그랬을까?

그로 말하자면 네트워크를 구성하고 관리하는 네트워커 Networker, 즉 다리를 놓는 자였다. 유수한 유대 가문 출신이었던 바울은 로마 시민권을 소지한 덕분에 자유롭게 이곳저곳을 돌아다닐 수 있었다. 뛰어난 토라 교사였던 그는 스스로를 헬레니즘 전통을 이어받은 철학자라고 여기기도 했다. 이 같은 유대 및 그리스 정신의 융합에 기독교의 성공 비밀이 들어 있다고 주장하는 이들도 있다. 그것이 일종의 정신적 폭발을 불러일으켰고, 바울이야말로 이 같은 핵융합을 일으킨 아인슈타인이라는 것이다.

초기 기독교 공동체는 신앙심 깊은 유대인들로 이루어졌는데, 이들은 비유대인들을 일원으로 받아들이기를 원치 않았다. 하지만 바울은 이교도들을 찾아가기로 마음먹었다. 이교도 가운데에는 특히 도시 엘리트와 식자층도 포함되어 있었다. 이들이 예수의 복음을 쉽게 받아들이도록 바울은 그 내용을 그리스 철학의 사고와 논리에 맞출 필요가 있었다. 이는 실로 엄청난 시도였다. 이로써 구약적 사고와 그리스적 사고가 처음으로 만나게 된다.

두 번째 혁명적인 시도는 출생과 사회적 배경 또는 민족 따위가 바울의 선교에 아무런 중요성을 갖지 못한 점과 관련이 있다. 그때까지만 해도 종교는 항상 개별 종족, 기껏해야 개별 민족과 연관되어 있었다. 기독교는 하나님이 유대인과 맺은 옛 계약의 뒤를 이어 하나님이 모든 인간과 맺는 새로운 계약으로 스스로를 이해했다. 이제 각 민족과 사회계층을 포함해 인류 전체에게 유효한 최초의 보편 종교가 등장했다. 바울의 선교가 갖는 폭발력은 바로 여기에서 비롯된다. 즉 '모든 이를 위한 종교'라는 그의 구상은 종파적 근본주의에 사로잡힌 기독교인들에 대한 선전포고이기도 했다.

세상과 접촉을 피하던 이들은 기독교를 경건하고 금욕주의적인 신자들만을 위한 배타적인 종교로 이해했다. 바울이 근본주의자 및 극단적 금욕주의자에 맞섰던 것은 순전히 신학적 고려에 따른 것이었다. 바울이 원하는 기독교의 모습은 안으로 빗장을 걸어 잠그는 대신 세상으로 나아가 아귀다툼이 벌어지는 썩어빠진 현실과 맞부딪치는 자세였다. 이로부터 어떤 세계사적 결과가 초래될지에 대해서는 그도 미처 생각하지 못했던 것 같다.

대다수 역사가들이 바울에게서 높이 평가하는 부분은 그가 그리스 철학과 유대교 및 기독교적 사고를 접목시켜 서로를 풍요롭게 해주었다는 것이다. 그런데 더욱 대단한 점은 무의식적으로 초래한 또 다른 효과다. 바울은 학식이 풍부한 데다 철학과 구약 사상을 흡수하면서 정확성을 중시한 인물이었지만, 동시에 신성을 이해하는 데 가장 중요한 감각은 머리가 아닌 가슴이라고 주장한 최초의 사람이기도 했다. 대부분의 고대인들에게 그것은 낯선 생각이었다. 이로써 바울은 생각지도 않게 개인주의를 탄생시킨 장본인이 되었다.

그때까지만 해도 신들은 저 멀리 있는 잔인하고 변덕스러운 존재로 여겨져 왔다. 무엇보다 신들은 범접하기가 힘들었다. 하지만 이것이 꼭 나쁘지만은 않았는데, 사람들은 신을 사랑하기보다는 두려워했기 때문이다. 신을 사랑한다는 것은 말도 안 되는 소리였다. 더 허무맹랑한 것은 신들이 인간 개개인을 알고 사랑할 수 있다는 생각이었다. 그런데 바울은 바로 그 점을 가르쳐주었다. '하나님은 우리 한 사람 한 사람을 모두 사랑하신다.' 홍수를 일으키고 메뚜기 떼를 보내며 벌주는 하나님이 이제 모두와 대화하고, 대사제와 왕을 위해서만이 아니라 각 개인이 가진 사소한 걱정에도 귀를 기울이게 되었다.

'모두를 위한 종교'라는 구상은 혁명적이면서 초기 민주주의적이었다. 그 결과는 엄청났다. 누구에게나 열린 하나님과의 개인적 관계를 강조함으로써 바울은 인간의 보편적 존엄성이라는 이념을 세상에 내놓았다. 미국의 사회인류학자 어니스트 베커Ernest Becker는 이를 "기독교적 세계상이 낳은 가장 주목할 만한 업적"으로 일컬으면서 이렇게 말했다. "그는 노예, 불구자, 지적장애인, 무지한 자, 권세가를 모두 받아들이면서 이들 모두를 잠재적 영웅으로 만들었다." 이는 모든 전통적 가치와의 단호한 결별이었다. 고대에는 우주 속 세계라는 무대에서 어떤 의미를 가지려면 헤라클레스나 아킬레스가 되어야 했다. 그런데 기독교인들의 선교 활동이 성공을 거두고 이들의 메시지가 후기 고대 사회에 급속히 퍼지는 데 중요한 역할을 했던 것은 초기 순교자들에 관한 새로운 영웅담이었다. 이제 헤라클레스가 아니라 신앙을 위해 목숨을 바친 열다섯 살 소녀나 노예들이 갑자기 주목을 받기 시작했다.

하나님이 우리 하나하나를 사랑한다는 메시지는 큰 호소력을 발휘했다. 개인주의와 인권이라는 근대적 개념, 개개인 모두가 가치가 있다는 믿음은 '우리 모두를 사랑하는 하나님'이라는 생각에서 비롯되었다고 할 수 있다. 한참이 지난 다음 비종교적 휴머니즘과 세속적 가치규범에서는 개인이 절대적 가치를 지니고 각각의 인간이 자율성을 갖는다는 사상을 종교로부터 가져왔다. 즉 인간 존엄성에 대한 세속적 개념은 바울이 전파한 기독교 메시지에서 종교적 함의만을 제거한 것이다.

바울은 모든 인간 안에 신성한 불꽃이 들어 있다고 가르쳤는데, 이 같은 메시지 속에는 또 다른 사회적, 정치적 뇌관이 숨어 있었다. 가령 하나님 앞에 모두가 평등하다는 이야기는 남녀가 동등하다는 사실을 내포하고 있었다. 주인과 노예의 관계에 대해서도 마찬가지였다. 바울은 하나님이 성령을 통해 우리 각자의 곁에 계신다고 설교해 대중들을 놀라게 했다. 게다가 사회 위계질서에서 맨 아래에 자리한 이들이야말로 하나님과 가장 가까이 있고, 이보다도 더 하나님과 가까운 것은 모두가 무시하는 가장 미천한 자들이라고 했다. 이 같은 메시지는 후기 고대 사회에 큰 충격을 던져주었을 것이다.

특히 소수 엘리트가 지배하는 여러 도시에서 많은 이들이 기독교인이 되었다. 이들 도시에는 경제적, 사회적 이유로 사회의 일원이 되지 못한 얼굴 없는 다수가 살고 있었다. 이제 급속히 커진 공동체는 서로 돕고, 병들고 가난한 이들을 돌봄으로써 주목을 받게 되었다. 한마디로 당시 기독교가 활발한 활동을 벌인 곳에서는 많은 변화들이 일어났다.

기독교의 전파에는 폭력이 따르기도 했다. 16세기와 17세기 중남미에 진출한 스페인과 포르투갈 출신 정복자들은 특히 기독교의 어두운 단면을 잘 보여주는 사례다. 다만 교회에 반감이 큰 이들조차도 기독교가 고대 세계에 아주 생소한 이념을 소개했음을 부인하지는 못할 것이다. 바로 약함에 대한 숭배였다. 처형당한 예수는 유대인들로부터 메시아의 자격을 박탈당했다. 유대인들이 메시아에게 기대했던 것은 다윗 왕국의 승리와 재건이었다. 그리스인과 로마인의 관점에서도 예수는 영웅의 자격에 미달했다. 이들이 볼 때 십자가 처형은 지극히 비영웅적인 결말이었다.

하지만 바울은 십자가에서의 죽음을 승리, 즉 인류의 모든 죄를 사하는 궁극의 제물로 재해석함으로써 고대의 세계질서를 전복하면서 영웅적인 것을 새롭게 정의했다. 이러한 역설을 통해 바울은 훗날 세속적 가치규범을 포함해 서양 세계의 정신적 핵심을 이루게 될 가치를 표현했다. 바

로 약자를 존중하고, 어려운 이들을 돌보고, 개개인의 생명
을 책임지는 자세다.

기독교인이라도 이러한 정신이 지금 우리가 살고 있는
세상을 지배하고 있다고 말하기는 어려울 것이다. 하지만
우리 사회에 혁명적인 영향을 끼쳤음을 부인하기도 힘들
것이다. 강자의 횡포를 경멸하고 자의적 행동을 억제하는
것이야말로 공정성과 법치주의를 중시하는 서양 사회의 중
요한 요소들이다. 실제로 이러한 정신이 사회적 진보로 나
아가는 데 자의적인 통치보다 훨씬 안정적인 기초가 된다
는 점이 입증되기도 했다. 약자에 대한 존중이야말로 서양
또는 유럽 모델의 장점인 것이다.

얼마 전까지만 해도 일부 이머징 마켓들이 서양식 모델
에 대한 대안으로 떠올랐다. 하지만 자유, 개방성, 관용, 법
치주의 등이 제대로 자리 잡지 못한 현실이 이들 지역의
발전을 가로막고 있다. 이른바 '서양적 가치'를 옹호하는 데
에는 그럴 만한 이유가 있다. 그러나 정작 서양인들은 '서양
적 가치'들이 기본적으로 약자에 대한 존중에 기반하고 있
다는 점을 곧잘 잊는다. 현대인들이 촘촘한 의료망을 보유
한 까닭도 약자에 대한 존중 때문이다. 그 같은 가치를 공
유하지 못했다면 국민 개개인은 물론 이민자에게 사회 참
여의 기회를 주는, 연대에 근거한 복지국가도 유럽에 존재

하지 못했을 것이다. 유럽의 사회 모델이 약자에 대한 존중이라는 원칙 위에 세워지지 않았다면 유럽은 지금처럼 매력을 갖지 못했을 것이고, 다른 문화권의 사람들을 끌어모으지도 못했을 것이다.

비폭력의 비밀이 무엇인지, 어째서 비폭력 속에 그토록 많은 숭고함과 역설적 힘이 숨어 있는지 나로서는 알 길이 없다. 어떤 현상에 대해서는 그 이치를 파고들기보다는 직감적으로 이해하는 게 빠를 때가 있다. 내가 아는 바는 이런 것이다.

비스마르크 같은 권력형 인간에게조차 지나친 세속적 명성이 수상쩍게 비쳐진 점을 고려한다면, 서양 특유의 영웅관에는 뭔가 특별한 점이 있다. 서양적인 가치관을 바탕으로 교육을 받은 현대인들은 어릴 적부터 자신을 희생해 약자를 지키는 사람을 영웅으로 여기고, 막강한 아우렐리안 황제보다는 제노비아 같은 이를 마음속에서 응원하도록 배우며 자라왔다. 우리의 영웅은 여성들로 구성된 쿠르드 민병대(YPJ)를 모범으로 삼아 시리아 북부에서 반이슬람 투쟁단체를 조직한 여성 전사들이다. 또 네로 황제에 의해 처형당했지만 세계사적으로는 큰 승리를 거둔 바울과 같은 이들이다. 그리고 할리드 아사드 같은 이들이 바로 우리의 영웅이다.

인류 역사를 바꾼 영웅 TOP 10

유럽적이고 개인적인 편견으로 역사적인 영웅 열 명을 꼽는다.

01 모세(기원전 1500년경)

그는 역사적 인물이었을까? 인류의 초기 역사를 다룬 이야기들이 과학적 진술로 여겨질 수 없듯이 〈출애굽기〉 역시 일반적 의미에서의 역사는 아니다. 그럼에도 그곳에 기록된 역사에는 인간 본질을 비롯해 인간이 세상 및 창조자와 맺은 관계를 밝혀주는 내용들이 담겨 있다. 초기 사막 및 하천 문화에서 발생한 신화에서는 강자의 폭력과 권리가 중요했다. 하지만 이제 토라의 이야기들과 함께 의미와 질서, 도덕적 측면이 인류 역사에 합류한다. 그리고 모세에 의해 자유의 이념이 도입된다. 〈출애굽기〉는 인류의 첫 번째 혁명에 대한 이야기다.

02

바울(기원전 5년~서기 64년)

신체적 장애를 지녔던 유대인 지식인 바울은 유대교, 기독교, 그리스 철학을 융합해 세계 종교를 창시했고, 동시에 개인주의를 발명했다.

03

제노비아(240~273)

오늘날 관심에서 멀어진 모든 위대한 세계사적 인물을 대표한다. 그리고 위대한 이름조차도 덧없이 사라진다는 점을 일깨워주는 메멘토 모리 Memento mori(죽음을 기억하라)의 역할을 수행하기도 한다.

04 카를 대제(747~814)

사람들 앞에서 웃통을 벗는다고 푸틴을 조롱하는 이가 있다면, 프랑크 국왕으로서 최초로 황제에 오른 그가 넘치는 힘을 세상에 과시하기 위해 만인이 보는 앞에서 목욕을 하곤 했다는 사실을 잊지 말아야 할 것이다. 유럽 최초의 슈퍼스타 황제였던 그는 자신의 전투요새였던 파더보른Paderborn을 근거지로 삼아 중부 유럽을 정복했고 동시에 기독교화했다. 그리고 이렇게 정복한 땅을 신하들에게 나눠줬다. 오늘날의 유럽은 그의 작품이다.

05

마르틴 루터(1483~1546)

독일인의 시각에서 볼 때 영웅이라 할 수 있는 인물이다. 막강한 로마인들을 거역한 일종의 제2의 아르미니우스 Arminius(9년경 북상하는 로마군을 격퇴시킨 독일 최초의 민족 영웅)에 비견할 만하다. 용감하고 선의를 지녔고 세계를 바꿔놓았다는 점에서 헤겔이 말한 영웅상에 부합한다. 하지만 해를 끼친 점도 있는데, 막스 베버Max Weber는 자본주의의 발생이 그로부터 비롯되었다고 말한다.

06

마리 앙투아네트
Marie-Antoinette(1755~1793)

오스트리아 공주 출신으로. 파리에 설치된 단두대에 오르면서 사형 집행인의 발을 밟자 "미안합니다"라는 사과의 말을 전했다고 한다. 나의 개인적인 영웅에 속하며 그런 이유에서 이 목록에 포함시키고 싶었다.

07

플로렌스 나이팅게일
Florence Nightingale(1820~1910)

'램프를 든 여인'으로 불리며 근대 간호의 창시자다.

08

야누시 코르차크
Janusz Korczak(1878~1942)

폴란드인 의사로 자신이 세운 고아원의 아이들과 함께 나치의 트레블린카 강제수용소까지 따라갔다. 자기에게 맡겨진 아이들을 혼자 놔둘 수 없었기 때문이었다. 그는 이곳에 소개된 사랑의 순교자들을 대표한다.

09

넬슨 만델라
Nelson Mandela(1918~2013)

19세기 헤겔과 부르크하르트가 거리낌 없이 군인들을 영웅시했다면, 오늘날에는 평화 운동가들을 영웅으로 추앙해야 한다. 템부Thembu족 왕가와 남아프리카 자유 투사 집안의 후손인 만델라는 일생의 3분의 1 가까이를 감옥에서 보냈다. 그럼에도 석방된 뒤에는 복수 대신 화해를 위해 싸웠다.

10

할리드 아사드(1933~2015)

팔미라 유적을 지켰던 고고학자로 자신이 서 있던 자리를 끝까지 지키는 모든 이들을 대표한다.

제5장

역사를 바꾼 거대한 생각들

우리는 망가진 세상을 고칠 수 있을까?

"어떤 군대도
사상이 도래하는 것을
막을 수는 없다."

빅토르 위고
Victor Hugo
프랑스의 시인, 소설가

프랑스 영화감독 장 뤽 고다르Jean-Luc Godard는 그리스 경제를 되살릴 멋진 아이디어를 하나 생각해냈다. 바로 대화나 토론할 때 고대 그리스에서 비롯된 생각을 인용할 때마다 아테네에 10유로씩을 송금하자는 것이었다. '민주주의'나 '논리' 같은 개념들에 대한 저작권만 거두어도 그리스의 국내총생산을 확 끌어올릴 수 있을 것이다. 하지만 '절제(소프로시네Sophrosyne)'라는 개념으로는 큰돈을 벌기가 힘들지 않을까. '소프로시네'가 고대인들이 내놓은 중요한, 단연코 가장 아름다운 이념임에도 불구하고 말이다.

이 개념이 고대 그리스 연극의 핵심 주제가 된 것도 당연해 보인다. 고대 그리스 연극에서는 항상 같은 일들이 벌어진다. 무대에 등장하는 주인공은 영웅적 행위를 통해 세계를 굴복시키지만 이런저런 사건들을 거치면서 결국 몰락에 이르고 만다. 그런데 지나친 욕심을 삼가라는 명백한 교훈을 떠받치고 있는 것은 무한한 인간 능력에 대한 존경

심으로 가득한 비밀스러운 속삭임이다. 소포클레스의 비극
〈안티고네〉에서 무대 뒤의 합창단이 들려주는 노래를 들
어보자. "세상에 무시무시한 것이 많다 하여도 사람보다 더
무시무시한 것은 없다네. … 꾀를 써서 산속에 살고 들녘
에 돌아다니는 짐승을 제압하지. … 사람은 어느 때는 악
으로, 어느 때는 선으로 이끌린다네."

인간은 가장 숭고한 위업을 이룰 능력을 갖고 있다. 하지
만 가장 비열한 짓을 벌일 수 있는 것 또한 인간이다. 인간
에게는 무한한 가능성이 있는 까닭에 스스로를 억제해 할
수 있는 일을 모두 하지 않는 것이야말로 가장 품위 있는
형태의 자유가 된다. 그것이 바로 사려 깊은 자기억제인 '소
프로시네'다. 합창단이 노래하듯 세상을 복종시키면서도
중용을 찾는 것이다.

호메로스가 들려주는 이야기들 역시 그 교훈을 한 마디
로 요약하자면 '자신을 억제하라'일 것이다. 그런데 호메로
스에게 선한 것, 덕스러운 것은 도덕적 차원의 올바름을 넘
어서 무엇보다도 더 아름다운 선택이기도 했다. 소프로시
네 사상의 핵심은 인간이 스스로를 억제하는 곳마다 조화
가 이뤄진다는 것이다. 신의, 용기, 정직, 정의, 이 모든 덕목
들이 아름다움과 조화의 빛을 발한다. 호메로스에 따르면
배신, 도둑질, 부정 같이 오로지 나만의 이익만을 위하고

자기 억제를 모르는 것들이야말로 추함 그 자체다. 인간에게는 선과 악, 미와 추 사이에서 선택할 자유가 있다.

우리의 정신사를 살펴보는 데 호메로스와 고대가 편리한 출발점이 되어주는 것도 사실이지만, 그 경우 너무 쉬운 길로 간다는 느낌을 떨치기가 힘들다. 사상사에 대해 말하려면 그보다 더 거슬러 올라갈 필요가 있다.

생각에 대한 생각

관념Idee의 어원을 이루는 그리스어 이데아idea는 원래 이미지 또는 모상을 뜻하는 말이다. 최초의 관념은 일단 관념 자체다. 즉 머릿속 이미지다. 주먹도끼 같은 단순한 도구를 만들더라도 그것이 마지막에 어떤 모습을 하게 될지에 대한 관념이 필요하다. 생각하려면 머릿속에 이미지가 있어야 한다. 사냥과 채집으로 살아간 우리 선조들도 짐승들의 흔적을 발견한 순간 머릿속에 이미지를 떠올렸다. 그들은 정신의 눈으로 근처에 있을 먹잇감을 보았다. 그들은 흔적을 읽고 그 의미를 이해하는 법을 배웠다. 마찬가지로 짐승들의 벽화를 그린 이들도 이 같은 행위를 통해 하나의 관념을 좇은 것이 분명하다. 가령 벽화를 통해 자기 자신이나 부족이 사냥에서 누릴 행운을 마력으로 붙잡아둔다는 관념이 작용했을 것이다.

인류가 초기에 가진 관념에는 초자연적인 것과 특별한 교감을 나눔으로써 공동체의 성공적인 사냥과 무병무탈에 영향을 주는 개인들이 있으리라는 생각도 들어 있었을 것이다. 나중에는 사냥만이 아니라 수확을 위해서도 중개자가 필요하다고 믿었다. 인류 역사에서 최초의 지도자는 주술사였을 것이라고 짐작된다. 분명 영적 능력이 탁월하고 카리스마가 남다른 자들이 무리에서 확고한 지위를 차지했을 것이다. 혹은 유능한 허풍쟁이, 헛소리꾼들이 권력을 잡았다고 해도 좋다. 어차피 이 두 유형은 크게 다르지 않기 때문이다.

초기 사회 구조에서는 최상층에 마법사들이 있었고, 힘센 전사들이 그 아래 계층을 이루었다. 이들 전사 역시 그들만의 우두머리를 두고 있었다. 자연히 나중에는 누가 실질적인 권력을 가졌는지를 놓고 다툼이 벌어졌다. 갈수록 분업화가 진행되면서 초기 인류 문화에서는 엄격한 위계질서가 발전했다. 개미, 벌, 원숭이 무리들도 위계질서를 갖지만 인간만이 위계질서를 고안하고 공동의 합의를 통해 조직하는 능력을 지니고 있다. 즉 우리가 만든 위계질서도 인간이 생각해낸 관념에 해당한다. 이 같은 관념이 없었더라면 조직화가 힘들어지고 고등문명도 발전하기 어려웠을 것이다.

아니면 위계질서는 관념이라기보다는 우리가 맞닥뜨리는 무엇일까? 자연적으로 주어진 것일까? 신이 내린 것일까? 자유는 또 어떠한가? 우리가 자유라 부르는 것이 처음으로 찬양을 받기까지는 인류 문명사에서 수천 년의 시간이 흘러야 했다. 인간은 역사의 대부분을 부자유한 상태로 지냈다. 부자유는 이 세상에서 가장 정상적인 상태였던 것이다. 예컨대 사람이 다른 사람의 소유물이 된다는 사실에 대해 수천 년간 누구도 비판적인 질문을 던지지 않았다. 얄궂게도 자유주의적인 북미 대륙에서조차도 18세기까지 똑같은 현상이 나타났다. 인간이 자유로울 수 있다는 이념은 인류사 대부분의 기간 동안에 얼토당토않은 것으로 여겨졌다. 고대 오리엔트 언어에는 자유에 해당하는 말조차 없었다.

이집트 탈출기, 또는 법칙의 발견

'인류사적'이라는 개념이 처음 등장하는 시기는 청동기 시대인 기원전 16세기와 12세기 사이에 셈족 유목민들이 강대국 이집트의 노예제도에 저항해 주목을 끌면서였다. 기원전 1400년경 어느 시점에 봉기가 일어나고 민족이동이 발생한 것은 분명해 보인다. 이처럼 역사적으로 정확히 재구성하기 힘든 사건들이 하나의 장대한 이야기로 응축되어 기원전 7세기와 6세기에 히브리어로 된 토라에 기록되었다. 그때까지 수세대에 걸쳐 입으로만 전해지던 이야기가 어느새 어마어마한 파급력을 발휘해 오늘날에는 유대교, 기독교, 이슬람교 세계의 건립신화로, 나아가 근대 세계의 건립신화로 받아들여지기에 이르렀다. 바로 〈출애굽기〉(엑소더스Exodus, 이집트 탈출기)다.

유대인들이 이집트인들에 맞서 반란을 일으키고 신성한 땅으로 탈출했다는 〈출애굽기〉가 혁신적이면서 인류사적으로 새로운 까닭은 노예제에 집단으로 저항한 최초의 기록, 즉 최초의 자유 운동이기 때문만은 아니다. '하나의' 이집트 탈출기가 있었는지, 아니면 여러 차례에 걸친 봉기와 탈출 움직임이 모세의 이야기 속에 우의적으로 압축되었는지도 부차적인 문제다.

인류사적으로 볼 때 〈출애굽기〉는 다신교에서 일신교로 전환하는 계기가 되었다. 모세5경에 포함된 〈출애굽기〉에서는 동맹의 선포가 핵심 주제를 이룬다. 동맹은 신의가 없이는 불가능하다. 그리고 신의는 자유를 전제로 한다. 그렇지 않으면 신의의 가치가 사라지기 때문이다. 구약에서 '믿음'은 신의 또는 신뢰와 동일한 단어로 표기된다. 믿음이란 하나님이 이스라엘의 자손을 노예 상태에서 해방시키기 위해 이들과 동맹을 맺는 것을 뜻한다. 이를테면 하나님과의 법률적 관계와도 같은 것이다. 하나님은 다신교의 신처럼 비개성적이고 제멋대로이고 예측 불가능하지 않고, 한 무리의 사람들이 떠돌 때 동행하는 구체적인 대화상대자가 된다. 이처럼 신의에 기반한 일신교를 통해 세계는 탈마법으로 가는 첫 걸음을 내딛는다. 이는 곧 마음대로 생사를 결정하고 제물을 바쳐 달래야 하는 비이성적 힘과 주술에 대한 믿음에서 벗어나 이성을 강조한 사고로 가는 첫 걸음이기도 했다. 유대인들의 이집트 탈출 이야기는 더 이상 세계를 혼란스럽고 강자가 힘을 휘두르는 장소로 설명하지 않는다. 오히려 도덕적으로, 윤리적 법칙에 따라 역사를 새로 해석한다.

물론 유대인들의 일신교가 무에서부터 시작된 것은 아니었다. 그 전통의 계보는 고대 페르시아의 종교들에서 시작해 고대 이집트 제18왕조 파라오인 아크나톤Akhnaton을 거쳐 유대교까지 이어져 있다. 다만 아크나톤의 일신교적 혁명에서 핵심은 신의가 아닌 진리였다. 〈출애굽기〉를 통해 드러난 혁신적 측면은, 하나님이 우리와 더불어 무언가를 계획 중인지, 그렇다면 그 계획이 무엇인지 하는 물음에 닿아 있었다. 고대 페르시아 및 이집트 사람들은 결코 이런 질문을 던진 적이 없었다. 그들은 스스로를 천지가 생성될 때 여러 신들을 포함해 여타 생명체와 함께 등장한 인간으로 보았다. 이때 신들의 관심은 오직 세계가 계속 존재하도록 하는 데에만 있었다. 인간은 종교 의식을 통해 그러한 신들을 어느 정도 도울 수 있지만, 그 목표는 세계를 변화시키기보다는 두려움 속에서 현 상태를 유지하는 것이었다.

반면 〈출애굽기〉 신화는 전혀 다른 이야기를 들려준다. 〈출애굽기〉가 말하는 세계에서 하나님은 특정한 민족을 노예의 사슬에서 풀어주고, 그들과 정의로운 사회를 실현하는 공동의 프로젝트를 추구한다. 이제 하나의 프로젝트가 된 역사는 돌연 방향과 목표를 갖게 된다. 그리고 이 과정에서 인간에게 중요한 역할이 주어진다.

더 이상 숨지 않고 자신의 뜻을 인간에게 선포하고 계시하는 신이 〈출애굽기〉와 〈출애굽기〉에 기반한 일신교적 세계 종교를 통해 뚜렷이 모습을 드러냈다. 유대교, 기독교, 이슬람교를 계시종교라 부르는 것도 이 때문이다. 더 나은 세상을 위한 윤리를 내포한 계시종교는 인류가 만든 모든 이데올로기와 이데올로기즘의 선조다. 가령 유대교, 기독교, 이슬람교 등을 빼놓고는 마르크시즘 같은 프로젝트를 이해할 수 없다. 정의로운 세상을 세우려는 인간의 등장과 함께 인류사를 통틀어 가장 의미심장한 일대 정신사적 변화가 일어난 것이다. 모세와 아브라함에게 계시된

JHWH(야훼Yahweh)는 처음에는 유대인들만의 하나님이었다. 하지만 소수의 사람과 맺는 동맹에서 모든 인류에 대한 동맹으로 가는 길은 그리 멀지 않았다. 그다음 발걸음인 세계 선교 역시 당연한 논리적 결과였다. 예상 밖으로 가장 큰 성공을 거둔 것은 나사렛 공동체였다. 조그만 유대인 종파에서 세계 최대의 종교인 기독교가 탄생한 것이다. 그리고 오늘날 세계 인구의 약 3분의 1이 기독교인이다. 나아가 유대교와 사촌관계인 또 다른 종교의 성공 또한 주목할 만하다. 바로 이슬람교다.

평화의 집 이슬람, 또는 완전한 세계

이슬람교의 매력이자 단점은 그것이 종교적 프로젝트일 뿐 아니라 사회적 프로젝트이기도 하다는 사실이다. 이슬람은 인류 역사상 최초로 시작된 거대한 유토피아적 기획으로, 사상사에서 중요한 부분을 차지하고 있다.

이슬람교에서는 개인적인 경건함만을 중시하지 않는다. 정의롭고 신의 뜻에 맞는 사회적 공동생활을 지상에 실현하는 것이 특히 중요하다. 다른 두 주요 아브라함 종교와 구분되는 근본적인 차이점이기도 하다. 이슬람교도들이 볼 때 신은 인간 사회가 어떤 모습을 해야 하는지를 정확히 알고 있다. 예언자들을 통해 신은 거듭해서 우리의 손을 잡아주었다. 인간이란 혼자서 수렁에서 벗어날 수 없고, 인도를 받지 않으면 파멸에 이르기 때문이다. 이슬람에서는 신이 우리를 끔찍이 사랑하기 때문에 우리가 천국에 가기 전 지상에서 행복하고 올바른 삶을 영위하는 것이 신의 섭리라고 믿는다. 세상이 평화롭고 조화로워질 수 있다는 믿음이 바로 이슬람교의 세계관이다.

그러한 세상을 가리켜 이슬람교에서는 '평화의 집'(다르 알 이슬람دار الاسلام)이라 부른다. 종교와 국가를 분리시키는 것이 이슬람과는 맞지 않는 까닭도 그 때문이다. 여기에서 중요한 것은 경제와 정치적 문제를 포함해 삶의 전 분야를 아우르는 프로젝트다. 이슬람교가 다원주의 사회와 조화되기 어려운 데에는 이러한 이유도 작용한다. 다원주의 사회는 이슬람교가 지향하는 목표가 아니다. 이슬람의 지붕 아래, 즉 '평화의 집' 안에서는 평화롭고 다원주의적인 공동생활을 상상할 수 있지만 이 천막을 벗어나는 순간 그것은 불가능해진다. 다원주의 사회에서 동등한 일부로서, 심지어 다른 문화의 지붕 아래 이슬람교가 존재한다는 것은 상상할 수 없다. 다시 말해 이슬람은 하나의 종교 이상이며, 종교적 유토피아인 셈이다.

이런 점에서 기독교와 유대교의 눈에는 이슬람교가 매우 낯설게 비칠 수밖에 없다. 이들 두 종교의 관점에서 보자면 유토피아는 위험천만한 것으로, 인간 스스로 지상에 천국을 세우려는 자체가 오만한 시도로 여겨지기 때문이다. 유대인과 기독교인들에게 지상의 삶은 아담과 이브의 등장 이후로 자력으로는 회복 불가능한 손상을 입게 되었다. 이러한 생각은 어딘가 땅딸보 험프티 덤프티Humpty-Dumpty를 연상시킨다. 영국 동요에 등장하는 이 유식쟁이 달걀 캐릭터는 결국 담 위에서 굴러 떨어져 산산조각이 나고 만다. "왕의 말을 모두 모아도 왕의 신하를 전부 모아도" 그 깨진 조각을 원래대로 돌려놓을 수는 없었다. 유대교와 기독교의 시각에서 인간은 궁극적인 구원을 위해 하나님을 필요로 한다. 우리가 할 수 있는 것은 세상을 수리하는 일이지만 이조차도 일시적인 응급조치일 뿐이다.

유대교와 기독교를 비롯해 이슬람교의 시각에서 볼 때, 역사 속에서 일어나는 신의 모든 행위는 궁극적으로 인간의 구원을 지향하고 있다. 그러나 창세기와 이집트를 탈출하는 이야기가 말하듯이 우리 교만한 인간은 줄곧 하나님의 계획을 방해한다. 유대인과 기독교인은 이 세상이 끝날 때에만 비로소 완전한 상태가 실현되리라 기대한다.

그와는 반대로 코란을 읽는 독실한 신자들에게는 세계가 손상되어 있을 수 있다는 생각이 신성모독처럼 들릴 것이다. 기독교의 경우 결함과 고통 속에 더 깊은 신비가 숨어 있다면, 이슬람교에서는 아무런 결함이 없는 세계를 추구한다. 기독교에서는 죄인도 구원을 받을 수 있다. 성경은 구약과 신약 모두에서 사함을 받은 살인자들로 가득한데, 예를 들어 사기꾼 야곱에서부터 살인자이자 바람둥이였던 다윗 왕을 비롯해 예수를 배반했으나 최초의 교황이 된 베드로에 이르기까지 다양한 죄인들이 등장한다.

허물까지 포함해 인간을 포용하는 것, 성경에서 살인자와 매춘부로 가득한 예수의 계보를 일일이 나열하는 것도 이를 보여주려는 뜻이다. 반면 이슬람교는 지상에서의 완벽함을 지향한다. 기독교는 명백히 반순수주의인 반면, 이슬람교에는 따로 '도덕적으로 엄격한 해석'이란 것이 없다. 본질적으로 이슬람교는 도덕적으로 엄격하기 때문이다. 물론 이는 우리 인간을 괴롭히려는 뜻에서가 아니라 잘 되게 하려는 의도에서 비롯된 것이다.

지금 여러분이 손에 든 것과 같은 책의 좋은 점은 인류 전체가 단 하나의 역사만을 공유하는 듯한 착각을 불러일으킨다는 것이다. 그런데 이슬람교를 연구하다 보면 전혀 다른 세계관과 만나게 된다. 말하자면 인류에 관해 적어도 두 종류의 서로 경쟁하는 거대한 서사가 존재한다는 깨달음이다. 우리가 사는 곳에서는 이슬람교의 역사를 접할 기회가 별로 없다. 그 역사는 아주 아름답지만 동시에 아주 슬픈 이야기이기도 하다.

이야기의 주인공은 무함마드라고 불린 한 상인이다. 40세가 되던 해, 삶의 위기에 빠진 그는 자신을 되찾고자 사막으로 갔다. 그리고 그곳에서 자신의 삶과, 멀리 보자면 전 인류 4분의 1의 삶까지 송두리째 바꾸는 극적인 경험을 하게 된다. 이를테면 깨우침을 경험했을 한 남성의 신의와 배신의 이야기다. 그는 당시 아랍 반도에 만연하던 다신 숭배에 종지부를 찍은 뒤 그곳에서 출발해 세계제국을 건설했다. 그는 보편적 정의와 평화를 이루겠다는 굳은 의지로 뭉쳐 있었다. 이슬람교가 원래 꿈꾸던 것, 즉 완벽하게 정의롭고 평등하고 박애주의적인 사회라는 목표는 이상향이라는 점에서 마르크스 사상과 매우 가까웠고 또 비슷한 호감을 불러일으키고 있다.

한편으로 그 같은 사회에는 비순응적이고 고립된 평행사회 또한 더불어 살아갈 수 있는 공간도 마련되어 있었다. 무함마드의 직계 계승자들이 삽시간에 지중해 전 지역에 건설한 칼리프 국가에서는 유대인과 기독교인들도 별 문제없이 생활을 영위해갔다. 생전에 무함마드는 기독교인들과 우호적인 관계를 유지했다. 그의 첫째 부인의 사촌도 기독교인이었다. 무함마드는 유대인과도 가깝게 지냈다. 물론 627년 메디나에서 바누 꾸라이자Banu-Quraiza 부족의 유대인이 400명에서 많게는 900명이나 참수를 당했던 사건은 이슬람에 폭력과 관련해 아직도 풀어야 할 숙제가 남아 있음을 보여준다. 그러나 흔히 알고 있듯 이 사건이 유대인 전체에 대한 무함마드의 적대감을 증명하지는 않는다. 그 악명 높은 광란의 처형은 유대인에 대한 적개심에서 비롯된 것이 아니라 무함마드의 관점에서 봤을 때 바누 꾸라이자 종족이 메디나를 배반했기 때문이었다. 게다가 신화상 유대인과 아랍인의 공동 조상인 이삭과 이스마엘 형제도 원수지간은 아니었다. 이 배다른 형제 각각의 어머니가 서로 증오했다는 기록은 있지만 이스마엘과 이삭이 서로를 싫어했다는 내용은 성경 어디서도 찾아볼 수 없다. 성경에 포함되지 않은 외경의 신화에도 그런 내용이 없기는 마찬가지다.

이슬람교는 유대인들로부터 신앙적 관례를 차용해 의식상의 할례 및 목욕, 순수하고 불순한 음식의 구분, 단식 등 여러 가지를 자신들에 맞게 변형시켰다. 소수 집단, 특히 기독교인들과 유대인들은 초기 칼리프 국가와 후기 오스만제국에서 자체적인 재판권과 사원, 교회 등을 보유한 채 대부분 아무 제약 없이 번성을 누렸다. 그 결과 카이로 등지에서 유대 문화가 꽃을 피우기도 했다. 이는 기독교 통치자 밑에서는 상상할 수 없는 일이었다.

무함마드의 직계 후계자인 최초의 칼리프들은 대체로 매우 친절하고 겸손하고 호감을 주는 이들이기도 했다. 이들 가운데 가장 먼저 등장한 아부 바크르Abu Bakr는 상인으로 성공을 거둔 뒤 자선을 위해 재산을 기부했고, 어찌나 검소한 생활을 했던지 가외 소득을 위해 이웃집 암소의 젖을 짤 정도였다. 무함마드의 후계자 가운데에서도 가장 깊은 인상을 남긴 제2대 칼리프 오마르Omar는 동화책에서나 나올 법한 정의롭고 인자한 통치자였다. 타밈 안사리Tamim Ansary는 오마르를 바울, 카를 마르크스, 로렌초 데 메디치, 나폴레옹을 한데 섞어 놓은 것 같은 인물로 묘사했다(《이슬람의 눈으로 본 세계사》, 류한원 역, 뿌리와 이파리, 2011). 638년 예루살렘에 입성한 오마르는 당황한 주민들 앞에서 "앞으로도 당신들의 풍습대로 생활하고 기도하시오!"라고 선언하며 교회와 순례자들을 보호했다.

그렇다면 아브라함 종교들 간의 역사는 어디서부터 틀어지기 시작한 것일까? 흔히 주장하듯 십자군 전쟁이 그 발단은 아니었다. 빌 클린턴 전 미국 대통령은 2001년 9월 11일 세계무역센터 테러가 벌어지고 두 달 뒤 조지타운대학에 모인 청중들 앞에서 "우리 가운데 유럽 이민자 출신 조상을 둔 이들도 잘못이 없지 않다"고 지적했다. 가톨릭 수녀 출신인 종교학자 카렌 암스트롱Karen Armstrong은 종교

전쟁이 "현재 중동지역에서 벌어지는 분쟁의 직접적인 원인"이라고 주장하기도 한다. 물론 유럽의 시각에서 볼 때 십자군 전쟁은 막대한 전쟁비용과 후속 엘리트 세대의 손실이 야기되었던 한편으로, 전혀 새로운 세계와 접촉하면서 정신적 자본이 풍요로워졌다는 점에서 매우 중요한 사건이었을 것이다. 그러나 오리엔트 세계의 입장에서 보자면 그 전쟁은 부차적인 사건에 불과했다.

십자군 국가crusader states는 오리엔트의 서쪽 끄트머리 주변부에 자리하고 있었다. 카이로와 바그다드, 아랍 반도 등 아랍 세계의 실질적 중심부에서는 그에 대한 아무런 소식도 듣지 못했다. 아랍 고등문명의 연대기 저자들은 오히려 십자군의 습격을 미개하고 교양 없는 비이슬람교도들, 즉 야만 민족의 침략으로 받아들였다. 게다가 아랍인들로서는 그들이 증오하는 터키인들에게 가해진 그 같은 공격이 싫지만은 않았다. 하지만 19세기 들어서 터키인들이 이끄는 오스만제국이 '보스포루스 해협의 병자'로 전락하면서 서구에 뒤쳐진 끝에 결국 몰락하자 비로소 서아시아 주민들은 십자군 전쟁을 비롯해 그동안 서양에 대해 쌓인 분노를 떠올리게 되었다. 원한은 스스로의 실패를 덮는 훌륭한 수단이 되기도 한다.

오리엔트와 서구 사이의 관계가 깨지는 과정은 서서히

진행되었다. 아랍 세계는 13세기부터 문화적으로 쇠락의 길을 걷기 시작했다. 그 원인에 대해서는 누구도 정확한 설명을 내놓지 못하고 있다. 일각에서는 이를 인류사의 최대 수수께끼라고 부르기도 한다. 수세기에 걸쳐 아랍·이슬람 세계는 서구보다 훨씬 우월한 자리를 차지하고 있었다. 상투적인 표현이지만 서구인들이 '여전히' 깊은 숲속에서 멧돼지 사냥에나 열중하고 있던 7세기와 8세기에 이슬람의 영향을 받은 각 도시에서는 이미 널찍한 가로수길, 바닥이 고른 도로, 관개 시설, 항구, 감독관이 관리하는 쇼핑센터(바자Basare) 등을 볼 수 있었다. 이는 오늘날 페르시아만 국가들에서 볼 수 있는 건설 붐과 유사했다. 당시 건설 붐은 넉넉한 대출자금에 의해 촉진되었다. 물론 대출자금은 기왕이면 잘 알고 지내는 사람들에게로 나갔다.

관대한 대출의 시대와 함께 정실주의 시대가 시작되었다. 일반적인 가설에 따르면, 이슬람 문화는 과거 씨족 시절의 정신으로 후퇴하기 시작한 제4대 칼리파 시기(재위 656~661)부터 이미 몰락이 예정되어 있었다. 이후에도 여러 명의 훌륭하고 공정한 통치자들이 나타났지만 무슬림들은 지금까지도 이슬람 제국의 맨 처음에 등장한 네 명의 최고 지도자들을 '올바른 인도를 받는 칼리파'라고 부르며 존경하고 있다. 실제로 무함마드의 직계 후계자들은 공정하고 평등하고 평화로운 사회를 세우려 노력했을 것이다. 어쩌면 그런 이유에서 그들은 실패가 예정된 운명이었을지도 모른다.

흔히 아랍인들은 영광스러운 오리엔트가 몰락한 데 대해 관용과 기사정신과 '각자의 입맛대로 산다'는 태도를 지켜나간 아랍인들이 오스만제국의 거친 터키인들에게 주도권을 넘겨준 것을 중요한 이유로 꼽는다. 그 또한 틀린 말은 아닐 것이다. 낭만적으로 이상화된 압바시드 왕조는 이슬람의 황금시대를 배경으로 한 〈천일야화〉의 고향 바그다드가 있던 곳인데, 이미 당시에 먼 나라 출신의 노예들 가운데에서도 특히 터키인과 슬라브인들을 사적으로 엘리트 병사 및 관리로 두는 관행이 퍼져 있었다. 이유는 간단했다. 그들은 아랫사람들을 믿지 못했다. 그 결과 부하를 불신하는 새로운 엘리트들이 나타났고, 그 부하는 다시금 자신의 부하를 불신하게 되었다. 사회는 갈수록 찢겨졌고, 몇 대에 걸쳐 안전판이 되어 주었던 각자가 속한 씨족을 중심으로 뭉치게 되었다.

몽골인들이 몰려오면서 분위기는 더욱더 험악해졌다. 이들은 살인과 약탈을 저지르며 이슬람 세계를 정복했고, 결국에는 스스로가 무슬림이 되었다. 얼마 전까지 이슬람 세계를 지배했던 오스만제국인들은 몽골인들을 피해서 도망

온 중앙아시아 유목민 출신들이었다. 이들 신참자들은 아랍인이나 페르시아인 부하들을 신뢰하지 않았다. 그 반대도 마찬가지였다. 아랍 세계에는 전통적으로 국가나 사회 공동체에 대한 개념이 존재하지 않는다. 오늘날 아랍 세계를 살펴보면 그 어느 나라에서도 제대로 작동하는 시민 사회나 공동체 의식을 찾아보기 힘들다. 도처에 독재자들이 군림하면서 자기 족벌을 돌보거나 기껏해야 권위적인 온정적 군주를 자처하는 실정이다. 터키인 치하에서건 민족주의 시기에서건 또는 아랍의 봄 이후 시기이든 간에 대다수의 아랍 주민들은 억압, 불의, 족벌주의와 부실경영에 시달리며 인종적, 종파적 폭력의 악순환에 빠진 환경 속에서 아이들을 키우고 있다.

식민주의의 종말을 알린 1956년 수에즈 위기 이후로 아랍 세계에서는 잠시 낙관적인 분위기가 일기도 했다. 이집트, 알제리, 튀니지, 시리아, 예멘 등지에서 민족주의적이고 진보적인 정부가 들어섰다. 1949년 미국 CIA가 지원한 쿠데타를 통해 권좌에 오른 후스니 알자임은 이렇게 말했다. 5년만 시간을 준다면 시리아를 제2의 스위스로 만들어 놓겠다." 오늘날 그의 이 발언을 인용하는 것은 냉소로 보일 뿐이다.

아랍인들은 식민지 독립 후 자유를 얻었지만 이로부터

별다른 성과를 일궈내지 못했다. 수십 년간 유례가 없는 엄청난 자금이 아랍 세계로 흘러들어갔지만 소용이 없었다. 오스만제국과 식민제국들로부터 독립 이후 아랍 세계의 유전, 제철소, 고속도로, 공항 등으로 흘러들어간 서방의 자본 및 각국의 천연자원을 고려한다면 그것으로 스위스를 몇 개나 만들고도 남았을 것이다. 하지만 그 형태가 군사독재든 전형적인 아랍식 타협책인 세습 군주제든 아니면 사회주의국가든 간에 발전이란 곧 독재정치, 친족 등용, 족벌주의, 압제의 공고화와 동일한 의미였다. 이슬람 세계 어디서든 법치국가의 보호를 받을 수 있다고 안심할 수 있는 곳은 찾아보기 힘든 실정이다.

수십 년 전부터 수백만 명의 사람들이 아랍 세계에 남을지, 서방으로 이주할지를 놓고 이른바 '풋보팅foot voting'을 행사하고 있다. 다른 누구보다 프랑스 코트다쥐르에 집이 있고 스위스 제네바에 은행계좌를 가진 아랍 엘리트들에게서 그 같은 현상이 나타나고 있다.

매력적인 여인 에우로페

유럽이라는 개념만큼 매력적인 개념도 많지 않을 것이다. 외국인을 혐오하는 극우주의 서양인들이 명심해야 할 점은 유럽이라는 단어 자체가 원래 오리엔트에서 비롯되었다는 사실이다. 서아시아 지방에서 유래한 이 단어는 사랑에 빠진 제우스신이 동방에서 온 거구의 여인에게 접근하는 이야기에 처음 등장한다. 제우스가 눈독을 들인 이는 에우로페Europe라는 이름의 여성으로, 지금의 레바논 지방을 다스리는 어느 왕의 딸이었다. 제우스는 그녀를 납치한 뒤 아이까지 배게 했다. 여기까지 보면 끔찍한 성범죄지만, 여느 옛날이야기들이 그렇듯 결말은 그럭저럭 해피엔딩이다. 둘 사이에서 태어난 아이는 나중에 공정하고 신중한 통치자가 된다.

꾸며낸 이야기에는 매우 깊은 차원의 진실이 담겨 있다. 유럽의 역사는 난무하는 폭력 속에서 시작되었지만, 그럼에도 유럽은 길을 잃지 않고 문명과 법치를 이루었고, 이곳에서만 찾아볼 수 있는 매력적인 결과물을 내놓았다. 마치 사람들이 찾는 데 실패한 어떤 문제에 대한 해답을 찾은 것처럼 보인다. 이로써 우리는 다시금 유토피아, 즉 '더 나은 세계를 위한 생각'이란 원래 주제로 돌아온다.

오리엔트에서는 지상에서 낙원을 찾으려고 했다. 서양의 경우 그와 같은 것은 없으며 불완전한 상태를 조금씩 개선하는 것밖에는 다른 방도가 없음을 피비린내 나는 실험을 거친 이후 어느 순간 깨달을 수밖에 없었다. 인간은 낙원을 건설할 수 없고 낙원에 도달할 수도 없으며 어느 누구도 절대적 진리를 완전히 소유할 수 없다. 이렇게 확신하기 때문에 다만 기존의 모든 것들에 부단히 질문을 던질 수밖에 없다. 이것이 바로 민주주의와 다원주의의 기본적인 생각이다.

완전한 사회가 가능하다고 믿는 이슬람교에서는 종교와 국가의 일치를 주장할 수밖에 없다. 반면 이 세상이 완전해질 수 없다고 믿는 서구에서는 자연스럽게 교회와 국가가 상반된 길을 가게 되었다. 난감한 상황에 대처하고 다양한 견해들을 조율하기 위해 민주주의가 유일한 해결책으로 제시된 것도 같은 맥락에서였다. 플라톤 이후로 분명해졌듯이, 우리는 민주주의가 만병통치약이 아님을 잘 알고 있다. 하지만 적어도 처칠Winston Churchill이 보여준 통찰 이후로 우리는 민주주의가 모든 보잘 것 없는 정부 형태 가운데에서 그나마 가장 낫다는 것을 깨달았다. 민주주의는 최후의 진실이란 여전히 베일에 싸여 있으며 내가 남보다 잘 모를 수도 있다는 깨달음을 바탕으로 하고 있다. 따라서 민주주의 개념이 무수히 오용되고 민주주의적이라고 불리는 많은 것들이 초라한 모습을 띠고 있을지라도 민주주의는 어쩌면 자유 다음으로 가장 아름다운, 또 가장 겸허한 인류의 이념일지도 모른다.

의심은 힘이 세다

20세기가 낳은 독보적인 자유주의 사상가 칼 포퍼에 따르면 항상 모든 것에 질문을 던지는 정신이야말로 유럽 고유의 특징이며, 동시에 서양 세계가 갖는 핵심적인 경쟁력이다. 포퍼는 내적으로 늘 불안정한 상태에 있는 것을 서양의 전형적 특징으로 꼽았다. 이에 대해 그는 지리적인 원인을 내세운다. 다시 말해 병목지점에서 발견되듯, 유라시아 대륙의 갈라진 끝자락에 자리한 좁은 공간 속에서 상이한 문화들이 서로 충돌하는 현상이 벌어졌다는 것이다. 포퍼의 말에 따르면 그 비좁은 공간은 특수한 분위기, 또는 활발한 정신활동을 불러일으켰다. 그러면서 유럽인들은 애초부터 만사에 대해 끊임없이 새롭게 질문을 던지는 훈련을 받았다고 말한다. 이로부터 태동한 정신이 서양 문명의 성공 비결이라는 것이다. 포퍼는 한 논문에서 "우리의 문화가 최고의 문화일까?"라고 솔직하게 묻는다. 그러면서 이렇게 힘주어 대답한다. "스스로를 개선할 수 있는 능력이 가장 크기 때문에 최고의 문화다." 생각을 끊임없이 수정하고 조정하려는 충동과 진리에 이르는 길이 하나뿐이 아니라는 깨달음이 비로소 오늘날의 유럽을 만들었다.

그렇다면 서양을 잠들지 않게 한 그 불안의 순간이 동양에는 없었을까? 아이러니하게도 민족이동, 흑사병, 종교

전쟁 등으로 이어지는 최악의 참사들이 모든 것에 대해 끊임없이 새롭게 사고하고, 상반된 세계관이 공존할 수 있는 새로운 가능성을 모색하고, 신뢰 속에 통용될 규칙을 찾도록 서양에게 강요한 것은 아닐까? 교황과 황제, 교회와 국가 간의 알력과 같은 불안의 순간들 또한 오리엔트에서는 찾아볼 수 없는 현상이었다.

서양에서 형성된 정신에는 어두운 면도 있다. 이를테면 '문화제국주의'가 여기에 해당한다. 언제든 문제를 고칠 준비가 되어 있고 가장 문명화된 문화라는 의식은 자신의 문화를 확산시키고자 하는 욕구를 낳는다. 자신의 기준에서 '모두의 행복'을 위해서 말이다. 고대 로마인들은 소신껏 그 일에 나섰고, 서구 사회도 500여 년 전부터 거리낌 없이 같은 일을 저지르고 있다. 그러면서 스스로를 대견스럽게 여긴다. 과거에는 '유일한 참된 종교'를 전파한다며 그런 일을 벌였다면, 이제는 인권과 풍요라는 이름 아래 그 같은 일을 행하고 있다.

이 대목에서 만사에 의심을 품는 정신이 다시 등장한다. 유럽인들에게 보편적인 그 정신에는 두 번째 약점이 들어 있다. 바로 잠재적으로 스스로를 파괴하는 힘이다. 그것이 어떤 종류이든 간에 결코 최종적인 진리를 인정하지 않는다면, 결국에 가서는 더 이상 어떤 것도 믿지 않게 될지도 모른다. 그렇게 된다면 대체 가치 있는 일이란 무엇일까? 서양이 가진 약점은 결국 모든 것을 지탱하는 단일한 이념을 갖지 못하고 있다는 것이 아닐까?

포퍼라면 이렇게 말할 것이다. "우리는 하나의 단일한 이념 대신에 수많은 이념을 가졌다는 점에 자부심을 느껴야 한다." 재미있는 점은 개인관계에서 매우 고압적이었다는 그가 이런 말을 한다는 것이다. 이에 대해 라칭거 전 교황이라면 협상의 대상이 될 수 없는 몇 가지 기본 원칙들과 다수결로 무효화시킬 수 없는 몇 가지 상수들이 존재할 때에만 다양한 이념이 함께할 수 있다고 응수할 것이다. 우리 시대의 다문화주의가 남긴 긍정적인 결과는 우리 문화의 핵심이자 바탕, 즉 협상 불가능한 것들에 대해 생각하게 되었다는 것이다. 다만 모든 것들이 동등한 권리를 가지고 함께 살아가는 세계에서, 유대·기독교적 가치를 믿든지 아니면 지누Xenu라는 악한 통치자가 7,500만 년 전 자신의 신민을 화산에 던져 넣고 수소폭탄으로 날려버렸다는 이야기를 믿든지 상관없는 세계에서 그 같이 숙고하는 일은 점점 더 힘들어질 것이다.

포퍼식의 자유주의를 끝까지 밀고 간다면 모든 진리에 대한 완전한 상대주의에 이르면서 절대적 가치가 있는 것은 아무것도 없다는 결론에 도달하게 된다. 그러면 언젠가는 종교적, 자유주의적 도그마를 대신해 인간에게 유용하다면 모든 것이 허용된다는 과학적인 도그마가 들어서게 될 것이다. 인간을 도덕의 유일한 입법자로 만든 계몽주의의 왕 칸트가 그랬듯이 말이다. 얄궂은 사실은 인간은 규칙과 윤리적 구속에서 완전히 해방됨으로써 그렇게 자유로워진 스스로에게 위협받게 될 것이라는 점이다. 어쩌면 '소프로시네', 곧 자기절제가 실은 꽤 괜찮은 이념인 것인지도 모른다.

역사를 바꾼 거대한 생각들 TOP 10

01 관념

가장 중요한 관념은 무엇보다 관념 그 자체다. 생각하려면 머릿속에 이미지가 필요하다. 그것이 주먹도끼, 보트, 또는 달 탐사선이든 어떤 대상에 대해 표상을 형성할 수 있고, 이 표상을 머릿속의 관념에 의해 실행에 옮기는 것이야말로 진정 인간의 놀라운 점이다.

02 시간

시간이 비술에 속했던 문화가 있었다. 그렇게 비밀 달력이 등장한 다음 태양의 위치가 하루의 일과를 정해주는 문화가 나타났다. 18세기 영국에서. 마차 운행 서비스가 시작되었을 때만 해도 영국 전역에는 서로 다른 시간대가 있었다. 가령 런던이 12시면 리버풀은 10시 반이었다. 하지만 전화와 라디오가 없었기에 큰 문제는 아니었다. 시간이 구속력을 갖게 된 것은 산업혁명이 시작되면서였다. 오늘날에는 심지어 세계시가 있을 정도다. 이것이야말로 시간이 사람에 의해 만들어졌고 중요한 영향을 끼친 이념이라는 증거다.

03 자유

선과 악 등을 결정할 수 있는 개인적 자유를 통해 인간은 비로소 이성적 존재가 된다. 그런데 그러한 자유는 이념이 아니라 이미 주어진 것이다. 반면 정치적 자유는 이념이라 할 수 있다. 게다가 비교적 최근에 생긴 이념이다. 인류사의 처음 수천 년 동안은 부자유가 일상적이고 자연스러운 상태를 나타냈다.

04 돈

조개와 온라인 예약에 가치를 부여하는 것은 집단적 상상력의 산물로 우리가 그렇게 합의한 결과다. 인간의 창의력이 빛나는 천재적 솜씨가 아닐 수 없다. 심지어 이슬람 국가(IS) 테러리스트나 반자본주의자조차도 이러한 집단적 상상에 참여한다. 1달러는 누구에게나 1달러인 것이다.

05 예절

중세 초기 특별한 행동양식을 통해 윤리, 문화, 사회적으로 두드러져 보일 수 있고 위신을 얻게 된다는 관념이 도처에서 나타났다. 일본에는 사무라이, 오리엔트에는 수피 수도원이 있었고, 유럽에는 궁정예절courtoisie이 탄생했다. 마르크스는 돈, 즉 자본이 세계사의 원동력이라고 주장했다. 그러나 문명화 과정을 추동한 힘은 돈이 아니라 명성에 대한 동경이었다. 아브라모비치Abramovich 같은 대부호도 제아무리 많은 초호화 요트를 갖고 있을지언정 런던에 호화저택을 소유하고 예술품을 수집하고 로스차일드와의 오찬에 초대받을 때 비로소 원하던 목표에 도달한다.

06 국가

국가는 궁정예절처럼 중세 초기에 등장한 이념으로 집단적 상상력의 결과물이다. 어제 헝가리로 불렸던 곳이 몇 년 뒤에는 크로아티아가 될 수 있고 그 반대의 경우도 가능하다. 그리고 몇 년이 지나면 모두가 동일한 유럽연합 여권을 소지하고 암스테르담에서 생활할 것이다. 곧 여든을 바라보는 베를린의 이웃집 여성은 처음에는 이른바 '독일제국'에서, 다음으로는 동독과 독일연방공화국에서 각각 살게 되었다. 다시 말해 완전히 다른 세 국가를 거친 셈인데, 한 도시에서 변함없이 계속 살았음에도 그렇게 되었다.

07 평등

인간 존엄과 사촌관계로, 아주 오래된 이념이다. 불가사의한 점은 현대에 들어서야 비로소 우리가 동등한 인간의 권리를 갖게 되었다는 사실이다. 미국 전역에서 여성이 선거권을 가진 때는 1920년부터이고 스위스에서는 1971년 이후에야 여성도 선거권을 행사하는 것이 가능해졌다.

08 진보

진보에 대한 믿음은 인류가 만들어낸 가장 원대한 관념 가운데 하나다. 진보에 대한 우리의 믿음이 자꾸 흔들리는 것이 사실이지만 우리는 여전히 모든 것을 더 낫게 만들 수 있다고 믿는다. 실제로 우리는 지금까지 놀랄 만한 성공을 거두었다. 기대수명이 세 배나 늘었고, 유아사망률과 치명적인 질병의 숫자가 줄었다. 세계인구가 폭발적으로 증가했음에도 불구하고 점점 더 많은 이들의 삶의 질이 향상되고 있다.

09 행복

행복은 지극히 현대적인 이념이다. 걱정 없는 삶 따위를 기대하지 않았던 시절이 있었다. 오늘날 행복은 기본권으로, 또 실현 가능한 것으로 여겨지고 있다. 여행과 소비, 그리고 필요하다면 향정신성약물을 통해서 말이다.

10 '왜'라는 물음

인간이 사물의 원인을 따져 물을 수 있다는 사실, 또 그 질문의 대답이 존재할 것이라는 생각은 인류가 내놓은 가장 대담한 생각에 속한다. 어쩌면 궁극적으로는 가장 중요한 생각이 될 것이다. 불평하기 좋아했던 프리드리히 니체조차도 다음과 같이 말했다.

**"왜 살아야 하는지
아는 사람은
어떠한 상황도
견딜 수 있다."**

제6장

예술로 보는 인간의 시대

예술인가 쓰레기인가?

"예술은 보이는 것을
재현하는 것이 아니라
오히려 눈에 보이게끔
만드는 것이다."

파울 클레
Paul Klee
스위스에서 태어난 화가

오래 전 빈의 음악 전문 고서점에서 아주 낡은 옛날 책 한
권(베른하르트 코테, 루돌프 프라이헤어 프로하스카,《일반음
악사 개요Abriß der Allgemeinen Musikgeschichte》, F.E.C. Leuckart,
1909)을 발견한 적이 있다. 거기에는 다음과 같은 문장이
적혀 있었다. "우리는 역사를 통해 각 민족이 이룬 위업과
그들의 운명을 배우고, 노래를 통해 그들의 가슴 속을 들
여다본다." 키보드로 이 문장을 치고 있는 이 순간 나는 젠
하이저 헤드폰을 쓰고 데이비드 길모어David Gilmour의 솔로
앨범 〈래틀 댓 록Rattle that Lock〉을 듣고 있다. 길모어가 치는
기타 블랙 스트랫Black Strat의 현 소리는 원하든 원치 않든
듣는 이의 심금을 울린다. 쳇 베이커의 트럼펫 연주도 마찬
가지다. 예프게니 키신이나 다니엘 바렌보임이 연주하는 피
아노 소리도 예외가 아닐 것이다.

　인간이 특별한 존재임을 확인하고 싶은가? 그래서 인간
중심적 세계관이 정당하고 인간의 시각에서 세계사를 서

술하는 일이 타당하다는 것을 확인하고 싶은가? 영혼을 가졌기에 인간은 어딘가 특별한 존재이고, 또 마땅히 삼라만상의 중심에 서 있다는 것을 확인하고 싶은가? 그렇다면 우리가 창조한 예술에 눈을 돌릴 필요가 있다.

모든 예술 중에서도 가장 초감각적 성격을 띤 것은 음악이다. 전하는 말로는 고르바초프가 크렘린에서 깜짝 놀랄 개혁안을 발표하기 전날 밤 부인인 라이사 여사와 어느 말러 연주회를 찾았고, 눈물을 흘리며 집으로 돌아갔다고 한다. 음악은 아마도 모든 예술 중에서도 가장 근원적인 장르에 속하며, 감정의 첫 번째 통역사이자 최초의 배출구였을 것이다. 음악의 기원을 둘러싸고는 무수한 신화와 전설이 전해지고 있다. 분명한 것은 음악의 탄생이 무언가 드높은 것을 믿고 싶어 하는 인간의 원초적 욕구와 닿아 있다는 점이다. 나아가 스스로를 고통을 겪지만 희망을 잃지 않는 존재라고 여기는 인간의 능력과도 관련이 있다.

오늘날 교향악단의 연주회를 듣기 위해 베를린 필하모닉홀이나 뉴욕 카네기홀을 찾는 이들은 고급문화를 누린다는 생각으로 그 같은 행동을 한다. 재미있는 현상이다. 19세기 중반까지만 해도 음악은 비교적 하위 예술장르로 평가되었다. 음악이 인정을 받는 경우는 성악 장르로서 언어를 운반하는 수단으로 사용될 때였다. 고전적 관점에서 예술은 '모방적'이어야 했다. 다시 말해 예술이란 실제 삶을 흉내 내거나 적어도 현실과 연관이 있어야 했다. 필요한 경우 현실을 이상화하는 것은 상관없었지만, 정신적 가치를 갖기 위해서는 현실과의 연관성이 절대적으로 필요했다.

전통적 견해에 따르면 언어가 없는 음악은 무의미했고, 지루한 소리 구성물에 지나지 않았다. 18세기 파리에서 오페라나 성악곡과 달리 줄거리와 설명 없이 제공되는 소나타곡들이 인기를 얻자 베르나르 르 보비에 드 퐁트넬Bernard le Bovier de Fontenelle 같이 감수성이 뛰어난 계몽주의 작가조차도 "소나타여, 나한테 뭘 원하는가?"라며 분개할 정도였다. 심지어 로시니의 음악을 온몸으로 열광적으로 사랑하다시피 한 스탕달Stendhal조차도 베토벤의 작품을 비롯한 교향곡들을 경멸했다. 1965년 미국의 국립미술관에서 원고 없이 자유롭게 낭만주의의 뿌리에 대해 이야기한 저 유명한 강연에서 이사야 벌린Isaiah Berlin이 지적했듯이 음악이 위대한 예술로 인정받은 것은 독일 낭만주의의 공적이었다(《낭만주의의 뿌리》, 강유원·나현영 역, 이제이북스, 2005). 다시 말해 19세기 독일인들은 전혀 다른 주장을 펼쳤다. 독일 낭만주의의 모든 사상가와 예술가를 대표해 쇼펜하우어Arthur Schopenhauer는 이렇게 말했다. "작곡가는 자신의 이성이 이해하지 못하는 언어로 세계의 가장 내

밀한 본질을 드러내고 가장 깊은 진리를 말해준다." 내면적이고 비이성적인 경향이 강했던 독일에서는 음악을 진지하게 받아들인 반면, 객관적이고 계몽된 프랑스인들은 좀 더 회의적인 태도를 보였다.

독일인들의 관점에서 볼 때 음악이야말로 가장 진실하고 강렬한, 그래서 가장 흥미로운 예술로 여겨질 수 있을 것이다. 그럼에도 음악에 대한 이야기는 다음 기회로 미루어야 할 것 같다. 여기서는 예술사를 간단히 살펴보고자 하는 것이 목적인만큼 미술 분야에 집중하고자 한다. 그중에서도 회화, 또 거기서도 지난 천 년 간의 유럽 회화가 우리의 주제다. 범위를 너무 좁혀 아쉽지만 어쩔 수 없다. 만약 프랑스 도르도뉴에서 발견된 동굴벽화부터 시작한다면 내일도 계속 이 자리에 앉아 있어야 할 것이다. 따라서 지금 우리를 지배하는 문화권에서 예술이 발전한 과정을 살펴보는 것으로 만족하도록 하자.

인간이 스스로를 특별하게
여기기 시작했을 때

우리 여행의 첫 번째 경유지는 독일 아헨에 있는 교회 보물창고다. 이곳의 두꺼운 유리 진열장 뒤로 보이는 것은 1000년경 쾰른의 한 금세공 작업장에서 제작된 로타르 십자가Lotharkreuz다. 이 작품을 보고 있노라면 중세가 그렇게 어둡지만은 않았다는 생각이 든다. 보석으로 촘촘히 장식된 십자가의 전면부는 지상의 권력을 말하고 있다. 십자가의 중앙부는 오래 전 로마제국이 몰락했음에도 불구하고 아우구스투스 로마 황제의 옆얼굴을 보여준다. 당시에는 로마식 이름을 가진 독일 출신 황제들이 유럽을 통치하고 있었다. 아우구스투스는 일종의 카메오 출연을 한 셈이다. 여기서 아우구스투스는 신성로마제국이 원조로 삼은 로마제국을 대표하고 있다.

십자가 전면이 권력을 과시하고 있다면, '다른 쪽'인 뒷면은 또 다른 진실을 말해주고 있다. 소박한 뒷면에는 장식물이 없다. 그 매끄러운 표면에는 죽어가는, 고통 받는 한 인간이 묘사되어 있다. 예수 그리스도다. 그 전체가 놀랄 만치 생생한 인상을 주고 있다. 양팔 아래로 상체가 다소 옆으로 굽어 있고, 머리는 가슴 위로 숙여져 있다. 좌우로는 애도하는 해와 달이 예수의 얼굴을 감싸고 있다. 이처럼 묘사된 뒷면으로 인해 월계수를 쓴 화려한 모습의 아우구스투스 황제가 있는 전면부가 지극히 세속적이고 퇴폐적으로 비칠 정도다.

십자가상에 익숙해져 있는 우리가 유럽 역사에서 비교적 후기에 속하던 당시 사람들에게 십자가가 준 충격이 얼마나 컸는지 실감하리란 쉽지 않을 것이다. 기독교 예술이 막 등장했을 때만 해도 십자가에 매달린 예수는 찾아볼 수 없었다. 초기 기독교 예술은 부활과 승천을 비롯해 치유 및 기적의 묘사 등 희망으로 충만한 장면들을 보여주었다. 십자가상은 5세기에 세운 로마의 산타 사비나Santa Sabina 성당의 작은 출입문처럼 눈에 띄지 않는 장소에서만 발견될 뿐, 최초의 교회에서는 거의 찾아보기가 힘들었다.

그런데 9세기에 접어들며 갑자기 유럽 곳곳에서, 특히 호화롭게 장식한 책의 표지 및 내부에서 십자가 묘사가 등장하기 시작했다. 처음에는 인간적 감정이 억제된 양식화되고 단순한 형태였으나 9세기 중반부터 점차 인간적인 면이 강조되기 시작했다. 흔히 깜깜한 암흑의 시기로 받아들이는 10세기는 고통 받는 예수를 묘사한 십자가가 기독교의 중요한 상징으로 떠오른 시기였다. 이 같은 묘사가 얼마나 인간의 가치를 드높여 주었는지는 시간이 흐르고 나서야 비로소 드러났다. 고통 받는 인간에 시선을 돌리는 순간 예술은 인간을 진지하게 여기기 시작한다. 두려움과 희망을 오가며 쾌락을 좇고 공포에 시달리는 존재로 자기 자신을 바라볼 권리, 솔직한 감정과 욕구를 표현할 권리를 인간이 찾아온 것이다.

처음에 유럽 미술은 단 하나의 인간, 즉 예수 그리스도

만을 주목했다. 그다음에는 두 번째 인간, 예수의 어머니 마리아가 관심의 대상이 되었다. 이들은 다수의 인간을 대표했다. 그리고 이들을 바라보는 것은 스스로를 진지하게 들여다보는 인간이 내딛은 첫 걸음이기도 했다. 이러한 발걸음이 어떤 모습을 띠고 있는지 직접 확인하려면 쾰른, 레겐스부르크 또는 아헨의 교회 보물창고를 방문해 9세기와 10세기에 제작된 복음서와 기도서를 살펴볼 필요가 있다. 다행히 그곳에서 길게 줄을 설 일은 별로 없을 것이다.

우리의 두 번째 경유지는 이탈리아 북부의 아시시Assisi 다. 이곳에 있는 성 프란체스코 성당은 온통 지오토Giotto 가 그린 벽화로 뒤덮여 있다. 지오토는 프라 안젤리코Fra Angelico와 더불어 초기 르네상스에서 중요한 화가다. 지오토의 그림이 우리를 사로잡는 이유는 '아름답기' 때문이 아니다. 그가 실제 인물을 바탕으로 얼굴을 그리고, 주름살과 함께 천이 흘러내리는 모습이며 자연풍경을 묘사한 최초의 화가라는 사실조차 특별한 것이 아니다. 오히려 그 그림들이 당시 어떤 의미를 가졌고 사람들 머릿속에 어떤 생각을 불러일으켰으며 어떤 해방감을 주었는가 하는 점이 중요하다. 원근법의 등장, 현실의 모사는 인간이 완전히 새로운 자의식을 갖는다는 의미였다.

르네상스가 가져다준 혁신은 예술가들이 무명의 수공업

자에서 벗어나 스타 화가가 되었다는 데에 있다. 미술을 통해 유럽의 역사를 살핌으로써 우리는 자아상의 변천을 좀 더 쉽게 이해할 수 있다. 처음에는 고통 받는 예수를 묘사함으로써 인간의 의의를, 이어 마리아의 묘사를 통해 여성의 의의를 높였다. 14세기에 들어서자 예술가들은 자아실현에 앞장서기 시작했다. 15세기와 16세기에 예술은 종교적 주제만이 아니라 교회로부터도 해방되었다. 그리고 과학과 기술혁신의 위대한 시대가 시작되었다. 자신의 가치를 한껏 높인 인간은 스스로를 더는 피조물로만 여기지 않고 직접 창조 행위에 나서고자 했다.

최고성직자Pontifex,
'다리 놓는 사람'

세 번째 경유지는 바티칸 교황궁의 서명의 방Stanza della Segnatura이다. 1503년에 교황이 된 율리우스 2세는 몇 년이 지나지 않아 당시 가장 위대한 예술가였던 라파엘로Raffaello에게 의뢰해 자신의 개인 방을 벽화로 꾸미도록 했다. 그사이 또 다른 예술가 미켈란젤로는 시스티나 성당의 천장을 그렸다. 정말 좋았던 시절이었을까? 마르틴 루터는 율리우스 2세를 '피를 마시는 자'라 불렀고, 로마인들은 그를 '일 테리빌레il terribile', 폭군이라고 불렀다. 명예욕과 이기심이 남달랐던 율리우스 2세는 병적으로 화려함을 추구함으로써 특히 전임자였던 보르지아Borgia 가문 출신 교황 알렉산드로스 6세를 능가하고자 했다. 율리우스 2세는 끔찍스러운 인간이었다. 하지만 그가 없었더라면 여러 주목할 만한 예술작품도 존재하지 않았을 것이다.

그는 성 베드로 성당 건축에 도나토 브라만테Donato Bramante를, 자신의 묘를 세우는 데에는 미켈란젤로를 고용했다. 화를 잘 내고 극단적이었던 율리우스 2세는 광장을 넓히고 새 도로를 놓게 하면서 이를 위해 도시 구역 전체를 헐어버리기도 했다. 그러면서 '파괴의 달인'이라는 별칭을 가진 건축가 브라만테에게는 철저하게 예술적 자유를 보장했다. 오늘날 어느 건축가가 그런 자유를 누린다고 상상해보자. 교황은 주민들의 극심한 항의와 추기경들의 반대에도 불구하고 자신이 고용한 건축 명장 브라만테가 하는 대로 놔두었다. 위대한 창조적 업적은 때때로 파괴를 수반한다.

이제 라파엘로가 율리우스 2세를 위해 그린 벽화를 좀 더 자세히 살펴보자. 미술사의 한 획을 그은 작품으로, 종교적인 목적에서 탈피해 인간을 우주 중심에 세우는 예술로 나아가는 과정을 보여준다. 여기서는 중세의 종교적 세계와 근대의 합리적 세계가 동등한 자격으로 만나고 있다.

서명의 방은 휴식 공간일 뿐 아니라 교황의 개인 서재이기도 했다.

이곳에서 특히 우리의 관심을 모으는 그림은 〈아테네 학당〉으로, 개인 서재에 설치된 네 개의 거대한 프레스코화 가운데 하나다. 율리우스 2세는 220권이 넘는 책을 소장하고 있었다. 우리가 이를 자세히 아는 까닭은 그 도서목록이 전해지고 있기 때문이다. 신학, 철학, 법학, 문학 등 네 개 주제 분야로 분류된 책들은 각 주제 분야를 묘사한 프레스코화 아래쪽 서가에 가지런히 정리되어 있다. 철학 서가 위의 프레스코화에 상상 속의 '아테네 학당'을 묘사한 라파엘로는 이제까지 살았던 위대한 철학자들이 참석한 일종의 토가Toga 파티를 연출했다. 60여 명의 인물이 등장하는 그 그림에는 초기 페르시아에서 시작해 고대 아테네에 이르기까지의 정신사가 묘사되어 있다. 심지어는 무슬림 학자와 여성도 보인다.

그림 중앙을 보면 실제로는 한 세대 정도 나이 차가 나는 플라톤과 아리스토텔레스가 나란히 선 채로 열심히 토론을 벌이고 있다. 플라톤은 한 손가락으로 하늘을 가리키고 아리스토텔레스는 손으로 아래쪽을 지시하고 있다. 그리스 철학을 대표하는 이 두 슈퍼스타가 갑자기 실물 크기로 바티칸 중심에 화려하게 등장한 사실은 '혁명' 이상의 사건이었다. 불과 몇백 년 전 기독교인들은 아무 거리낌 없이 오래된 이교도 사원과 이교도 서적들을 보관한 도서관들을 파괴했고, 외따로 떨어진 개별 수도원에서만 그리스 철학자들의 원본 필사본을 숨겨 놓고 연구하고 있었다. 그런데 갑자기 그리스 철학자들의 그림이 이곳 바티칸 한복판에 걸려 흡사 하이틴 스타 매거진의 화보처럼 모두의 찬사를 받게 된 것이다.

이 시대의 분위기를 가늠하려면 고대 이교도의 글을 번역, 논평해 열광적인 반응을 불러일으킨 교회 학자들이 당시 이름을 높이고 있었다는 사실을 살펴볼 필요가 있다. 마르실리오 피치노Marsilio Ficino도 그 가운데 한 사람이었는데 특히 '황금 실' 이론으로 인기를 얻었다. 다시 말해 메소포타미아와 이집트에 살던 고대 칼데아족에서 시작해 아브라함과 고대 그리스 철학을 거쳐 기독교, 즉 당시까지 이어지는 정신적, 윤리적 전승의 실이 모든 시대를 관통한다는 것이 그의 핵심 가설이었다. 피치노는 신비스러운 어투로 중요한 여섯 곳의 경유지를 언급한다. 이것이 의미심장한 까닭은 숫자 6이 수비학數秘學에서 완전한 숫자를 나타내기 때문인데, 그 뒤를 이어 모든 것을 완성하는 정점으로 예수를 상징하는 7이 등장한다. 이 단계에서 비로소 궁극의 진리가 드러난다는 것이다.

피치노는 앞서 존재한 모든 것을 포함해 인류 정신사 전체를 철학적, 종교적 진리를 함께 모색하는 위대한 과정으로 파악하고 있다. 그리고 이러한 과정은 기독교에서 정점에 이르게 된다. 1508년 1월 1일, 라파엘로가 교황궁에 프레스코화를 그려 달라는 주문을 받은 그해, 피치노의 저서를 열심히 연구한 것으로 보이는 어느 로마 성직자가 교황 예배당에서 아침 설교를 했다. 그는 단호한 어조로 고대 그리스인의 지혜를 언급하더니 아테네 청년을 위한 심신 교육장인 김나지온Gymnasion에 대해, 또 플라톤의 철학 교육 기관이었던 저 유명한 아카데메이아Akademeia에 대해 말을 이었다. 나아가 그는 바티칸을 아카데메이아의 계승자로 일컫기까지 했다. 무슬림들이 콘스탄티노플을 정복하고 동로마 제국이 멸망함으로써 이제 로마가 고대 사상의 전통을 지키는 마지막 보루가 되었다는 주장이었다. 그는 다음과 같은 취지의 말을 남겼다. "동로마 제국이 사라진 이 시점에서 바티칸이 새로운 아테네가 되어야 한다. 이제 우리가 그리스 문화를 보존해야 한다."

실제로 1453년 콘스탄티노플이 터키인들에게 함락되고 수천 점의 고대 필사본이 로마로 안전하게 옮겨지면서 유럽의 여러 정신적 중심지에서는 유례없이 고대 사상이 유행했다. 라파엘로가 프레스코화를 그릴 무렵 로마에는 고

대 이교도의 철학을 흡수해 기독교의 정신적 유산과 조화
시키려는 야심이 팽배해 있었다. 다만 라파엘로가 〈아테네
학당〉을 통해 창조했던 것이 얼마 전까지 기독교인들에게
타도의 대상이 되었던 고대 이교도의 세계 앞에 기독교가
무릎을 꿇는다는 의미는 아니었다. 교황의 개인 서재에는
철학서들이 놓인 서가를 정확히 마주보고서 신학서들이
꽂혀 있었다. 그리고 그 위에 라파엘로는 위대한 교회 학자
들을 그렸다. 다시 말해 라파엘로는 〈아테네 학당〉 바로 맞
은편에 〈성체 논쟁〉을 그렸다. 정확히 말하면 그 반대였다.
라파엘로는 먼저 교회의 모티브를 완성했고, 이어 이교도
의 위대한 사상가들에 관한 모티브를 그렸다. 〈성체 논쟁〉
에서는 동정녀 마리아, 세례자 요한, 야곱과 모세 같은 성경
의 인물에 둘러싸인 채 왕좌에 앉아 공중에 떠 있는 예수
의 모습이 보이며, 그 아래쪽 제단에는 성체현시대에 예수
의 몸을 상징하는 성체가 모셔져 있고, 그 주위로 성 아우
구스티누스, 암브로시우스Ambrosius, 토마스 아퀴나스Thomas
von Aquin, 성 보나벤투라St. Bonaventura 같은 교회사의 위대
한 스승들이 그려져 있다. 〈아테네 학당〉과 〈성체 논쟁〉은
대화하듯 서로 마주보고 있다. 서명의 방은 세계를 바꿔놓
은 무엇인가를 우리에게 보여주고 있다. 바로 기독교와 고
대 사상의 만남이었다.

반짝이는 것은 모두
르네상스인가?

흔히들 르네상스로부터 근대가 시작되었다고 생각한다. 이는 르네상스의 열광적 팬이었던 야콥 부르크하르트에서 비롯된 견해다. 이탈리아에서 발생한 이 현상을 가리킬 때에는 이탈리아어 리나시타rinascita(부흥, 재생)가 더 어울릴 법한데도 오히려 '르네상스'라는 말을 사용하는 까닭 또한 바젤 출신의 학자 야콥 부르크하르트 덕분이다. 그는 이 용어를 프랑스 역사학자 쥘 미슐레Jules Michelet한테서 빌려왔다(《프랑스사Histoire de France》, 1855). 1860년 첫 출간된 이후 판을 거듭해 찍어낸《이탈리아 르네상스의 문화》에서 부르크하르트는 저 찬란한 콰트로첸토Quattrocento, 즉 르네상스 초기인 15세기에 이르기까지 인간 의식은 "꿈을 꾸거나 잠이 덜 깬" 상태로 베일 속에 갇혀 있었다고 주장한다. 게다가 "그 베일은 신앙, 유아적 편견, 망상 등으로 짜여 있었다". 따라서 인간의 이성에 의해 해방되고 종교적인 틀에서 벗어남으로써 인간은 자신의 원래 사명인 참된 인식을 향해 나아갈 수 있다고 보았다. 부르크하르트는 르네상스기에 싹튼 개인주의를 중세의 집단정신과 대비시켰다.

이 같은 과장되고 극단적인 비교에 많은 역사학자들은 불쾌감을 느꼈다. 예컨대 1920년 르네상스 개념의 역사에 관한 연구논문을 쓴 네덜란드의 위대한 문화역사학자 요한 호이징하Johan Huizinga는 르네상스에 열광하는 부르크하르트를 이렇게 신랄하게 비판했다. "그는 15세기 이탈리아라는 눈부신 햇살을 뚫어지게 쳐다보느라 그 바깥에 무엇이 있는지 제대로 보지 못했다. 그가 중세의 정신 위에 드리워져 있는 것으로 보았던 베일은 부분적으로 그가 사용한 카메라의 결함에서 비롯된 것이다. 그는 중세 후기 이탈리아와 그 밖의 나라들 간의 삶의 차이를 지나치게 확대해서 보았다." 어쩌면 오늘날 카롤링거 르네상스라 불리는 9세기에 만들어진 십자가상들 속에서 이미 개인의 발견이 이루어진 것은 아닐까? 그뿐만이 아니다. 부르크하르트가 열광한 개인주의에 대한 각성은, 그 현상이 그처럼 극명하게 나타난 게 사실이라면 이탈리아 밖에서도 있지 않았을까? 호이징하가 네덜란드의 관점에서 적절히 지적했듯이 말이다.

이제 우리 앞에 놓인 문제는 역사를 회고적으로 돌아볼 때마다 등장하는 문제, 즉 사후적 분류에 관한 것이다. 르네상스라는 개념은 일종의 이름표와 같다. 매우 유용하고 실용적이지만 어디까지나 하나의 이름표, 1300년경 어느 시점부터 시작해 1600년경 어느 시점에 끝나는 아주 긴 시기에 임의로 붙인 꼬리표다. 또 다른 문제는 이처럼 300여 년에 걸쳐 전개된 현상에 꼬리표를 붙일 때는 자랑이나 허풍이 섞인 당시의 미사여구에 속지 않도록 주의해야 한다는 점이다. 어쩌면 당시 많은 인문주의자들이 실제로 과거를 미신과 야만의 시대로 돌아보았을지도 모른다. 하지만 그것이 곧 그들의 의견을 곧이곧대로 따라야 한다는 뜻은 아니다. 게다가 르네상스에 열광한다고 해서 고딕시기를 깎아내릴 이유도 없다.

르네상스의 거장들은 자기선전의 전문가들이기도 했다. '모든 게 새로웠다!' '백지 상태!' '새로운 출발!' 등의 선명한 광고 문구를 사랑하는 우리로서는 이런 말에 현혹되기 쉽다. 라파엘로는 그의 이름 아래 일하는 예술가들로 가득한 작업장을 감독했을 뿐 아니라 그의 명성을 세상에 퍼뜨리는 일을 담당한 일군의 홍보직원을 고용하기도 했다. 그것이 바티칸에 있는 교황의 방이든, 은행가 키지Chigi가 소유한 빌라 파르네시나Villa Farnesina의 개인 공간이든, 작품을 주문받은 라파엘로를 은둔한 채 자신의 작업에만 몰두하는 고독한 예술가로 상상해서는 안 된다. 오히려 당시 예술품이 만들어지는 모든 과정은 지금의 할리우드 블록버스터 제작에서 볼 수 있는 역동성을 띠고 있었다. 라파엘로도 스티븐 스필버그처럼 제작자, 감독, 단장으로서 1인 3역을 하며 큰 무리의 예술가들을 통솔했다. 이는 중요한 전환기인 르네상스의 특징을 여실히 보여주는 현상으로, 이 무렵 예술가의 지위는 수공업자에서 슈퍼스타로 껑충 높아지기도 했다. 물론 일찍이 조각가 조반니 피사노 Giovanni Pisano는 피사에서 자신의 모습을 작품 속에 포함시킨 적이 있었고, 그에 앞서 고딕의 석공 천재들도 그와 비슷한 작품들을 남모르게 제작한 경우가 있었다. 또 비록 오늘날 마이클 잭슨과 비슷한 위치였던 음유시인들만큼 열렬한 환호를 받지는 못했지만, 한때 랭스Reims와 클뤼니 Cluny의 석공 명장들도 스타들처럼 유럽을 순회하며 교회에서 작업하기도 했다.

그렇다면 르네상스의 시작점은 어디일까? 만약 인본주의적 자의식을 예술적 과시행위와 지적 허세로 규정한다면, 이미 앞선 시기에도 그 같은 현상은 찾아볼 수 있었다. 하지만 하나만은 분명 새로운 현상이었다. 예술가들이 순수한 종교적 모티브와 완전히 결별한 것이다. 바티칸에서 고분고분 교부들을 그렸던 라파엘로는 빌라 파르네시나Villa Farnesina에서는 종교적 주제를 벗어던지고 새로운 핀업 스타인 그리스 신화의 아모르Amor와 프시케Psyche를 그렸다. 보티첼리는 처음으로 과감히 예술에 성적 요소를 도입했다. 그가 그린 비너스는 그 숨구멍 하나하나에서 성적 매력을 발산하고 있었다. 다만 아래쪽은 아주 말끔했다. 1500년경에도 왁싱이 유행했을까? 이는 고대 조각상들을 참고한 것인데, 거기서도 음모는 찾아볼 수 없다.

남유럽 홍보 전문가들의 야단스러운 선전 덕분에 역사 책에서는 르네상스에 관한 내용을 다룰 때 주로 이탈리아에 집중해왔다. 여기에는 부르크하르트의 책임도 있다. 물론 일부 수긍이 가는 면도 없지 않다. 고대 문화의 재발견을 르네상스라 부른다면, 그 문화가 남긴 수많은 유물이 있는 곳을 살피는 시도가 도움이 될 것이다. 역사를 쓰려면 사료가 풍부한 곳으로 가는 것이 당연하다. 북유럽 르네상스의 경우, 예컨대 네덜란드의 빼어난 예술품 가운데 다수가 종교개혁 당시에 발생한 성상 파괴 운동의 과정에서 파괴되었다는 문제가 있다. 얀 반 에이크Jan van Eyck와 로히어르 판 데르 베이던Rogier van der Weyden은 라파엘로나 미켈란젤로만큼이나 중요한 화가들이었다. 다만 전해지는 작품 수가 라파엘로나 미켈란젤로보다 적었을 뿐이다. 안트베르펜은 당시 플로렌스에 버금가는 경제 중심지였다. 하지만 이탈리아인들처럼 시끌벅적하지 않았던 북유럽인들은 당시에도 자국 예술가들에 대해 야단을 떨지 않았고, 그 결과 역사가들이 연구할 만한 자료도 훨씬 적게 전해지고 있다.

물론 북이탈리아가 특별했던 것은 사실이다. 유독 일찍부터 경제적, 문화적으로 활발했던 각 도시의 네트워크로부터 혜택을 입었고, 일찍부터 제대로 된 은행 시스템을 갖쳤으며, 예술 후원을 통해 위신을 높여 인정받고자 하는 부자들이 유달리 많았다. 다시 말해 이곳에서 예술은 아주 독특한 방식으로 번성했다. 유럽 북부나 남부 할 것 없이 새로 나타난 현상은, 이제 교회만이 아니라 상업으로 돈을 번 부유한 일반인들도 예술에 쓸 자금을 손에 쥐게 되었음을 의미한다. 메디치와 같은 상인 가문은 교황과 프랑스 여왕 등을 배출하기도 했다. 물론 고딕시대처럼 이전에도 예술적 유행은 들불처럼 곳곳으로 퍼져나갔다. 하지만 예술을 꽃피운 점화 플러그 역할을 한 위신은 르네상스 시기에 들어서 이전과는 다른 새로운 역동성을 발휘했다. 상업 활동과 은행제도를 통해 새로운 엘리트들이 부상했고, 이들의 관심은 지위를 과시하고 최대한 상대를 능가하는 데 집중되었기 때문이다. 다행히 그러한 노력은 화려함과 미의 추구를 통해 일어났다.

르네상스가 이탈리아 위주로 다루어지는 것과 관련해 사람들이 언급을 꺼리는 또 다른 이유가 있다. 15세기와 16세기 유럽 곳곳에서는 이탈리아 출신 예술가들을 고용하는 것이 유행이었다. 한 번이라도 이탈리아를 방문한 적이 있는 예술가들은 거물 대접을 받았다. 헝가리의 마티아스 코르비누스Matthias Corvinus(본명은 훈야디Hunyadi였지만 자신을 라틴어 이름으로 일컬었다) 같은 왕은 북이탈리아 출신 예술가들이 없는 궁전 생활을 상상조차 하지 못했다. 말하자면 이탈리아가 누린 명성 덕분에 고향땅에서는 인정받지 못한 여러 이류 예술가들이 사방으로 흩어져 외국에서 활동할 기회를 얻었던 것이다.

현대 예술이란 무엇인가?

교회가 정해준 주제와 형식에서 벗어나 자신의 아이디어를 실현하는 존재로 스스로를 여기는 순간 예술가들은 단순한 수공업자에서 벗어나 천재감독으로 변신한다. 즉 이들은 자신만의 수단으로 교회의 메시지를 표현하고 자신만의 착상에 따라 독특한 멋을 가미할 각오가 되어 있었다. 이 같은 현상은 이미 후기 고딕시대부터 시작되었지만 본격적으로 실현된 때는 르네상스기에 이르러서였다. 이에 따라 이 책의 네 번째 경유지는 뉴욕의 현대미술관이 아니라 다시금 아시시의 성 프란체스코 성당이 될 것이다. 현대예술은 예술적 자유를 마음껏 누리는 것에서 출발한다. 1290년경 지오토가 그랬듯이 말이다.

지오토와 함께 비로소 예술적 자유를 향한 문이 활짝 열렸다. 이후 예술가들은 자신이 현실로 지각한 것을 그리기 시작했다. 다음 단계에서 그림은 '회화적'이 되었다. 즉 일부러 붓터치를 감추지 않았다. 망설이듯 처음 이러한 시도에 나선 이는 16세기 화가 틴토레토Tintoretto였다. 훗날 렘브란트는 훨씬 더 용기를 낼 수 있었다. 하지만 처음에는 자화상이나 자신을 잘 이해하고 아끼는 후원자의 초상을 그릴 때에만 그 같은 기법을 사용했다. 이 때문에 의고전주의(그리스·로마 고전을 모방한 17~18세기 문예사조)가 다시 유행한 1770년대에 렘브란트는 엉터리 화가라고 조롱을 당하기도 했다.

그리고 어느 순간 지각을 대상으로 실험을 벌이기 시작했다. 19세기 인상파 화가들은 눈에 보이는 자체를 화폭에 담았는데, 이런 이유로 처음에는 놀림을 받기도 했다. 표현주의자들은 보는 것이 아니라 느낀 것을 그렸다. 그 누구보다 불행했던 에드바르트 뭉크Edvard Munch는 1910년 '절규'라는 제목을 단 연작 가운데 마지막 작품을 완성하면서 자신의 가장 깊숙한 내면을 밖으로 드러냈다. 피카소와 브라크Braque는 여러 시점에서 동시에 바라본 대상을 그렸고 일상의 재료를 그림에 포함시켰다. 산업화 시대에 가능한 유일한 논리적 귀결인 셈이다. 말레비치Malewitsch는 1915년 〈검은 사각형〉을, 몬드리안Mondrian은 몇 년 뒤에 기하학적 무늬들을 소개했다. 이로써 미래파 화가와 다다이스트들이 단언한 자연스러운 종착지에 이르게 되었다. 이제 남은 일은 대량생산된 상품들을 예술로 선언하는 것뿐이었다. 마르셀 뒤샹Marcel Duchamp의 소변기가 미술관에 전시되었을 때 그것은 더할 나위 없이 급진적인 행위였다. 이제부터 등장하는 것들은 기본적으로 반복에 불과했다. 물론 그중에는 일부 걸작들도 있었다.

지적知的 약품설명서라 할 수 있는 이론을 예술로 만든 보이스Beuys, 전후 등장한 추상표현주의자들, 워홀Warhol의 일상문화 예찬, 키스 해링Keith Haring과 장 미셸 바스키아 Jean-Michel Basquiat의 그래피티 예술, 안젤름 키퍼Anselm Kiefer 의 묵시론적 비전, 비디오 설치, 해프닝, 진짜 부랑자, 배설물까지 이 모든 것이 예술사의 종말에 대한 강력하고도 최종적인 논평에 해당했다.

마치 어느 순간 더 이상 할 말이 없어져 버린 것만 같았다.

인류 역사를 대표하는 예술 TOP 10

외계인에게 우리 세계의 정신사를 단 열 점의 그림으로 이해시켜야 한다면 우리는 무엇을 보여줘야 할까? 그에 대한 대답으로 여기 열 가지 제안이 있다. 물론 미술 장르가 아닌 예외도 포함되어 있다.

01 최초의 동굴벽화(기원전 4만 년경)는 아마도 희생 의식의 일부였을 것이다.

02 벨베데레Belvedere의 아폴로(기원전 4세기)는 고대 예술을 대표한다.

03 켈트족의 의장용 투구(기원전 3세기)는 세계화 과정에서 쫓겨나고 오래전 사라진 민족들의 예술을 대표한다.

04 랭스의 노틀담 대성당(1211년 착공)은 아마도 가장 완벽한 고딕 건축물일 것이다. 중세 기독교 예술을 대표한다.

05 라파엘로의 〈아테네 학당〉(1510~1511)은 기독교 미술과 작별한 작품들을 대표한다.

06 고야의 〈옷을 벗은 마야〉(1800년경)는 에로티시즘을 다룬 이유에서라도 이 목록에 포함될 자격이 있다. 근대 미술사에서 최초로 여성을 자연스럽고 관능적으로 묘사한 초상화다.

07 빈센트 반 고흐의 〈해바라기〉(1888)는 인상주의와 표현주의를 각각의 최고 수준에서 한데 통합한 이상적인 작품이다.

08 카지미르 말레비치의 〈검은 사각형〉(1915)은 원상原象, 즉 무에서 탄생하는 무엇에 대한 등가물로 고안되었지만, 예술의 종말을 알리는 상징적 작품이 되었다.

09 앤디 워홀의 〈캠벨의 토마토 주스 박스〉(1964)는 슈퍼마켓에서 실제 구입한 토마토 주스 상자로 1964년 뉴욕의 카스텔리 화랑에 처음 전시됐다. 이제 예술가는 다시 완전히 대상 뒤로 물러났고, 예술은 대량생산품이 되었다.

10 테런스 맬릭Terrence Malick의 영화 〈생명의 나무The Tree of Life〉(2011). 극예술을 빼놓고 예술을 말할 수는 없을 것이다. 그래서 모든 위대한 연극과 서사 영화를 대표해 미국 일리노이주 출신의 괴짜 영화 천재가 만든 우리 시대의 걸작을 여기 소개한다.

제 7 장

아담에서 애플까지 역사를 바꾼 발명

그러나 우리를 행복하게 해주지는 못한 것들

"기계가 발명되면서
사회 안에서 분업이 강화되고
작업장에서는 노동자의 작업이
단순해지고 자본이 집중되고
인간이 파편화되었다."

카를 마르크스
Karl Marx
철학자, 역사학자

발명에 대한 글을 쓴다는 것은 말 그대로 똥 같은 일이다. 인류의 가장 뛰어난 기술적 성취에 대해 논하려면 우선 소화에 관한 이야기를 꺼내지 않을 수 없기 때문이다. 인류 최대의 발견은 단연코 불을 길들이는 기술이다. 덕분에 인류 초창기 조상들은 날것 대신 소화가 쉬운 익힌 고기를 먹게 되었고, 이로 인해 세대를 거치면서 장의 길이도 점점 짧아졌고, 소화에 필요한 시간과 에너지가 줄면서 그만큼 우리 뇌에 더 많은 에너지가 공급되어 뇌의 성장이 촉진되었다. 그리스의 프로메테우스 신화에 잘 나타나듯이 불을 길들이는 핵심 기술이 없었더라면 우리는 결코 지금의 우리가 되지 못했을 것이다.

정확히 언제 그러한 일이 벌어졌는지는 분명치 않다. 다만 30만 년 전쯤 이미 도처에서 일상생활에 불이 사용되었다는 사실은 분명해 보인다. 아마도 지금의 프랑스 남부에서 가장 먼저 불을 사용했을 것이다. 따뜻한 식사를 즐기는 프랑스인들을 떠올리면 그럴 듯한 이야기이기도 하다.

불의 사용과 함께 인류는 비약적인 발전을 이루었다. 당시 마지막으로 위대한 혁신, 짐승에 대항할 방어용 창이 등장한 것은 한참 전의 일이었는데, 최소 10만 년 전으로 거슬러 올라간다.

불을 길들이고 나자 짐승으로부터 스스로를 지키는 용도를 넘어 짐승을 사냥하는 데 쓸 무기들이 만들어졌다. 칼은 물론이고 점점 더 정교해진 새 도구들이 선을 보였다. 약 3만 년 전부터는 혁신이 출현하는 간격이 더욱더 짧아졌다. 화살과 활, 고성능 무기 등이 발명되었고 그로부터 2,000년 후에는 램프, 냄비, 어망 등이 등장했다.

기원전 1만 년경, 농업혁명이 시작되면서 혁신적인 발명품의 수도 폭발적으로 늘어났다. 이때부터 걷잡을 수 없이 빠르게 혁신이 이루어졌다. 기원전 4500년경에는 쟁기, 기원전 4000년경에는 수레바퀴, 기원전 3500년경에는 멍에 등이 불과 몇 세기 간격을 두고 차례로 등장했다. 획기적인 기술 혁신이 벌어지는 간격은 갈수록 단축되었다. 가령 진보의 주기를 일종의 음향 신호로 상상해보자. 이때 각각의 획기적인 기술 진보가 하나의 소리에 해당한다. 처음에는 소리의 간격이 무한히 길다가 갈수록 짧아지면서 돌연 그 속도가 빨라진다. 마치 주차 후방센서의 경보음처럼 말이다. 차이라면 수백만 년에 걸쳐 일어난다는 점일 것이다. 처음에는 100만 년에 한 번, 이후에는 50만 년에 한 번, 1만 년 만에 한 번, 천 년에 한 번, 백 년에 한 번씩 소리가 울린다. 그러다가 1769년 증기기관이, 1786년 기계식 직기가, 1799년 배터리가 각각 발명되면서 소리의 간격이 거의 사라지고, 1941년 컴퓨터가, 1942년에 원자로가 등장하면서 마침내 스타카토처럼 통통 튀는 신호가 들리기 시작한다. 그리고 언젠가는 소리 신호가 연속적으로 들릴 날이 올 것이다. 그것이 무슨 의미를 가질지를 두고 현재 미국 지식인들 사이에서 한창 토론이 벌어지고 있다. 이와 관련해 각광을 받는 것이 이른바 기술적 특이점technological singularity의 순간이 찾아온다는 이론이다.

'구글의 철학자' 레이 커즈와일Ray Kurzweil은 특이점의 순간이 오리라는 것을 믿어 의심치 않는다. 그는 기술적 특이점이 오는 순간 기계가 우리를 앞지르게 될 것이라고 확신한다. 그렇게 되면 우리가 기술을 지배하는 것이 아니라 기술이 우리를 지배하게 된다. 커즈와일에 따르면 2050년이면 연속적 소리에 도달한다는 계산이 나왔다. 그때부터는 새로운 슈퍼지능을 독자적으로 제작할 능력을 갖춘 인공지능이 나타날 것이다. 그 슈퍼지능은 다시금 훨씬 더 뛰어난 새로운 슈퍼지능을 만들어낼 것이다. 현재 실리콘밸리에서는 혼자 학습하고, 명령 없이도 고유의 연결과 모듈을 형성하는 컴퓨터 프로그램을 연구하고 있다. 실리콘밸리는 현재 가장 많은 투자가 이루어지는 곳이기도 하다. 2010년부터 구글은 2개월 간격으로 로봇공학과 인공지능 관련 회사들을 사들이고 있다. 2015년 미국 투자은행 메릴린치는 로봇공학을 미래 핵심기술로 지목한 300여 쪽 분량의 내부 연구서를 발간했다. 그 책에서는 로봇공학이 증기기관, 대량생산, 전자공학 등에 필적하는 근대의 중요한 기술혁명 가운데 하나라고 확신했다. 그 연구에 따르면 선진국의 경우 2040년까지 대부분의 산업분야에서 기존 직업의 절반 가량이 로봇으로 대체될 전망이다. 공작기계, 자동차, 식료품 산업 등 몇몇 산업분야에서는 그 진행 속도가 훨씬 빨라질 것으로 보인다. 도이치텔레콤의 티모테우스 회트게스Timotheus Höttges 회장의 말을 빌리면 장기적으로는 "기계가 모든 물리적 노동을 도맡아 처리할 것이다".

1930년 영국의 경제학자 존 메이너드 케인스John Maynard Keynes는 100년 뒤에는 주간 노동시간이 15시간으로 줄어들고 나머지는 여가시간이 될 것이라고 내다봤다. 그런데 그는 폭발적인 인구증가까지는 예견하지 못했다. 현재 12년마다 10억 명씩 인구가 늘어나고 있다. 이와 동시에 필요한 인력은 점점 줄고 있다. 지난 수세기 동안 서구 사회는 조금씩 공평한 사회로 성장해갔다. 그런데 이제부터는 부양 인구가 전에 없이 급증한 상황에 적절한 대책을 내놓거나, 아니면 새로운 불평등을 견뎌야 하는 위기와 맞닥뜨리게 되었다. 의학기술의 발전은 오히려 빈부격차를 더욱 심화시킬 위험을 수반하며, 이미 지금 그러한 일이 벌어지고 있는 중이기도 하다. 우크라이나에서 중병에 걸리는 것과 독일에서 완전한 보험 보장을 받는 것과 미국에서 백만장자로 사는 것에는 엄청난 차이가 있다. 최근 의학과 유전공학의 발전은 이러한 경향을 더욱 심화시킬 것이다.

최소한 수만 년 전부터 인간은 다양한 분야에서 빠르게 기술을 발전시키며 주변 환경을 통제해 왔다. 그리고 드디어 질병 퇴치를 넘어 역사상 처음으로 창조 행위에 구체적으로 관여할 수 있게 되었다. 기술 세계의 창조센터라 할 수 있는 실리콘밸리를 지배하는 신조는 다음과 같다. '기술적으로 가능한 것은 모두 좋은 것이다.'

유발 하라리는 우리가 호모사피엔스사피엔스의 한계를 극복하고 완전히 새로운 존재로 탈바꿈하기 직전이라고 주장한다. 그는 이렇게 예언한다. "우리가 네안데르탈인을 무시하듯 바라본 것처럼 언젠가는 똑같은 눈초리로 우리를 바라볼 존재가 나타날 것이다."

마찬가지로 구글의 예언자 레이 커즈와일도 인간 2.0에 대해 말하고 있다. 이는 차세대 개척분야로, 다시 말해 인간이 유전적으로 최적화된 이후에는 사이보그Cyborg로 나아간다는 것이다. 사이보그란 생화학적, 생리학적 또는 전자적 변경을 가함으로써 개조된 인간을 말한다. 엄밀히 말하면 이미 지금 우리 주위에도 사이보그들이 있다. 로봇 손이나 최신식 청각 임플란트를 착용한 이들이다. 미 해군은 동물을 상대로 뉴런 임플란트 실험을 진행 중이다. 그러면서 사이보그 상어를 해저 전투에 투입하는 등 언젠가 동물의 행동을 조종할 날이 오리라 예상하고 있다. 구글 X의 경우 나노기술에 수십억 달러를 쏟아 붓고 있다. 이와 연계한 응용 분야는 군사적, 의학적 이유에서 매우 흥미롭다. 가령 나노입자를 알약으로 삼킴으로써 종양이 생기기 훨씬 전에 혈액에서 암세포를 발견할 수도 있을 것이다.

커즈와일 등을 둘러싼 '과학 공동체'(http://edge.org)를 가장 흥분시키는 것은 두뇌와 컴퓨터 간의 인터페이스를 실현시키는 프로젝트다. 컴퓨터가 사람 뇌의 전기 신호를 읽고 가공해 로봇 손 등을 조종하는 일은 이미 실현되었다. 그 다음 단계는 다수의 두뇌를 네트워크로 엮는 작업이 될 것이다. 그럼 두뇌를 저장장치에 내려 받아 노트북 컴퓨터와 연결할 수도 있을 것이다. 하라리는 이렇게 묻는다. "뇌가 인류의 무한한 집단 기억과 직접 연결된다면 인간의 기억에, 인간 의식에, 인간 정체성에 어떤 일이 벌어질까? 그 같은 사이보그는 더 이상 인간이라 할 수 없다. 아니 유기체라고도 할 수 없을 것이다. 그것은 전혀 새로운 무엇이 될 것이다."

우리 아버지 세대만 하더라도 우리가 살게 될 미래를 예측하는 일이 어렵지 않았다. 내가 열 살 때 나중에 쉰 살이 되면 세상이 어떻게 바뀌어 있을지를 아버지에게 물어본 적이 있었다. 그러자 아버지는 그럴 듯한 미래의 모습을 들려줬다. 물론 핸드폰과 태블릿PC 같은 것은 꿈도 꾸지 못했다. 그러나 지금 내 아이들이 40년 뒤의 세상에 대해 물어온다면, 내가 말할 수 있는 것이라고는 현재와는 전혀 다른 세상이 펼쳐지리라는 사실뿐이다. "첫째는 어제와는 딴판으로 변할 거고, 둘째는 내 뜻과는 다른 일이 벌어질 거란다." 어머니께서는 이렇게 말씀하시곤 했다. 지금처럼 그 말이 들어맞은 적도 없을 것이다.

1874년 막스 플랑크Max Planck가 물리학을 전공하겠다고 하자 주변에서는 모두 말렸다. 물리학에서 이미 중요한 내용들은 모두 연구되었다는 이유에서였다. 하지만 그는 물리학을 공부했고, 그동안 가르쳐온 것들을 모조리 뒤집어놓았다. 그 뒤로 우리는 원자에서는 가시적 세계와는 전혀 다른 자연법칙이 지배한다는 사실을 알게 되었다. 그런 다음 아인슈타인이 나타나 또 한 번 모든 것을 바꿔 놓았다. 이후로 우리는 공간이 구부러지고 팽창한다는 것을 알았고, 기존의 모든 시간의 법칙은 무용지물이 되었다. 지난 50년간 기술의 발전은 세계를 무서울 만치 급속하게 변화시켰다. 물론 그것은 고무적인 현상이기도 했다. 질량이 에너지로 변할 수 있다는 아인슈타인의 발견이 있고서 히로시마와 나가사키가 잿더미로 변하기까지는 40년이 걸렸다. 폭발적인 속도로 발전이 진행되는 현재의 상황을 생각할 때 50년 뒤의 세상이 어떤 모습을 하게 될지 예측하기란 결코 쉽지 않다.

직접 만들어라Do-it-yourself!!

어느덧 인간은 자연의 비밀을 향해 성큼 다가서게 되었다. 결정적인 때는 2003년 인간 유전자를 해독한 바로 그 날이었다. 이후 채 10년이 지나지 않아 크리스퍼CRISPR(유전자 가위)라 불리는 기술이 등장했고, 그 덕분에 첨단 실험실이 아니어도 정밀한 DNA시퀀스에 접근해 유전자를 제거하는 길이 열렸다. 이에 따라 번거롭고 값비싼 기술을 쓰지 않고도 유전질환을 예방하거나 인간에 이식할 동물의 예비장기보관소를 마련하는 일이 가능해졌다. 인간이 자신을 둘러싼 세계의 생물학적 조건을 함께 결정하는 시대가 열린 것이다.

심지어 이와 같은 시대를 가리키는 전문용어인 인류세 Anthropocene, 즉 인간의 시대라는 신조어까지 생길 정도였다. 현 시대를 가리키는 용어로는 홀로세Holocene가 사용되어 왔는데, 홀로세는 기후가 온화해지면서 인류가 지구에서 편안히 지낼 수 있게 된 1만 2,000년 전에 시작되었다. 그런데 이제 우리는 홀로세가 아닌, 인간이 직접 자연을 통제하는 새로운 시대에 살게 되었다는 것이다. 이는 생물학에만 국한된 일이 아니다. 지구공학Geoengineering의 예에서 보듯이, 인류는 가열된 대기권을 식히기 위해 지구 기후시스템을 조절하는 모델을 만드는 단계까지 왔다.

이 모두는 대단한 업적처럼 들린다. 이에 환호하는 이들도 있다. 그렇지만 인간의 자연지배에 대해 너무 우쭐대서는 안 된다. 삼림 파괴, 지구 온난화, 종의 파괴 등 우리가 지구에 남긴 흔적들은 "우리 지배력의 부산물"이다. 이 표현은 베를린에 사는 영국 철학자이자 인류세 논쟁(《인류세The age of Anthropocene: Masters of the Earth》, 《Financial Times》, 2014년 12월 13일)에도 참여한 바 있는 스티븐 케이브 Stephen Cave가 사용한 것이다. 그는 또 "인류세는 우리의 우월함과 함께 우리의 실패를 보여주는 증거다"라는 말도 남겼다.

케이브는 이와 관련한 가장 흥미로운 질문, 우리를 지금처럼 발전하게 한 독창성은 어디서 비롯되었는가라는 물음에도 대답을 내놓고 있다. 그는 자신의 저서 《불멸 Immortality》에서 그것은 기본적으로 죽음을 정복하려는 인간의 영원한 욕구에 관한 문제라고 설명한다. 그 욕구가 인류 문명을 이끈 힘이라는 것이다. 케이브에 따르면, 인간의 생존 투쟁은 흔히 신비롭거나 형이상학적인 것으로 여겨지지만 사실 세상에 그것만큼 자연스러운 현상도 없다. "엄청나게 큰 산도 바닷가의 미세한 모래알처럼 아무 저항 없이 침식작용을 견딘다. 하지만 가장 작은 유기체조차도 거대한 자연의 힘이나 외부의 적에 맞서 온갖 수단을 동원해 싸운다. … 우리가 마주치는 고양이, 나무, 보라금풍뎅이 등은 그들의 선조가 스스로와 후손들을 보존하는 데 가장 적합했기에 지금까지 살아남은 것이다. … 뱀과 부엉이를 피해 숨을 생각을 전혀 하지 않는 둔감한 생쥐는 금방 잡아먹히고 그 유전자마저 소멸한다."

케이브는 인간을 독창적이지만 다소 과도한 재능을 가진 동물로 묘사한다. 이 대목은 유명한 무신론자이자 진화생물학자인 리처드 도킨스Richard Dawkins를 떠올리게 한다. 도킨스는 냉정하게 우리를 "생존 기계"라고 부른다. 그런데 도킨스는 '우리'라는 말 안에 인간뿐이 아니라 동물과 식

물, 세균, 바이러스, 각종 유기체, 지구까지도 염두에 두고
있다. 과연 인간은 정교한 기술의 도움으로 불멸에 도달할
수 있을까? 그것은 불가능해 보인다. 그러나 인간이 쏟는
많은 노력들은 그 같은 목표를 지향하고 있는 듯하다.

유럽이라는 거대한 실험실

탐구정신은 지극히 인간적인 것으로 역사의 까마득한
초기 단계부터 존재해왔다. 발명가들이 유용한 역할을 했
던 최초의 고등문명은 중국과 티그리스-유프라테스 강 유
역에 자리하고 있었다. 근대 과학의 요람으로 꼽히는 곳은
고대 그리스다. 로마인들은 최신 기술의 탁월한 활용자였
고, 중세의 무어인들도 첨단 기술, 가로등, 하수도망, 지상
및 지하 건축 등과 관련해 이른바 '얼리어답터'에 속했다.
그렇다면 왜 하필 유럽에서 이처럼 폭발적이고 역동적인
발전이 일어났을까?

밀 재배는 오리엔트의 발명일지 모르지만 척박한 토지
의 개간, 삼포식 농업, 농업의 산업화 등은 모두 유럽에서
일궈낸 성과들이었다. 화폐를 발명한 것은 페니키아인들이
었지만 화폐의 사용이 체계화된 것은 유럽에서였다. 은행
제도는 메소포타미아 지역에서 발명되었고 12세기의 무슬
림들도 체계적인 대출거래를 했지만, 최초의 대형은행이 설

립된 곳은 이탈리아 북부였다. 화약은 중국인들이 발명했지만 이를 조직적인 대량 살상에 활용한 이들은 유럽인들이었다. 어째서 유럽에서는 손에 쥐는 것마다 이중, 삼중으로 연구하고 대량생산까지 하는 것일까?

카를 야스퍼스는 이에 대해 독창적인 주장을 내놓았다. 그는 모든 것을 깊이 파고들고 연구하는 태도가 중세 기독교 정신 속에 깊이 내재되어 있다고 보았다. 흔히들 유럽의 발명 및 연구 정신을 고대 그리스와 연관 짓는다. 그런데 역사학자 핀리의 지적대로 고대 아테네인들이 수학, 기하학, 천문학, 의학 및 여타 자연과학 분야에서 제아무리 두각을 나타냈다 할지라도 고상한 그들에게 이는 그 자체가 목적인 낙이며 귀족적 취미였을 뿐이었다. 고대 그리스 사상가가 어떤 연구에 몰두한다면, 실생활에 활용하기 위한 지식 축적 작업이 아니라 여가 활용을 위한 고상한 취미였을 것이다. 라파엘로의 프레스코화 〈아테네 학당〉에서 플라톤이 구름을 가리킨 데에는 그만한 이유가 있었다. 플라톤에게 중요했던 것은 먼지와 오물이 뒹구는 현실이 아니라 이상과 고상한 이념이었다.

반면 기독교가 지배한 중세의 경우 연구 활동은 종교 활동과 다르지 않았다. 실제로 옛 로마제국이 멸망한 이후 중세 수도원은 교육과 학문의 오아시스였다. 카를 야스퍼

스는 이렇게 말한다. "성서적 종교의 에토스는 무조건적인
진실성을 요구한다. … 인식이란 하나님의 생각에 대해 숙
고하는 것과 같다. 그리고 하나님은, 루터에 따르면 창조자
로서 벼룩의 내장 속에도 현존한다. … 절대적으로 진실을
요구하는 하나님은 사람들이 자신을 환상에 의해 이해하
기를 원치 않는다."

　기독교적인 중세가 학문에 적대적이었다는 견해는 당시
의 위대한 학자들만 살펴보더라도 금세 진부한 편견임을
알 수 있다. 예를 들어 성 토마스 아퀴나스의 스승이었던
알베르투스 마그누스Albertus Magnus가 그렇다. 1200년 독일
슈바벤 지방의 작은 귀족 가문에서 태어난 그는 교회의 요
직을 거친 뒤 파리대학으로 건너가 아리스토텔레스의 논
리학을 가르쳤다. 나중에는 쾰른 수도학교를 건립했는데,
지금의 쾰른대학이 여기에 뿌리를 두고 있다.

　아니면 로저 베이컨Roger Bacon 같은 학자들도 쉽게 꼽을
수 있다. 알베르투스 마그누스, 토마스 아퀴나스와 같은 시
대를 살았던 그 역시 옥스퍼드의 프란체스코 수도원 승려
였다. 당대 최고의 석학이었던 로저 베이컨은 경험적 방법
론의 창시자로 여겨진다. 베이컨은 인간을 무지하게 만드는
것으로 네 가지 요인을 꼽는다. 첫째는 권위에 대한 지나친
존경이고, 둘째는 관습이며, 셋째는 타인의 의견에 의존하

는 경향이고, 넷째는 가르침을 받지 않으려는 태도다. 급진적 기독교인이었던 그는 신비주의에도 관심이 많았다. 하지만 그가 제시한 방법론 덕분에 베이컨은 최초의 근대적 학자로 평가받는다. 그는 무신론자들이 그 개념을 빼앗아가기 이미 수백 년 전부터 계몽주의자였다. 한편 로저 베이컨의 스승은 로버트 그로세테스테Robert Grosseteste다. 극빈한 가정에서 태어나 영국 주교 자리까지 올라간 그는 광학, 기후, 시간 등의 자연현상을 탐구한 연구자이자 아리스토텔레스 논리학의 대가로 유명했다.

계몽주의 시대와 함께 유럽이 종교적 금기라는 거추장스러운 짐을 벗어던지기 시작하면서, 야스퍼스가 말한 "신과의 접촉"에서 이제는 신에 직접 도전하는 상황이 도래했다. 그리고 결국에는 신을 완전히 배제하고 인간이 창조자의 위치에 올라서게 되었다. 오래전부터 인류가 신화와 이야기를 통해 조명한 주제이기도 하다.

만물의 이론

역사책을 쓰는 저자가 구전된 전설과 같이 역사적 사실에 꼭 맞지 않은 이야기를 인용하는 것이 반드시 궁여지책에서 비롯된 일만은 아니다. 정확한 사실을 모아 놓은 기록보다 전설 속에 더 많은 진실이 압축된 형태로 숨어 있는 경우가 허다하기 때문이다.

인류에게 전해 오는 가장 오래된 문학작품으로 바빌로니아의 〈길가메시 서사시〉가 있다. 이 이야기의 주인공인 길가메시 왕은 뭐하나 부족할 것 없는 데다 대적할 이가 없는, 세상에서 가장 유능한 인간이다. 어느 날 가장 친한 친구가 세상을 떠나자 왕은 죽음을 정복하기로 결심한다. 왕은 세상 끝까지 달려가 거인과 전갈 인간과 싸우고, 드디어 영원한 젊음을 선사하는 불로초를 얻는 데 성공한다. 하지만 이야기가 끝나갈 무렵 왕은 불로초를 뱀한테 도둑맞는다. 고향인 우룩Uruk 땅으로 돌아온 왕은 한 술집에서 주모의 꾸지람과 함께 지금의 삶을 즐기고 비탄에 빠지는 대신 죽음을 받아들이라는 충고를 듣는다. 길가메시가 처음부터 주모에게 갔더라면 일찍 깨달음을 얻었을 테고 온갖 모험을 겪을 필요도 없었을 것이다. 하지만 그 같은 파란만장한 과정이 없었다면 왕의 이야기도 깊은 감동을 주지 못했을 것이다.

이와 달리 성경에 나오는 아담과 이브의 이야기는 결말이 썩 좋지 못하다. 거기서 전지한 신처럼 되려는 인간의 욕망은 혹독한 벌을 받는다. 그리고 만약 그리스 신화의 프로메테우스 이야기가 사실을 은유한 것이라면, 인간에게 불을 선물하고 지상을 더 살기 좋은 곳으로 만들어준 사내에게 내려진 벌 역시 가혹하다 할 수 있을 것이다. 프로메테우스는 카우카수스산 절벽에 묶여 매일 독수리에게 간을 쪼아 먹히는 벌을 받았다.

도스토옙스키Фёдор Миха-йлович Достое-вский도 같은 주제를 다룬 적이 있다. 그를 사로잡은 질문은 다음과 같았다. "어째서 인간은 그토록 자연을 지배하고 싶어 하는가?" 이 질문은 소설《카라마조프 형제들》에 등장하는 대심문관의 독백에서 제기된다. 배경은 스페인 종교재판이 절정에 달하던 무렵이다. 세비야에서 화형장의 장작더미가 활활 타오르고 있을 때 예수 그리스도는 돌연 지상으로 돌아오기로 결심한다. 도스토옙스키는 예수로 하여금 세비야의 거리를 걷게 하고, 사람들은 곧 그의 정체를 알아차린다. 대심문관인 추기경의 호위병들에게 체포된 예수는 감옥으로 보내진다. 날이 저물자 감옥 문이 열리고 대심문관은 탁자 위에 등불을 올려놓은 뒤 예수를 설득한다. 대심문관은 고통이 지배하는 세계를 창조한 것에 대해 하나님의 책임을 탓한다. 하나님은 인간에게 지상의 낙원을 선물하기를 거부했다는 것이다. 그렇다면 인간이 직접 팔을 걷어 부치고 문제 해결에 나설 수밖에 없지 않는가?

도스토옙스키의 관점에서 볼 때, 알고자 하는 인간의 욕구는 하나님의 불완전한 창조에 맞서는 반항이다. 다음날 예수를 처형한다는 소식을 전하기에 앞서 대심문관은 과학이 모든 것을 새롭게 해줄 미래의 문명을 예수에게 그려 보인다. "당신의 성전이 있는 자리에 새로운 건물이 들어설 것이오. 다시 끔찍한 바벨탑이 세워질 것이오." 오늘날 그 같은 성전은 어떤 모습을 하고 있을까? 혹시 유전공학을 연구하는 실험실처럼 생기지는 않았을까?

내 친구 유발 하라리는 메리 셸리Mary Shelley가 1818년 발표한 소설 《프랑켄슈타인》을 우리 시대의 가장 중요한 이야기로 꼽고 있다. 소설의 정확한 제목은 《프랑켄슈타인, 오늘날의 프로메테우스Frankenstein: Or the Modern Prometheus》다. 프로메테우스 신화처럼 여기서도 주제는 신들에 대한 도전이다. 즉 '인간은 자연의 일부인가 또는 주인인가'라는 물음이 핵심으로 등장한다. 그리스 신화에서 프로메테우스는 영웅이다. 다만 자신의 영웅적 행위로 말미암아 끔찍한 고통을 당해야만 했다. 메리 셸리는 인간의 지식욕과 창조욕을 저주로 묘사하고, 소설 속의 빅토르 프랑켄슈타인 또한 괴물을 창조한 일을 후회하는 등 영웅과는 거리가 먼 인물이다. 이후 프랑켄슈타인은 자신이 만든 피조물을 없애기 위해 유럽 전역을 쫓아다니다 끝내 먼저 숨을 거둔다. 마지막 장면은 먼 바다에서 펼쳐진다. 자신의 창조자가 죽은 것을 발견한 괴물은 승리의 순간에 절망에 빠지면서 출렁이는 어두운 바닷속으로 몸을 던진다.

어쩌면 이 같은 음울한 이야기보다는 스위스 극작가인 프리드리히 뒤렌마트에게 우리의 결론을 양보하는 편이 나을지도 모른다. 그의 1962년 희곡 《물리학자들》에는 만물을 설명하는 이론을 발견한 뫼비우스라는 교수가 등장한다. 그 이론이 엉뚱한 손에 들어가지 않도록 정신병원에 입원한 그는 폐쇄병동에서 자신의 공식을 훔치려는 뉴턴과 아인슈타인을 만난다. 결국 그들 모두는 계획을 단념하고 만물 이론을 없애버린다. 이것이 여러분에게 해피엔딩이라면 넘어가고, 그렇지 않다면 다음 페이지에 나오는 문장을 살짝 보기를 바란다.

정신병원 여의사는 미리
뫼비우스의 기록을 복사했다.

인류 역사를 바꾼 발명품 TOP 10

늦었지만 인류 역사에서 가장 중요한 발명들을 소개한다. 여기서는 유형별로 엄격히 나누지 않고 발명과 발견, 기술혁신을 한데 섞어놓았다.

01
주먹도끼

175만 년 전 처음으로 단순한 석기 도구들이 등장했다. 이것은 주로 뼈를 쪼개는 데 사용되었다. 이후 오랫동안 새로운 도구가 출현하지 않았다. 초기 인류는 검소하게 살았다.

02
길들인 불

호모사피엔스가 언제 어디서 처음 불을 만드는 데 성공했는지는 분명치 않다. 다만 약 30만 년 전 이미 일상에서 불이 사용된 것으로 보인다. 불이 신화의 중요한 주제가 된 것도 당연한 일이었다.

03
선박

약 4만 5,000년 전 인간은 처음 바다로 진출했다. 상상을 뛰어넘는 용기 있는 걸음으로, 4차원에 발을 내딛는 것 같은 기분이었을 것이다. 우리는 꾀를 써서 또 한 번 자연을 따돌림 셈이다. 돛은 기원전 3,000년경에, 나침반은 기원전 475년에 등장했다.

04
밀 재배

약 1만 2,000년 전 농업혁명은 폭발적인 혁신을 불러일으켰다. 체계적인 농업과 함께 세계무대에 등장한 것이 바로 시간이다. 사냥꾼과 채집가에게는 지금이 몇 시인지가 중요치 않았지만, 농부에게는 현재 시간과 계절이 절대적으로 중요한 의미를 가졌다.

05 화약

800년경 중국에서 화약을 발명했다. 처음에는 주로 불꽃놀이 같은 유희를 위해서였고 나중에는 채굴에 쓰이기도 했다. 600여 년이 지나 유럽에서 처음으로 이 기술을 전쟁에 활용하자는 아이디어가 나왔다. 이와 함께 전쟁 방식도 달라졌다.

06
인쇄술

인쇄술이 발명되기 전만 해도 필경사 및 독자는 매우 특별한 부류에 속했다. 사람들은 필사본 앞에서 대단한 경외심을 품었다. 1450년 유럽에서 각기 독립된 활자가 등장하면서 곧 누구나 글을 쓸 수 있고, 써도 되는 세상이 펼쳐졌다. 오늘날 '증오자hater'와 악플러도 여기에 포함된다.

08
문자

최초의 문자는 기원전 8000년경 용기 안에 든 내용물을 표시하기 위해 고안되었다. 기원전 4000년경 초기 고등문명에서 문자는 갈수록 고위사제와 궁정관리가 담당하는 비술이 되었다. 기원전 1000년경부터 음성 알파벳이 발명된 이후 비로소 '모두를 위한 문자'가 나타났다. 알파벳에 기반한 문자는 최대 25개의 문자 구성으로 단순해 누구나 배우기가 쉽다.

07
증기기관

1769년부터 인간이 가진 근력의 한계는 경제의 걸림돌이 되지 못했다. 기술의 발전으로 가장 먼저 혜택을 입은 분야는 섬유산업이었다. 영국은 세계의 공장이 되었다. 1825년 영국의 한 기술자가 광산에서 석탄을 운반하는 데 증기기관 기술을 활용했다. 증기기관차가 첫 운행을 시작했고, 5년 뒤에는 리버풀과 맨체스터 사이에 최초의 기차 편이 개통되었다. 이후 원자력처럼 한 에너지 형태를 다른 형태로 전환하는 정교한 기술들이 개발되었다.

09
코카콜라

1894년 처음으로 코카콜라가 병에 담겨 판매되었다. 여기서는 코카콜라 대신 헨리 포드의 1908년도 T 모델을 언급해도 무방할 것이다. 누구나 이용하는 소비재 상품과 함께 전 지구적인 혁명이 시작되었다. 이로써 일부 특수층만이 아니라 누구나 이용할 수 있는 제품들의 생산이 점점 늘고 있다.

10 컴퓨터

컴퓨터가 발명된 데에는 군대의 공헌이 크다. 일찍이 1833년 영국의 수학자 찰스 배비지Charles Babbage는 항해표를 쉽게 계산하고자 '분석기계Analytical Engine'를 제작한 바 있다. 1세대 전자컴퓨터는 2차 세계대전 말 미군 참모부를 위해 미국에서 개발되었다. 컴퓨터 기술 덕분에 우리는 인간 유전자를 해독하고 우주를 정복하고 완벽한 디지털 네트워크화를 실현했다.

제 8 장

역사 속의 악당들과 보통사람들

어째서 우리는 그들에게 매료되는가?

"괴물들은 존재한다.
하지만 실질적인 위험이 되기에는
그 수가 너무 적다.
훨씬 위험한 것은
보통사람들이다."

프리모 레비
Primo Levi
홀로코스트 생존자

1889년 4월 어느 저녁, 오스트리아 오버외스터라이히 주州의 인피어텔Innviertel 지방. 한 여인이 갓 태어난 자신의 아이가 살 수 있을지 가슴을 졸이고 있다. 흐느낌에 몸을 떠는 젊은 여인 쪽으로 근심스런 표정을 짓는 의사가 몸을 숙인다. 여인은 벌써 세 명의 자녀를 하늘로 떠나보냈다. 구스타프와 이다, 오토까지 모두가 어린 나이에 세상을 떠났다. 불과 두 달 사이에 벌어진 일이었다. 두 명은 디프테리아로, 셋째 아이는 갓난아이 때 죽었다. 여인은 남편이 몹시 두려웠다. "오토가 태어나고 그 양반이 뭐라 했는지 아세요? 방으로 들어와 오토를 보더니 '왜 우리 애들은 하나같이 약골들이지?'라고 말했어요." 여인이 의사에게 말했다. 잠시 후 남편이 술 냄새를 풍기며 안으로 들어왔다. 그는 프란츠 요셉 황제처럼 덥수룩하게 수염을 기르고 있었다. "이 녀석은 오토보다도 작잖아." 그가 투덜거렸다. 의사가 그를 나무랐고 여인은 다시 울음을 터뜨렸다. "몇 달 동안 매일같이 이 아이만은 살려달라고 기도했어요." 여인이 울부짖었다. "그만 울어!" 남편이 고함을 질렀다.

이 이야기는 로알드 달Roald Dahl이 쓴 단편 가운데 일부다. 이야기의 핵심은 갓 태어난 사내아이는 결국 살아남았고, 아돌프라는 이름을 받게 되었다는 것이다. 독자는 이 사실을 맨 마지막에 가서야 알게 된다. 훗날 아돌프 히틀러Adolf Hitler라는 이름으로 수백만 명의 사람을 죽음으로 몰아넣은 한 아이의 운명을 마지막 순간까지 함께 격정한 독자들은 당혹감을 느꼈을 것이다. 비록 로알드 달의 이야기가 허구라지만, 안나 마리아 시클그루버Anna Maria Schicklgruber의 사생아로 태어난 아버지 알로이스 히틀러Alois Hitler가 실제로 알코올 중독자이자 폭군이었다는 점에서 사실적이기도 하다.

하지만 이조차도 아주 확실하지는 않다. 아돌프 히틀러는 자신의 가족과 출신에 대해 조직적으로 거짓을 일삼은 데다 그 흔적을 없애려고 애를 썼다. 히틀러의 유년시절을 재구성하기가 쉽지 않은 것도 그 때문이다. 히틀러는 철저히 날조된 자서전《나의 투쟁》에서 자신의 부모를 두루뭉술하게 묘사하고 있다. 가령 아버지에 대해서는 평범한 "체신공무원"이었다고 소개한다. 밑바닥에서부터 홀로 불굴의 의지로 출세했다는 이야기를 지어낸 그로서는 그 같은 설명으로 자신의 성공담에 신빙성을 높이고자 했을 것이다. 하지만 빈에서 화가의 꿈을 이루지 못하고 실업자 신세로 전락하는 등 그가 난감한 상황에 빠진 경우들은 모두 다른 누구도 아닌 스스로에게서 비롯된 것이었다. 학교에서 그는 철저한 낙오자였다. 스스로 말했듯이 히틀러는 이미 10대 때부터 일하기를 싫어했다.

히틀러의 부친은 당시 오스트리아 니더외스터라이히 주의 낙후한 발트피어텔 지역 출신치고는 비교적 성공했던 편으로, 린츠에서 높은 신망을 누리고 고액의 보수를 받는 세관원이었다. 세상을 떴을 때는 지역 신문에서 그를 기리는 부고 기사를 실을 정도였다. 하지만 이런 사실들은 밑바닥 출신으로 자본가 계급의 카르텔에 맞서 외롭게 투쟁했다는, 히틀러가 꾸며낸 이야기에는 어울리지 않았다. 반면 그의 어머니의 경우 히틀러가 만들어낸 수수한 유년기라는 이미지와 잘 맞아 떨어졌다. 무산 계급 출신이었던 그녀는 하녀로 일했고, 세관원인 알로이스 히틀러와 결혼하기 전에는 그의 집을 청소해주고 있었다. 알로이스 히틀러에게는 벌써 세 번째 결혼이었다. 히틀러의 외조부를 둘러싸고는 온갖 소문이 무성하다. 제국총리가 된 히틀러는 자신의 가족과 사생활에 대한 어떤 출판물도 금지시켰다. 1942년 조부의 출생지인 슈피탈Spital 마을에서 기념판이 발견되었다는 보고를 받은 히틀러는 예의 그 유명한 분노를 터뜨렸다.

히틀러의 여동생 파울라Paula는 1960년 64세를 일기로 독일 바이에른 주의 베르히테스가덴Berchtesgaden에서 사망했다. 기이하게 들리지만 그를 돌봐준 것은 히틀러의 옛 여자친구였다. '미치' 라이터(본명은 마리아 라이터Maria Reiter, 1909~1992)는 비록 오래 전 히틀러와 헤어졌지만 전쟁이 끝난 뒤에도 파울라를 보살핀 것을 보면 히틀러를 무척 사모했던 것 같다. 미군이 파울라 히틀러를 심문한 기록은 워싱턴 D.C.의 국립문서보관소에서 열람할 수 있다. 1945년 미군에 체포된 그녀는 수차례 상세한 조사를 받은 뒤 곧 풀려났다. 파울라는 오랜 시간을 오버잘츠베르크Obersalzberg(베르히테스가덴에 위치하며 히틀러의 별장이 있다)에서 생활했지만 개인적으로 범법 행위가 입증되지 않은 데다 나치 당원도 아니었다. 그는 전쟁 직후 빈의 한 미술품 가게에서 일하기도 했으며 말년에는 생활보조금을 받으며 베르히테스가덴에 있는 16제곱미터 크기의 아파트에서 살았다.

히틀러의 친척관계에 대해서는 크게 알려진 바가 없다. 그의 가족을 다룬 단 한 권의 책과 1950년대 발표된 잡지 인터뷰 두 건, 한 편의 다큐멘터리 영화가 남아 있을 뿐이다. 히틀러의 마지막 남은 친척들은 현재 영국과 미국에 살고 있다. 사람들은 이들에 대해 정확히 알기를 꺼려하는 듯하다. 히틀러와 가까운 친척들이 우리 곁에 살고 있다는 상상은 기묘한 전율마저 일으킨다.

어째서 사람들은 히틀러 앞에서 공포를 느끼면서도 그에게 매혹될까? 이유는 간단하다. 히틀러가 절대적인 악으로 취급당하고 잔인하고 원초적인 것의 화신으로 간주되기 때문이다. 너무도 섬뜩한 존재로 여겨지는 탓에 어쩌면 그와 닮았을지 모를 피와 살을 가진 친척들이 생존해 있다는 상상조차 불편할 정도다. 유튜브에서는 히틀러의 육성 녹음을 들을 수 있다. 거기에는 정당대회에서 한 연설뿐 아니라 차분한 톤의 목소리도 올라와 있다. 영락없는 괴물이나 정신병자가 내는 소리를 기대한 곳에서 평범한 목소리가 들린다는 사실은 섬뜩하기조차 하다.

히틀러는 보통사람이었을까?

반인륜적 범죄자인 히틀러를 설명하려는 시도는 수없이 많이 이루어졌다. 그만큼 섣불리 덤볐다가 큰코다친 경우도 허다했다. 아우슈비츠Auschwitz는 독일, 유대인, 유럽의 범위를 넘어 세계적인 트라우마가 되었다. 히틀러 정권은 인간의 머리로는 이해하기 힘든 엄청난 규모로 인간 생명의 존엄성을 파괴했다.

히틀러에 대해 무수히 많은 분석이 있었지만 그 어떤 해석도 만족스럽지는 못한 형편이다. 그중에서도 가장 솔직하고 신뢰할 만한 것은 유명한 히틀러 전기 작가인 요아힘 페스트의 분석이다. 그는 토로하기를, 그동안 시도된 설명들은 대부분 히틀러 자신보다는 저자에 대해 더 많은 것을 알려주었고, 그러면서 결국 히틀러 같은 현상을 다룰 때 이성이 벽에 부딪히는 무력감을 보였다고 했다. 처칠의 말대로 히틀러는 어두운 수수께끼에 휩싸인 비밀과 같다. 그렇다면 일각에서 주장하듯 어떤 역사적인 서술 작업도 아예 포기해야만 할까? 이해 불가능한 현상에 대해 이해시킬 수는 없다는 점을 그 근거로 내세워야 할까? 이 역시 충분한 대답은 아니다. 내 친한 동료인 역사학자 랄프 게오르크 로이트Ralf Georg Reuth가 지적하듯, 히틀러를 역사에서 내쫓는 셈이나 마찬가지가 된다. "이로써 역사학의 모든 기본원칙이 무력화될 것이다."

거의 3세대에 걸쳐, 특히 영미권에서 히틀러 개인을 분석한 해석들이 경쟁하듯 선보이고 있다. 가령 영국의 역사가 A. J. P. 테일러가 한 가지 흥미로운 가설을 제기했다. 20세기 초 영국을 포함해 곳곳에서 반근대주의적이고 비이성적이고 폭력을 예찬하는 목소리들이 등장했지만 유독 독일인들만이 문제를 진지하게 받아들였다는 것이다. 그는 만약 히틀러가 영국에서 태어났다면 상황이 그토록 악화되지는 않았을 것이라고 했다. "윌리엄 블레이크도 니체와 비슷한 글을 남겼다. 하지만 글래드스톤Gladstone이나 네빌 체임벌린Neville Chamberlain 같은 이들이 블레이크를 읽은 뒤 자기 자신과 세계를 상대로 엄청난 일을 벌여야겠다고 느낀 것은 아니었다."

방구석 폭군으로 군림하며 체벌을 일삼은 아버지에 대한 분석도 인간 아돌프 히틀러를 설명하려는 시도 가운데 하나다. 다만 히틀러의 성생활에 대해서는 의견이 엇갈리고 있다. 유년기로부터 발생한 심각한 장애에 대해 이런저런 추측들이 나왔다. 히틀러의 잠복고환에 대한 소문도 그가 살아 있었을 때부터 파다하게 퍼져 있었다. 영국 병사들이 불렀던 노래를 들어보자. "히틀러는 불알이 하나밖에 없어 / 다른 한 쪽은 알버트홀에 있지Hitler Has Only Got One Ball / The Other Is At The Albert Hall." 몇 년 전에는 히틀러가 억눌린 동성애자라는 가설이 유행하기도 했다. 당시 세대 전체가 '억눌린' 상태에 있었다는 것은 사실일지 모른다. 하지만 영하 10도의 차가운 참호 속에서 체온으로 서로 몸을 녹여주던 남성들을 동성애자로 부를 수 있는지는 전문가들이 결정할 문제다.

부유한 미술상의 아들이었던 에른스트 한프슈탱글Ernst

Hanfstaengl은 1920년대 당시 히틀러와 가깝게 지낸 바 있었는데, 훗날 히틀러와의 관계를 청산하는 책에서 '나는 그가 성불능자이며 억눌리고 자위행위를 일삼는 자라는 확신을 갖게 되었다'라고 하면서 히틀러를 억압되고 섹스에 무관심한 무성애자로 소개하기도 했다.

하지만 레니 리펜슈탈Leni Riefenstahl과 에바 브라운Eva Braun은 그와 다른 경험을 한 것처럼 보인다. 에바 브라운은 공개를 염두에 두지 않은 게 분명한 기록(워싱턴 국립문서보관소에서 보관)에서, 히틀러가 "늘 그것 하나밖에" 생각하지 않았고 종종 "아무리 해도 만족 못할" 때가 있다며 불평하고 있다. 히틀러는 에바 브라운과 오래 전부터 사귀던 중에 앞서도 언급한, 베르히테스가덴의 사회민주주의 당원의 딸이었던 첫 사랑 '미치'와 다시 연락을 주고받기 시작했다. 미치가 주선인을 통해 전해들은 바에 따르면 히틀러는 진지하게 교제하는 대신 가벼운 연인 관계로 지내는 데에 관심이 있었다고 한다. 그녀는 제안을 거부했다. 훗날 그녀의 세 번째 남편이 전사했을 때 히틀러는 미치에게 조의 전문과 함께 붉은 장미 100송이를 보내게 했다.

이러한 점들이 지금 우리가 다루는 이 심각한 주제에서 중요한 의미를 가질까? 그렇다. 히틀러에게서 비정상적이고 유별나고 특이한 점을 찾고자 하는 시도는 우리가 만들어

놓은 이미지를 재확인하려는 것일 뿐이다. 히틀러가 비정상적인 인물이 아니라면 그는 위험할 정도로 우리와 가까워지게 된다. 바로 그것이 로알드 달의 이야기가 주는 교훈이기도 하다. 다시 말해 히틀러도 처음에는 조그마한 아이였다. 우리가 바라듯이 지구 어딘가 심연에서 솟아난 낯선 존재, 악의 화신, 외계인 따위가 아니라 우리와 같은 한 인간이었을 뿐이다.

이 민감한 부분을 좀 더 파고들기 전에 먼저 세계사의 또 다른 인물을 살펴보고자 한다. 그로 말하자면 히틀러와 놀라울 정도로 비슷한 특징을 지녔지만, 역사책에서는 훨씬 더 호의적인 평가를 받고 있는 인물이다.

매력적인 원조 악당, 나폴레옹

이미 19세기 말 나폴레옹에 관한 책들이 너무 많이 출판된 나머지 그 책들을 분류하기로 작정한 알베르트 룸브로소Albert Lumbroso라는 부지런한 이탈리아인은 머리가 돌지경이었다. 그것도 알파벳 B로 시작되는 제목에서부터 말이다. 나폴레옹을 극악무도한 사기꾼으로 묘사한 야콥 부르크하르트 같은 몇몇 예외가 있었지만, 그에 대한 평가는 대체로 호의적이었다. 헤겔은 나폴레옹을 보며 세계정신을 직접 목격했다고 확신했고, 괴테조차도 깊은 인상을 받았다. 하지만 놀라운 점은 히틀러를 경멸케 한 바로 그 특징들로 인해 나폴레옹이 추앙을 받았다는 사실이다.

나폴레옹 숭배전에서 거듭 등장하는 주제 가운데 하나로 '불굴의 의지'를 꼽을 수 있다. 마찬가지로 불가능한 것을 가능케 하는 나폴레옹의 능력도 칭송을 받는다. 그런데 이것들이야말로 린츠의 세관원 아들내미가 가졌던 특징들이다. 히틀러처럼 나폴레옹도 스스로를 운명에 의해 선택된 사람으로 여겼다. 나폴레옹은 늘 자신만을 생각했고 역사 속에서의 역할에 사로잡힌 극단적인 자기중심적 인물이었다. 이뿐만이 아니다. 강박적 성향과 전능의 환상도 히틀러와 나폴레옹을 이어주는 요소다. 게다가 이 둘은 순전히 자존심에서 수천 명의 젊은 생명을 한꺼번에 희생하는 일도 마다하지 않았다.

1812년 봄, 나폴레옹은 60만 병력을 거느리고 러시아로 진격했다. 이는 히틀러의 바바로사Barbarossa 작전에 견줄 만한 상식 밖의 터무니없는 출정이었다. 그럼에도 그는 가을까지 돌아오겠노라고 큰소리를 쳤다. 러시아에 도착하자 장군들은 귀환이 늦춰질 경우를 대비해 겨울용으로 말의 편자 양 끝에 쇳조각을 박아달라고 요청했지만 나폴레옹은 이를 거부했다. 1812년 나폴레옹의 육군에 소속된 50만 명이 넘는 유럽의 청년들이 사망했다. 그런데 이들은 전사한 것이 아니었다. 자존심에서 겨울용 장비를 제공하지 않은 나폴레옹 때문에 얼어죽고 굶어죽은 것이다. "젊은 이들은 그러려고 거기에 있는 거야!" 엄청난 손실을 초래할 무의미한 전투를 중단해줄 것을 휘하 장군들이 히틀러에게 재차 건의했을 때 히틀러는 이렇게 말했다고 한다.

나폴레옹은 근대 독재자의 원형이다. 근대 최초의 군사 쿠데타로 권좌에 올라, 선전과 자기연출을 체계적으로 활용한 최초의 인물이기도 했다. 또 최초로 사법기관, 경찰, 교회를 독재체제를 떠받치는 수단으로 이용했다. 나아가 자국 국민들에게 총격을 가하게 한 근대 최초의 국가 원수이기도 하다. 나폴레옹이 국민들에게 공공연히 경멸을 표한 점은 히틀러를 떠올리게 한다.

노예처럼 히틀러를 따른 지인 마르틴 보르만Martin Bormann이 늦은 밤 히틀러가 충직한 추종자와 비서들 앞에서 한 발언들을 기록한 비망록인《식사 중 담화》에 적힌 히틀러의 유명한 발언들을 읽다보면 전 세계, 마지막에는 독일과 독일인들까지 증오했던 한 남자를 눈앞에 떠올리게 된다. 히틀러는 독일인들을 결코 신뢰하지 않았다. 그의 머릿속에는 나치 친위대 SS가 육성한 상상의 엘리트들만이 자리했고, 현실에 존재하는 독일 국민들에 대해서는 경멸감만이 남아 있었다. 심지어《식사 중 담화》에는 폭동이 일어날 경우 주민 집단을 어떤 순서로 처형할지를 놓고 그가 상상하는 대목이 등장하기도 한다.

　나폴레옹과 히틀러 모두 종국에 승리할 것을 마지막까지 의심치 않았다. 엘바 섬에서 유배생활을 하는 순간에도 나폴레옹은 워털루에서 대패한 사실을 인정하려 들지 않았는데, 브뤼셀 남쪽에서 벌어진 그 전투 이후 웰링턴 장군 휘하의 연합군에게 동정심을 느꼈다고 회고록에 적고 있다. 그러면서 영국 군대의 패전 소식이 누구보다 런던 시민들에게 끔찍스러웠을 것이라고 기록했다. 독일, 네덜란드, 영국의 연합군에 맞서 싸우다 몰락한 것이 바로 자신의 군대였음을 나폴레옹은 끝까지 인정하려 들지 않았다. 이를 보더라도 그는 현실에 어두운 독재자라는 상투적 표현에 꼭 들어맞는 인물이었다.

　나폴레옹이라는 괴물을 이해하려면 그를 묘사한 여러 책들 중에서도 실제 나폴레옹을 잘 알고 있었던 한 사람의 관찰기를 살피는 것이 가장 좋을 듯하다. 그 주인공은 바로 오스트리아 – 헝가리 제국의 외교관이자 외무장관이었던 클레멘스 폰 메테르니히Clemens von Metternich였다. 야콥 부르크하르트조차도 "외국인 가운데 메테르니히만큼 자주 황제를 만나고 냉철히 관찰한 사람도 없을 것이다"라며 그 사실을 인정했다. 메테르니히는 이렇게 적고 있다. "나는 그가 가장 광채를 발하던 순간과 몰락하던 순간 모두를 경험했고 연구했다." 나폴레옹에 관해서라면 메테르니히만큼 훌륭한 출처를 찾기도 힘들 것이다. 나폴레옹에 대해 언급하는 그는 존경심으로 가득 차 있다. 메테르니히에게 깊은 인상을 준 나폴레옹의 특징은 "대단히 날카로운 사고력과 사고의 깊은 단순성"이었다.

메테르니히의 말을 더 들어보자. "나폴레옹과 나눈 대화는 늘 형용하기 어려운 매력을 주었다. 그는 본질적인 것을 찾아냈고 불필요한 상투어를 쓰지 않았다. … 그는 수다를 떠는 대신 생각을 표현했다. 생각이 풍부하고 달변이었던 나폴레옹은 적절한 단어를 선택하는 데 탁월했다. 그가 즐겨 쓰는 표현에는 '무슨 말을 하려는지 알겠소', '이런 또는 저런 목표를 이루기를 원하는군요. 그럼 우리 사안의 핵심에 대해 다루어봅시다' 등이 있었다. 그럼에도 그는 상대방의 의견이나 대답을 경청했다. 일단 그것을 수용한 뒤에 비로소 그에 대해 논하거나 반박했다. 그러면서도 업무상 논의 자리에 어울리는 어조나 공손함을 잃지 않았다. 그때마다 나는 내가 진실이라 여기는 것을 말하는 데에 전혀 당혹감을 느끼지 않았다. 그 진실이 그의 마음에 들지 않더라도 말이다. … 행동에서나 말에서나 나폴레옹은 일단 정한 목표를 향해 흔들림 없이 나아갔다. 부차적으로 보이거나 별로 중요치 않다고 여긴 생각에 머무르는 법이 없었다. 그는 의도한 목표로 가는 가장 곧은길을 좋아했다. 그리고 거기서 벗어나도록 하는 것이 나타나지 않는 한, 끝까지 그 노선을 따랐다. 그렇다고 자신이 세운 계획에 묶인 노예였던 것은 아니다. 오히려 그는 견해를 바꿀 필요가 생기거나 판이 새로 짜여 다른 길을 통해 목표에 가는 게 더 유리할 경우 그 노선을 포기하거나 변경할 줄 알았다."

여기까지만 보면 이 남성은 어딘가 앙겔라 메르켈 독일 총리나 카이 디크만Kai Diekmann 《빌트》지 주필과 비슷해 보이기도 한다.

이야기는 아직 끝나지 않았다. 메테르니히에 따르면 나폴레옹은 자신이야말로 세계를 지배하도록 창조된 비범한 존재라고 여겼다. 메테르니히는 또 나폴레옹이 학문을 우습게 봤다고 말한다. 그가 계몽주의의 도움으로 정상의 자리까지 올라간 인물이라는 점을 감안할 때 놀라운 이야기가 아닐 수 없다. 이어 그는 프랑스 국민을 경멸하는 나폴레옹의 이상한 태도에 대해서도 설명한다. 나폴레옹에게 프랑스인들은 버릇없는 꼬마들처럼 보였다. 예컨대 그는 이렇게 말했다. "그들은 아무나 추종하고 허영심에 휘둘리고 아이들처럼 늘 장난감이 없으면 안 된다." 게다가 나폴레옹은 파리를 가리켜 청중들이 무대에서 펼쳐지는 이야기에 기꺼이 속고 싶어 하는 오페라에 비견했다. 메테르니히는 나폴레옹이 여성 및 부하를 비롯해 사실상 거의 모든 사람들에게 보인 악의에 찬 태도에 대해 기록하고 있다.

이 밖에 화를 잘 내고 난폭한 성향도 소개한다. 나폴레옹의 권력이 하늘을 찌를 때에는 가장 가까운 친척들조차 허리를 숙인 채 그에게 다가가야 했다. 메테르니히는 나폴레옹을 온통 권력 확장에만 정신이 팔려 있는 자로 묘사한다. 나폴레옹은 개별적으로는 동정심을 느낄 때도 있었지만 대중들의 고통에는 절대 동요하는 법이 없었다. 물론 나폴레옹은 히틀러가 아니었다. 나폴레옹이 조직적인 인종학살을 자행했다고 말할 수는 없다. 하지만 그 또한 인간이 얼마만큼 광기에 빠질 수 있는지를 적나라하게 보여준 인물이었다.

범죄학적 관점에서 본
역사 속의 악당

나폴레옹과 히틀러를 서로 비교한다는 것이 과연 허용될 수 있는 일일까? 진지한 역사학자라면 이 같은 일에 나설 리 만무하다. 비교란 결국 헛소리이기 마련이다. 그런데 히틀러가 보여준 어마어마한 파괴력을 생각한다면 비교를 통해 히틀러를 대수롭지 않게 여길 위험은 없어 보인다. 오히려 위험한 일은 히틀러에게서 완전히 예외적이고 유일무이한 현상을 볼 가능성이다. 요아힘 페스트, 한나 아렌트 Hannah Arendt, 골로 만Golo Mann 등이 그랬던 것처럼 히틀러라는 인물을 세계사에서 유례를 찾기 힘든 실수로 볼 경우, 그 주장은 아무리 그럴싸하게 들리더라도 결국에는 엄청난 자기기만이다. 그리고 이러한 착각은 개인이나 사회가 인간과 생명을 경시하는 잘못을 절대로 범하지 않을 것이라는 그릇된 확신으로 이어진다.

악을 멀리 밀어내고 싶은 욕구는 아주 당연하면서도 인간적이다. 희생양에서 보듯이 우리 조상들은 대리인을 희생시키는 의식이나 마녀 사냥을 통해 그 같은 욕구를 만족시켰다. 일체의 악을 거부하는 그러한 방법이 현대에 와서는 악을 상대로 '병적'이라는 딱지를 붙이려는 경향으로 나타나고 있다. 충격적인 범죄가 발생하는 즉시 우리는 범인을 보고 '미쳤다'고 한다. 그럼 일단은 그 범죄자를 우리로부터 멀찌감치 떨어진 안전한 거리에 두게 된다. 하지만 이때 우리의 자기확신 기제가 일부러 도외시하는 사실이 있다. 감옥은 여러분과 나와 똑같은 인간들로 가득 차 있고 살인이라는 극단적인 범죄는 대부분 정신적으로 건강한 이들에 의해, 대개는 격한 감정 상태에서 저질러진다는 사실이다.

악을 병자에게 떠넘기려는 욕구 뒤에는 대단히 수치스

러운 역사가 자리하고 있다. 19세기에는 이탈리아 토리노 출신 의사였던 체사레 롬브로소Cesare Lombroso의 주장이 인기를 끌었다. 이탈리아 감옥들을 찾아다니며 두개골을 측정한 그는 폭력이 생물학적 원인을 갖는다고 확신했다. 신체의 외적 특징을 통해 범죄를 유형화한 롬브로소의 연구는 훗날 나치의 우생학적 이론의 모델이 되었다. 1968년 미국의 연쇄살인범 리처드 스펙Richard Speck에게서 추가 Y염색체가 발견되자 과학계는 환호성을 질렀다. 하지만 '살인자 염색체'를 발견했다는 기쁨은 너무 성급한 것이었음이 나중에 밝혀졌다.

엽기적인 성범죄자 요제프 프리츨Josef Fritzl 사건(친딸을 지하실에 24년간 감금하고 7명의 아이를 낳게 한 사건)을 다룬 바 있는 오스트리아의 유명한 범죄정신과의사 라인하르트 할러Reinhard Haller 교수는 이런 말을 했다. "우리는 뇌 구조를 통해 악을 설명할 수 없다. 악을 설명하기 위해 필요한 것은 오직 사람이다. 우리 개개인이 필요할 뿐이다." 할러는 우리가 일상에서 쓰는 언어가 우리 각각의 개인들 속에 악이 숨어 있음을 보여준다고 말한다. '내가 어떤 사람인지 알려주지!'라는 경고조의 말을 할 때 우리는 문명, 교육, 개인적 이익 때문에 실현시키지 못한, 평상시 억제된 모습이 우리 안에 있음을 알린다는 것이다.

가령 유명한 밀그램의 실험Milgram experiment은 실험 조건상 요구를 받을 경우, 즉 사회적으로나 과학적 이유에서 바람직하다고 여겨지는 경우 보통 사람도 쉽게 잔인한 인간으로 변할 수 있음을 보여준다. 그 실험에서 학생들은 통제실 유리창 뒤에서 다른 피실험자들이 책상에 앉아 낱말 퀴즈를 푸는 모습을 관찰하는 임무를 부여받았다. 피실험자들이 틀린 답을 말할 때마다 학생들은 스위치를 작동해 전류를 가해야 했다. 작은 실수면 약한 전류를, 큰 실수면 강한 전류를 보내는 식이었다. 그 강도는 갈수록 커져서 나중에는 극심한 고통을 일으키는 전류를 보내기에 이르렀다. 물론 전기쇼크는 흉내만 낸 것이었고, 피실험자의 고통도 모두 연기였다. 하지만 이 실험의 진짜 실험 대상인 학생들은 그 사실을 눈치 채지 못했다. 그중 3분의 2가 지시에 따랐고, 자신에게 아무 짓도 하지 않은 이들에게 거리낌 없이 폭력을 행사했다. 공격적 태도를 지시받았고, 또 그것을 원하는 분위기였기 때문이다.

스웨덴에서는 1975년까지도 정신장애가 있는 이들을 강제 불임시켰고, 네덜란드에서는 고령 입원환자에 대한 연명책에 쓰이는 돈으로 젊은 가정의 내 집 마련 꿈을 실현시킬 수는 없는지를 두고 비교적 담담한 토론이 벌어지기도 했다. 인공수정 병원에서는 일명 스크리닝Screening을 통해 매일같이 건강상 문제나 위험을 암시하는 유전자를 가진 태아들을 가려내고 있다. 또 매년 수십만 명의 건강한 태아들이 연구소에서 폐기처분되고 있다. 살 가치가 있는 생명과 없는 생명을 구분하는 논의는 나치하고만 연관된 것도 아니고 완전히 종식되지도 않았다.

인종차별 또한 나치 시절에 국한되지 않고 서구 세계에서도 인종 간의 우월은 과학적인 근거가 있는 것으로 간주되었다. 1960년대까지도 미국에서는 '백인 우월주의'가 당연시되었다. 백인에게 버스 자리 양보하기를 거부한 로자 파크스Rosa Parks가 체포된 때가 1955년이었다. 인종 분리는 케네디 암살 이후 후임 대통령인 린든 B. 존슨에 의해 1964년에 이르러서야 비로소 폐지되었다. 호주에서는 백인이 아닌 사람들의 이민을 제한한 '백호'정책이 1973년까지 시행되었다.

1933년 히틀러가 권력을 잡은 직후 몇 주 동안 괴링 휘하의 경찰들이 신문사 편집국으로 쳐들어가 기자들을 체포했다. 이에 독일 법원이 개입해 정식 영장 없이 체포된 사람들의 석방을 명령했다. 하지만 1933년 2월 28일부터 긴급명령이 시행되었고, 1933년 3월 24일자로 의회에서 전권 위임법이 통과되었다. 이 같은 조치는 모든 법윤리와 관련한 본능을 무력화시키기에 충분했다. 밀그램 실험에서처럼 잔인한 행위가 정치적, 사법적, 사회적으로 승인을 받은 셈이었다. 베를린의 프로이센 고위관료나 경찰 경위들은 늘 그래왔듯이 법을 결정하는 측에 복종하는 수밖에 없었다. 할러 교수는 이렇게 말한다. "범죄학적 관점에서 '히틀러는 누구였나, 힘러Himmler는 누구였나, 하이드리히Heydrich는 누구였나, 멩겔레Mengele는 누구였나, 고문기술자로 활동하며 이런 잔인한 행동을 조직적으로 실행한 수천 명의 사람들은 누구였나?'라는 질문에 대해서는 유감스럽게도 '그것은 모두였다'라는 단 하나의 대답만이 가능할 뿐이다."

독일 작센하우젠 집단수용소에서 살아남은 안드르예 슈치피오르스키Andrzej Szczypiorski는 이렇게 말한 적이 있다. "내가 집단수용소에서 알게 된 사람들로 말하자면, 이들은 부지런히 자신을 희생하면서 타인을 죽이고, 사욕 없이 책임감을 갖고 꼼꼼히 주위 사람들을 밀고하고, 이들을 성실하고 부지런히 고문하고, 그 와중에 모범적인 청결함과 세심함을 보여주었다." 히틀러, 나폴레옹, 얀 판 레이덴Jan van Leiden(재세례파 지도자이자 혁명주의자), 이디 아민Idi Amin, 폴 포트Pol Pot 같은 이들은 비정상적인 인물들이 아니다. 이들은 예외적인 존재가 아니다. 오히려 모두가 동의한 일에 맞서는 힘겨운 선택을 해서라도 인간의 존엄을 지키고자 했던 이들이야말로 예외적인 존재였다.

인류 역사 속 악당 TOP 10

이런 이유로 이 자리에서는 역사 속의 악당 TOP 10을 소개하는 대신 그 자리에 우리들 자신, 호모 사피엔스를 넣고 싶다. 하지만 굳이 10인의 인물을 언급해야 한다면, 희생양을 고르면서 희희낙락하는 일을 피하기 위해 아마도 그렇게 극악무도하지만은 않았을 다섯 악당들과, 또 많은 이들이 생각하듯 완전무결지만은 않았던 다섯 영웅들을 소개하고자 한다.

억울한 악당

01 아틸라Attila(?~453)

저명한 미술사학자 곰브리치는 아시아 초원에서 온 기병 무리를 두고 "눈이 찢어지고 얼굴이 흉터투성이인 키가 작고 얼굴이 누런 자들"이라고 묘사했다. 5세기 악명을 떨쳤던 훈족은 야만의 대명사처럼 여겨진다. 단테의 《신곡》 지옥편 제7원에서 아틸라는 펄펄 끓는 피의 강에 삶아지는 고통을 당한다. 이는 부당한 벌이다. 높은 교양을 갖췄던 아틸라는 줄곧 라틴어를 말하는 이들을 대동했고, 자신이 정복한 지역의 문화를 이해하고자 노력했다. 또 게르만 공주와 결혼하기도 했는데, 안타깝게도 아틸라는 신혼 첫날밤에 죽고 말았다. 헝가리에서는 여전히 그를 숭배하고 있다.

02 리처드 3세Richard Ⅲ(1452~1585)

셰익스피어 이후로 폭군의 대명사처럼 여겨지고 있다. 하지만 실제로 잉글랜드의 리처드 3세는 이렇다 할 특징이 없는 왕이었다. 그가 악평을 얻게 된 데에는 여론 조작 탓이 크다. 잉글랜드의 왕권을 둘러싼 싸움에서 플랜태저넷Plantagenet 가문에 승리를 거둔 튜더 가문은 권력을 쥐자 플랜태저넷 시절을 가급적 부정적으로 기술하도록 선전 활동을 폈다. 1593년 셰익스피어가 희곡을 썼을 당시는 리처드 3세가 죽은 지 100년이나 지난 후로, 이미 그에 대해 나쁜 이미지가 굳어져 있었다. 이를 바탕으로 쓰인 셰익스피어의 작품으로 인해 리처드 3세는 영원히 악평에 시달리게 되었다.

03 마키아벨리Niccol·Machiavelli(1469~1527)

마키아벨리즘은 무자비한 힘의 정치와 동의어로 여겨지고 있다. 하지만 얄궂게도 정작 마키아벨리 자신은 마키아벨리스트가 아니었다. 심지어 철학 사상가로서 마키아벨리는 근대 민주주의 수립에 기여하기도 했다. 모순과 갈등이 사회에 유익하다고 본 최초의 정치사상가라는 점에서 정치 담론에서의 다원주의 창시자로 평가할 만하다.

04 에르난 코르테스Hernan Cortes(1485~1547)

스페인의 멕시코 정복(1519~1521)은 유럽사의 오점으로 여겨지는 사건이다. 멕시코 주민 수백만 명이 사망했는데, 대부분 유럽에서 유입된 질병이 원인이었다. 그렇다 해도 코르테스가 사악한 정복자로 평가되는 것은 부당한 감이 있다. 그는 인간을 제물로 바치는 의식을 중지시켰고, 수많은 토착 부족들의 환호를 받으며 아즈텍족의 지배를 끝낸 장본인이기도 했다. 심지어 그를 근대 멕시코의 아버지로 평가하는 이들도 적지 않다.

05 레닌Владимир Ильич Ленин(1870~1924)

슈테판 츠바이크는 이런 말을 남겼다. "수백만 발의 총탄이 전쟁에서 발사되었지만, 레닌을 싣고서 스위스를 출발해 독일을 거쳐 상트페테르부르크로 향한 봉인 열차보다 더 큰 영향력을 발휘한 총알은 없었다." 세계의 질서를 뒤흔든 레닌은 20세기 최초로 전체주의적 테러 정권을 창시한 인물이기도 하다. 하지만 집단 학살과 '숙청의 물결'은 레닌이 죽은 뒤 스탈린에 의해 비로소 시작되었다. 레닌은 소련의 역사책에서 쉬쉬하지만 귀족 집안 출신이었고 섬세한 감각의 소유자였다. 그는 스탈린이 조야하고 평범하다고 생각했다. 레닌은 스탈린이 권력을 차지하는 것을 막으려 했으나 결국 실패하고 말았다.

일그러진 영웅

01 잔 다르크Jeanne d'Arc(1412~1431)

그는 성녀였다. 그리고 유럽의 광신적 민족주의의 창시자였다. 잔 다르크는 프랑스에 싸움을 걸어오는 것을 곧 하나님에 대한 도전으로 여겼다. 이 얼마나 상상을 초월한 오만함인가! 당시는 이보다 덜한 이단적 주장을 펴는 이들도 화형에 처해지던 시절이었다.

02 프리드리히 대왕Friedrich II(1712~1786)

플라톤이 말한 '철인왕'이라 할 수 있다. 28세의 젊은 나이에 즉위한 그는 가장 먼저 고문 금지, 농노제 폐지, 소수집단의 권리 존중과 같은 정책을 폈다. 하지만 같은 해 (1740년) 이웃한 슐레지엔을 침공하면서 우호관계에 있던 오스트리아에 일방적으로 전쟁을 선포했다. 프리드리히 대왕은 이에 대해 어떤 철학적 정당성도 제시하지 않았다. 이로써 그는 새로운 독일 외교정책의 창시자가 되었다. 볼테르는 슐레지엔 침공 이후 그와 교류를 단절했다.

03 마하트마 간디Mohandas Karamchand Gandhi(1869~1948)

열두 차례나 노벨평화상 후보에 올랐던 간디가 마지막으로 후보가 된 것은 사망한 해인 1948년이었다. 하지만 끝내 수상은 하지 못했다. 과연 그에게는 수상 자격이 있었을까? 물론이다. 하지만 아룬다티 로이Arundhati Roy 같은 환경운동가들은 간디의 공공연한 보수주의에 불쾌감을 표하기도 한다. 간디는 인도의 카스트 제도를 유서 깊고 신성한 제도로 여겼다. 이스라엘에도 그를 싫어하는 이들이 적지 않다. 간디는 아랍인들만이 팔레스타인 땅의 주인이라고 생각했다.

04 슈타우펜베르크 백작Claus von Stauffenberg(1907~1944)

베를린에는 왜 슈타우펜베르크 기념비가 없을까? 폭군 암살 계획에는 경의를 표하고 싶지만 인간 슈타우펜베르크를 예찬하고 싶지는 않기 때문이다. 그의 사상은 현대적인 독일과는 어울리지 않고, 기껏해야 브란덴부르크 주의 일부 지역에서만 호응을 얻을 것이다. 슈타우펜베르크가 1944년 7월 20일 쿠데타 이후 원했던 것은 현재의 독일보다 훨씬 엄격히 통치되는 국가였다.

05 고르바초프Михаил Сергеевич Горбачёв(1931~)

서방에서는 찬사를 받지만 러시아에서는 미움을 받고 있다. 둘 다 그에게 합당한 대우는 아니다. 하지만 우크라이나 국민이라면 충분히 그를 비난할 만하다. 1986년 고르바초프는 체르노빌의 참사를 공개적으로 인정하기를 거부하면서 만여 명의 죽음을 감수했다. 결국 원자로 사고가 있고서 18일이 지난 뒤에야 주민들에게 경고를 보냈다. 당 기관지 《프라우다》조차 당시 사실을 숨기기에 급급한 그의 태도를 비난했다.

제9장

인류 역사를 바꾼 말들

또는 보이지 않는 군대

"언어는
군대와 함대를
거느린
방언이다."

막스 바인라이히
Max Weinreich
언어학자

"윤리학이 어떤 중요성을
갖는다고 가정할 때,
그것은 초자연적이다.
반면 우리 언어는
오직 사실만을 표현한다.
이는 내가 찻잔에 항아리를
통째로 쏟아 붓더라도,
찻잔 분량의 물만 남는
이치와 같다."

루트비히 비트겐슈타인
Ludwig Wittgenstein
철학자

페르시아 왕 다레이오스 1세에 관해 재미있는 일화가 전해진다. 기원전 500년경, 다레이오스 1세는 이웃한 작은 나라의 영주 오로이테스에게 사자를 보냈다. 알현을 허락받은 사자가 오로이테스의 서기에게 왕의 직인이 찍힌 파피루스 두루마리를 전달하자 서기는 거기 적힌 내용을 큰 소리로 읽기 시작했다. 그러는 동안에 호위병들에게 둘러싸인 영주는 묵묵히 듣기만 했다. 서기가 읽은 내용은 이랬다. "페르시아인들이여! 다레이오스 대왕은 그대들에게 오로이테스를 보호하는 것을 금한다." 그러자 호위병들은 들고 있던 창을 바닥에 내려놓았다. 사자는 서기에게 또 다른 문서를 건넸다. 거기에는 또 이렇게 적혀 있었다. "페르시아인들이여! 다레이오스 대왕은 그대들에게 오로이테스를 죽일 것을 명한다!" 그 말이 떨어지기가 무섭게 호위병들은 단도를 빼들어 자신들의 주인을 살해했다.

이야기의 사실 여부는 중요하지 않다. 이 일화를 기록한 그리스 역사가 헤로도토스에게는 정확한 사실보다는 교훈을 전하는 일이 더 중요했다. 여기서 교훈은 '말의 힘, 특히 문자언어의 힘을 과소평가하지 말라!'는 것이다. 그리고 지엽적인 문제로 보이지만 주목할 만한 또 다른 점이 있다. 즉 관련자들 모두 서기가 읽어주는 내용에 철저히 의지하고 있다. 기원전 첫 밀레니엄 동안은 영주, 사자, 장교 할 것 없이 굳이 글을 읽을 필요가 없었던 모양이다. 글을 읽어주는 전문가들이 따로 있었기 때문이다. 당시만 해도 자모와 이들로 이루어진 단어가 작동하는 방식은 그 정확한 원리를 파악하기 힘든 체계였다. 마치 오늘날 우리가 위성기술이나 위성을 통한 음성 중계에 대해 잘 모른 채 전화 통화를 할 수 있는 것처럼 말이다.

대부분의 역사책이 문자 발명을 인류 문화 발전의 전환점으로 기술하고 있다. 여기에는 그럴 만한 이유가 있다. 초기 도시가 어느 규모를 넘어서면서부터는 도시를 관리하고 주민에게 물자를 공급하는 데 드는 지출을 문자 없이 계산하기가 불가능해졌다. 다만 처음의 쓰기는 무엇보다 완두콩을 세기 위한 수단이었고, 시인과 철학자들이 표음문자와 알파벳의 도움으로 구체적 내용뿐 아니라 생각까지 글로 옮길 수 있기까지는 더 오랜 시간을 기다려야만 했다. 하지만 이 경우에도 글을 쓰는 것은 말을 붙잡아두는 것과 같은 의미다. 즉 문자언어가 어떤 위력을 발휘하는지, 또 어째서 문자의 발명으로 고등문명이 발달했는지를 이해하려면 말의 힘에 주목할 필요가 있다.

말을 한다는 것, 즉 말이야말로 진정한 기적이다. 비록 우리가 임시변통으로 말을 사용한다 할지라도 그렇다. 루트비히 비트겐슈타인의 언급 역시 이 같은 의미로 이해할 수 있다. 그는 언어의 진술력에 회의적인 시선을 보냈던 철학자다. 그는 본질적인 것은 말로 표현될 수 없다는 점을 강조하기는 했지만, 바로 그 점을 말로 표현할 수 있다는 사실에 매력을 느꼈다. 세계가 존재한다는 사실 앞에서 경이로움을 느낀다는 것 자체가 그에게는 매혹적인 일이었다. 비트겐슈타인은 1930년 케임브리지에서 행한 유명한 윤리학 강의에서 이렇게 말했다.

"나는 언어의 경계를 향해 돌진하고자 하는 욕구를 강하게 느꼈다. 그리고 이는 윤리학이나 종교에 대해 글을 쓰거나 말하는 모든 이들의 욕구일 것이라고 생각한다. 그러나 우리들이 갇혀 있는 울타리를 향해 돌진하는 이 같은 시도는 전적으로 가망이 없는 일이다. 윤리학이 삶의 궁극적 의미, 절대적 선, 절대적 가치에 대해 무언가를 말해보려는 바람에서 비롯되는 한, 그것은 과학이 될 수 없다. 윤리학이 말해주는 것은 우리의 지식에 결코 보탬이 될 수 없을 것이다. 그럼에도 그것은 인간의 의식 속에 있는 어떤 충동의 증거이기에 이에 대해 나로서는 깊은 존경심을 갖지 않을 수 없으며, 절대 그것을 조롱할 생각이 없다."

말하는 행위는 어디서부터 시작되는가? 누가 쓰다듬거나 마사지해줄 때 기분 좋은 소리를 낸다거나, 위협 또는 경고를 보내거나, 아니면 '조심해, 호랑이야!'라고 소리를 지르거나, 우리 선조들처럼 짐승이나 식물을 손으로 가리키는 등의 행위가 의미의 말하기는 아니다. 흥미로워지는 지점은 우리 앞에 없는 사물을 명명하면서부터다. 우리 조상들은 부재하는 것들에 이름을 붙이면서 진화기술론적 관점에서 보자면 일종의 터보엔진을 가동시켰다. 상상 속 대상을 언어로 지칭하는 순간 우리는 모두가 공유하는 현실에 합의하면서 새로운 현실을 창조하게 된다.

베를린에서 수년간 우리와 이웃지간이었던 문화철학자 토마스 마호Thomas Macho는 다음과 같은 흥미로운 가설을 내놓았다. 즉 수천 년에 걸쳐 확산되어온 인류의 정착생활은 기원전 1만 2000년경부터 부재하는 것을 명명하는 우리의 능력에 유리하게 작용하기 시작했다. 그러면서 인류의 언어 능력과 상상력도 비약적으로 발전했던 것으로 보인다. 마호에 따르면 인류가 유목 생활을 접는 시점에, 즉 더 이상 언덕에서 강으로, 강에서 황야로, 황야에서 초원으로 이동할 필요가 없어지면서 수평적 이동이 수직적 이동으로 대체된다. 다시 말해 인간은 이제부터 비유적 의미의 이동에 대해 이야기하기 시작한다. 자신이 어디서 왔는지, 가령 조상이나 망자의 세계, 또는 아직 태어나지 않은 이들의 세계에서 온 것은 아닌지 스스로에게 묻는다.

인간은 다시 이동한다. 이번에는 초월적 의미에서의 이동이다. 임신해 배가 불룩한 점토 형상들을 볼 수 있는데, 이것들은 우리 조상들의 다산의식을 가리키는 것일 뿐만 아니라 나의 근원이 어디에 있는지를 스스로 확인하려는 시도이기도 하다. 근원에 대해 더 이상 공간적 의미로만 사고하지 않게 되면서 전혀 새로운 일이 벌어졌다. 토마스 마호는 이렇게 말한다. "현재까지도 우리는 출생 시 이 같은 세계에 대한 수직적 진입을 통해 우리 정체성을 규정한다. '어디서 이 세상에 태어났는가?'와 '언제 이 세상에 태어났는가?'라는 두 질문은 모든 출생증명서와 여권에 빠지지 않고 등장하는데, 이것들은 최소한의 정보로서 무국적자나 난민이 소지한 가장 간단한 임시 증명서에도 기록되어 있다. 내가 이 세상 어디서 수평적으로 이동하고 있는가라는 질문 대신에 이 세계에 대한 수직적 진입에 관한 질문이 나의 정체성, 가족, 소속 집단에 대해 결정한다."

초월적 의미에서 '우리가 어디서 왔는가'라는 질문은 직접적이고 피상적인 일 대 일 소통에 의해서나 눈에 보이는 사물과 관련한 어휘를 통해서는 다룰 수 없는 근원적인 문제에 해당한다. 이런 질문을 던진 선조들은 보이지 않는 것을 정신적으로 보이게 만들 언어가 필요했다. 그리고 곧이어 하늘의 '저 위'와 지상에 있는 '이 아래'의 우리를 중재할 중개인, 프로메테우스, 마술사, 예언자, 사제, 그리고 길가메시 왕과 같은 초월자 등이 필요해졌다. 우리 조상들에게도 이 경우 카리스마 같은 요인이 중요한 역할을 했을 것이다. 물론 여러 가지 형태의 도취 상태들도 도움이 되었을 것이다. 바이에른에서 활동하는 진화생물학자인 요제프 라이히홀프는 《왜 인간은 정착 생활을 시작했을까?Warum die Menschen sesshaft-wurden》에서 발효의 발견이 정착이라는 성공모델에 결정적 요인이 되었다고 주장한다. 가령 초기 형태의 맥주를 양조하는 식으로 발효 기술을 체계적으로 이용하기 위해서는 여기저기 옮겨 다니지 않고 한 곳에 자리를 잡을 수밖에 없었다. 음주 습관은 분명 정착을 결심하도록 한 훌륭한 근거가 되었을 것이다.

말이 우리 정신에 미치는 영향과 상상을 현실화하는 말의 힘에 대해서는 이미 수많은 지성들이 연구한 바 있다. 이스라엘의 빅히스토리 역사학자 유발 하라리는 인간이 부상한 원인을 언어로써 여러 현실을 창조하는 능력에서 찾았다. 그와 같은 현실에는 신, 문자, 돈, 국가, 주식회사, 나토, 유럽연합을 비롯해 우리가 기정사실로 받아들이는 거의 모든 것들이 포함된다. 하라리에게는 법률, 관습, 계약과 같은 상호의존 관계로 이루어진 우리 문명 전체가 바로 언어 덕분에 가능해진 집단적 상상력의 결과물이다.

원칙대로라면 이제부터는 언어의 역사를 말할 차례다. 하지만 히브리어 하나만 갖고서도 따로 한 챕터가 필요할 정도다. 히브리어로 말하자면 정체성을 세우기 위해 만들어진 언어이며, 말 자체를 신성한 것으로 선포한 언어다. 이는 유례가 없던 현상이다. 그 결과 역사의 진행과 신의 섭리, 역사의 목표를 글로 확인하고 이해하고 공감하는 것이 가능해졌다. 다시 말해 기적의 차원에서 이성의 차원으로 사고가 전환되는 거대한 도약이 이루어진 것이다.

언어의 역사를 설명하려면 어떻게 언어가 발생했고 전파되었는지를 살펴야 한다. 예컨대 프랑스의 경우, 오랫동안 파리 밖에서는 프랑스어를 말하는 사람을 거의 찾아보기가 힘들었다. 시골을 비롯해 먼 지방에서는 브르타뉴어, 가스코뉴어 및 각종 갈리아로망스어 및 레토로망스어를 비롯해 스페인어, 독일어, 영어 방언을 사용했다. 표준 프랑스어를 전국에 확산시키면서 전통주의자들의 불만을 무릅쓰고 가급적 공식적인 언어생활에서 지역 언어를 몰아내기 위해서는 국가가 거듭해서 단호하게 개입할 수밖에 없었다. 이 같은 일이 프랑스에서 마지막으로 벌어진 것이 19세기 말이었다. 이디시어의 저명한 연구자인 막스 바인라이히 Max Weinreich가 "언어는 군대와 함대를 거느린 방언이다"라고 이디시어로 말했을 때에도 이를 염두에 둔 것이었다. 하나의 언어를 관철시키려면 군대까지 동원하는 용의주도한 노력이 필요하기도 한 것이다.

일단 그 같은 목표가 달성되면 강력한 공동체가 만들어진다. 공통의 언어는 다수가 언어로 소통할 수 있는 전제를 이룬다. 초기 민족국가도 공통의 언어를 통해 비로소 형성될 수 있었다. 미국의 정치학자 베네딕트 앤더슨 Benedict Anderson이 《상상의 공동체Imagined Communities》에서 말했듯이, 언어적으로 통일된 대중매체가 없었더라면 19세기 민족주의의 부상은 요원한 일이었을 것이다. 그 같은 매체가 없었다면 지역에 뿔뿔이 흩어져 있던 민족 집단들이 자신들을 제각기 문화적 차별성을 가지면서도 서로 연결된 공동체로 여기지 않았을 것이다.

세계화 시대를 맞이해 많은 유럽인들이 불안에 빠져 있다. 그렇다면 이들은 앞서 말한 식으로 형성된 집단 정체성을 잃을까봐 두려워하는 것일까, 아니면 실제 차별성을 띤 문화적 특성이 사라질까 두려워하는 것일까? 특히 중요한 질문은 이것이다. 디지털화된 세계에서 모두가 표면상 어느 정도 동일한 언어를 말하고 있기에 언어가 정체성을 형성하는 역할을 못한다면, 그것은 우리에게 어떤 영향을 줄 것일까? 공동체는 해체되고 있을까? 새로운 공동체가 형성 중일까? 전 세계인이 이해할 수 있는 언어가 자유와 인간 존엄의 사상을 전 세계로 확산시키게 될까? 아니면 왜곡된 정보와 쓰레기 같은 생각들만 퍼지게 될까? 중국 같은 나라에서는 자국의 인터넷을 외부세계와 차단시키려고 갖은 애를 쓰고 있다. 하지만 0과 1이야말로 그 무엇으로도 막을 수 없는 보이지 않는 군대와도 같은 것이다.

두 명의 루터

언어가 가진 폭발력은 인류사를 이야기할 때 빠질 수 없는 중요한 요소다. 이에 대해 이론적으로 곱씹기보다는 두 가지 구체적인 사례를 소개하고자 한다. 두 사례 모두 모두 루터가 주인공이다. 한 명은 독일 비텐베르크 출신의 루터이고, 다른 한 명은 〈나에게는 꿈이 있습니다 Have a Dream〉라는 제목의 연설을 한 미국의 마틴 루터 킹이다. 이 예언자적 연설은 예수의 산상수훈과 더불어 인류 역사상 가장 유명한 연설 가운데 하나로 꼽힌다.

우선 1521년 4월 18일 마르틴 루터Martin Luther가 보름스 제국의회에 출석한 사건부터 살펴보자. 그 배경에는 루터가 교회와 관계를 단절한 사건이 있었다. 몇 달 전 로마로부터 파문을 경고하는 교서를 받은 루터는 지지자들과 비텐베르크 성문으로 달려가 공개적으로 교회 법전과 파문 경고장을 불태웠다. 교회 측은 그사이 인기가 치솟은 이 반항적인 아우구스티노 수도원 수도사를 즉시 체포해 추방할 것을 황제에게 요구했다. 권좌에 오른 지 얼마 되지 않은 황제는 제후와 제국 의원들의 동의가 있을 경우에만 그 같은 결정을 내리고자 했다. 황제가 루터를 보름스 제국의회로 부른 것도 그 때문이었다. 다만 루터는 자신을 변호하거나 공회의 측과 신학적 논쟁을 벌이는 일은 엄격히 금지 당했다. 그리고 정확히 두 가지 질문에만 답하도록 요구받았다. 첫째, 그의 이름으로 발행된 책들을 정말로 그가 썼는지, 둘째, 책 속의 주장을 철회할 용의가 있는지 하는 것이었다.

루터는 중간에 체포될 위험을 무릅쓰고 보름스로 떠났다. 1415년 보헤미아의 종교개혁가인 얀 후스Jan Hus는 통행의 자유를 보장받고 콘스탄츠 공의회로 떠났으나 도중에 체포되어 화형장으로 끌려갔었다. 다행히 루터는 무사히 보름스에 도착할 수 있었다. 루터가 전통에 도전한 기세가 얼마나 맹렬했는지 이해하려면 에곤 프리델이 말한 것처럼 그를 "과도기의 인간"으로 파악할 필요가 있다. "옛 것과 새 것을 연결 짓는 독특한 방식을 통해 … 온갖 유형의 위대한 혁신가, 종교개혁가, 갱생자들이 형성된다. 이들 혁명가들 속에서 여전히 살아 꿈틀거리는 옛 것들이 열정적이고 창조적인 증오심을 불러일으켜 이들로 하여금 온 존재에서 비롯된 응집력을 발휘해 옛 것을 퇴치하고 없애도록 만드는 것이다. … 마니교도였던 아우구스티누스만이 교부가 될 수 있었고, 귀족 출신의 미라보 백작Graf Mirabeau만이 프랑스 혁명을 촉발시킬 수 있었고, 목사 아들이었던 프리드리히 니체만이 반기독교인이자 비도덕주의자가 될 수 있었다."

그런데 루터는 보통 사람의 친구도, 그렇다고 민주주의자와 같은 부류도 아니었다. 농민전쟁이 일어났을 때는 굳게 권력의 편에 섰다. 순수 이성의 지배, 즉 당시 회자되던 합리주의도 그에게는 수상쩍기만 했다. 여러 면에서 루터는 뼛속 깊이 반동적인, 적어도 보수적인 인간이었다. 그럼에도 그는 중세라는 유구한 전통과의 단절을 상징적으로 보여준 인물이었다. 누구도 중재할 수 없는 하나님과의 개인적 관계를 역설하고 오직 개인의 양심에 호소함으로써 루터는 예로부터, 특히 구약에서 하나님과 인간의 관계에서 불변의 상수 역할을 해온 중재자의 자리를 없애버렸다. 이로써 루터는 보수적인 성향에도 불구하고 유럽을 근대화한 가장 중요한 인물 가운데 하나가 되었다. 루터가 끼친 영향은 개인의 자기고집에 대한 관철, 자아의 승리와 밀접한 관련이 있다. 확실히 입증되지는 않았지만 그의 보름스 변론에 들어 있던 것으로 알려진 전설적인 문구, 즉 "내가 여기 서 있나이다. 나는 달리 어찌할 수 없습니다"는 근대가 외친 최초의 부르짖음이자 기존에 군림해온 위계질서와 세계질서에 대한 도전이었다.

루터는 보름스에서 결의로 가득 차 있음에도 놀라울 정도로 공손한 언어를 사용함으로써 자신의 등장을 일종의 장대한 서사시적 사건으로 만들고 있다. 첫째 날 그가 책의 저자가 맞는지 묻는 첫 번째 질문에 루터는 나직한 목소리로 "예"라고 답했다. 두 번째 질문에 대해서는 생각할 시간을 달라고 요청했다. 둘째 날 그가 다시 황제와 제국의회 앞에 섰을 때, 다들 그가 전날과 마찬가지로 겸손하고 겸허한 태도를 보일 것으로 예상했다. 실제로 루터는 더없이 꼼꼼하게 경외심을 표함으로써 자신의 말을 시작했다. "전능하신 황제 폐하, 존귀하신 제후 전하, 그리고 자비로우신 여러 귀족 나리…" 등의 칭호들이 이어졌다. 그런 다음 루터는 최대한 공손하게, 자신이 쓴 모든 글을 취소하기는 어려울 것 같다고 말했다. 거기에는 논쟁의 여지가 전혀 없는 신앙의 진리도 담겨 있기 때문이라는 이유에서였다. 공식적으로 유효한 교의를 공개적으로 철회하는 것은 권력자들의 이해관계와도 맞지 않는다고 했다. "반대자들도 인정할" 수밖에 없듯이, 자신의 많은 글들은 "유익하고 무해하며 어디서나 기독교인들이 읽을 만한 가치가 있다"고 주장했다.

이러한 전략을 통해 루터는 공의회가 던진 질문이 교회법상 잘못된 것임을 드러냈다. 어느 대목에서 예수 그리스도의 말을 왜곡했는지 구체적으로 증명해 보인다면 그 부분을 기꺼이 고치겠지만 전체를 철회하지는 않겠다는 것이 루터의 주장이었다. 이로써 루터는 제국의회에서 신학논쟁이 벌어지는 일을 결단코 막으려 했던 반대자들에게 다시 교묘히 공을 넘겼다. "하나님의 자비로써 간청하오니, 황제 폐하를 위시해 지위고하를 막론하고 여러분께서는 제가 복음서와 예언서를 무시했다는 과오를 증명해주시기 바랍니다. 그렇다면 지시대로 기꺼이 모든 과오를 철회할 것이며, 누구보다 앞장서 제가 쓴 책들을 불 속에 던져 넣겠습니다." 이러한 그의 변론에 당시 청중들은 아무것도 하지 못했을 것이다. 짧은 등장의 말미에 그는 다시 한 번 "황제 폐하께" "몸을 낮춰 겸손하게 탄원컨대" "저서를 통해 입증되거나 명확한 이유로 반박되지 않는 한" 자신에게 계속해서 "노여움을 보내는" 일을 거두어줄 것을 간청했다. "저의 양심은 하나님의 말씀에 사로잡혀 있습니다. 저는 아무 것도 취소할 수 없고 취소하지 않을 것입니다. 양심에 반하는 행동은 고달프고 유해하며 위험하기 때문입니다. 하나님이시여, 이 몸을 도우소서. 아멘."

이처럼 열변을 토한 루터는 자유인으로, 또 함께 의기투합하기 힘든 민중과 지식인 두 계층 모두의 영웅으로 곤경에서 빠져나올 수 있었다. 권력자들이 루터의 변론에서 받은 충격으로부터 회복된 뒤에야 비로소 그의 체포를 승인한 칙령이 의결되었다. 이는 '보름스 칙령'이라는 이름으로 역사에 길이 남게 되었다. 그럼에도 루터가 거대한 변화를 이끌어냈다는 점은 자명했다. 그 뒤로 루터는 본의 아니게 아이제나흐의 바르트부르크 성에서 지내야 했다. 그러나 이 시절은 그에게 매우 생산적인 기간이었다. 그는 그곳에서 융커 외르크Junker Jörg라는 가명으로 신약을 보통사람도 이해할 만한 독일어로 옮김으로써 누구나 성경을 읽을 수 있게 했고, 통일된 어법을 사용하고 언어의 지역적 특성을 제거해 현대 독일어 형성에도 기여했다.

루터는 에고ego 문화의 프로메테우스였을 뿐 아니라, 무엇보다도 세속적인 요소를 새롭게 종교에 추가했다. 누구나, 언제든지, 어떤 직위에서든, 또 모든 직업에서 신의 뜻에 맞게 살 수 있다고 주장한 루터는 일상을, 그중에서도 독일어권, 네덜란드 및 영어권 지역에서는 특히 노동을 신성한 것으로 만들었다. 루터가 세상에 내놓은 말과 사상은 세상을 뒤바꿔놓았다. 말이 가진 막강한 영향력을 보여주는 사례로 이보다 더 좋은 경우가 또 어디에 있을까.

나에게는 꿈이 있습니다

소크라테스나 루터 등의 변론 연설과 더불어 예언자적 연설은 인류의 집단적 기억 속에서 더없이 값진 보석처럼 빛나고 있다. 그중에서도 시대를 통틀어 가장 유명할 뿐더러 어린아이들조차도 알고 있는 구절이 등장하는 연설이 하나 있다. 바로 1963년 8월 28일 워싱턴 링컨기념관 앞에서 마틴 루터 킹Martin Luther King Jr. 목사가 한 연설이다. 이날 25만 명이 넘는 군중이 미합중국 헌법이 모든 국민에게 보장한 시민권을 수호한다는 것을 확인하기 위해 그 자리에 모였다. 이른바 '불만의 여름'이 절정에 달한 순간이었다.

마틴 루터 킹 목사는 당시 인종차별이 심했던 미국 남부의 앨라배마에서 침례교 공동체 목사로 있었다. 수많은 흑인 노동자들이 가축 취급을 당하고 있었지만 대다수의 흑인들은 인종 분리와 차별을 일상적 관례로 감수하고 있었다. 1963년 8월, 당시 마틴 루터 킹은 열광적 환호를 받으며 미국의 여러 대도시를 돌며 순회 연설을 마친 뒤였다. 로스앤젤레스의 연설에서는 3만 명의 군중이 모였고, 디트로이트에서는 그 수가 12만 명에 달했다. 워싱턴 링컨 기념관 앞에 서서 생애 가장 위대한 연설을 했을 때 마틴 루터 킹의 나이는 34세였다.

수사학적 기법들만 늘어놓아서는 이 연설의 탁월한 면을 파악하기 힘들다. 그러한 기법에 대해서는 이미 수많은 논문들에서 발표되었다. 그의 연설에서 특히 주목할 만한 점은 킹 목사가 간접 인용과 언어유희를 통해 링컨의 유명한 게티즈버그 연설을, 그리고 이를 통해 시민권의 보편성을 거듭 암시했다는 것이다. 이렇게 해서 킹 목사는 영리하게도 스스로를 반항아가 아닌 애국자로 자리매김했다. 그는 자신의 열렬한 지지자들뿐 아니라 전 국민을 상대로 이야기했다. 어쩌면 그의 가장 탁월한 전략은 청중, 즉 미국 국민 전체에게 역사적 순간을 함께한다는 기분을 전달함으로써 역사적 의미를 갖는 결단을 내리고 직접 역사를 쓸 수 있는 가능성을 열어줬다는 데에 있을지도 모른다. 그에게 주어진 시간은 불과 8분이었다. 인종분리, 빈곤, 차별, 흑인에 대한 열악한 의료 서비스 등 비참한 현실들이 간략히 소개된 뒤에 킹 목사가 연설의 핵심적인 수사학적 요소로 의도한 비유, 즉 현금으로 교환되지 않은 수표의 비유가 등장한다. 하지만 예상 외로 훨씬 유명해진 것은 마지막 클라이맥스로 여섯 차례나 반복된 "내게는 꿈이 있습니다"라는 문구였다.

"어떤 의미에서 우리는 수표를 현금으로 바꾸기 위해 우리나라의 수도에 모였습니다. 우리 공화국의 설계자들이 헌법과 독립 선언서의 위대한 구절을 작성했을 당시에 그들은 모든 미국인에게 상속될 약속어음에 서명했던 것입니다. 이 어음에는 생명과 자유와 행복 추구에 대한 빼앗길 수 없는 권리가 흑인이든 백인이든 모든 인간에게 보장되어야 한다는 약속이 명시되어 있었습니다. 오늘날 분명해진 사실은, 유색인종 출신의 시민에 관한 한 미국은 그 지불 의무를 이행하지 않았다는 점입니다. 미국은 이 신성한 의무를 존중하기는커녕 흑인들에게 부도수표를 발행했고, 이 수표는 '잔고 부족'이라는 표시가 찍혀 되돌아왔습니다. 하지만 우리는 정의의 은행이 파산했다고 믿지 않습니다. 우리는 이 나라가 보유한 거대한 기회의 금고에 잔액이 부족하다고는 믿지 않습니다. 그래서 우리는 이제 이 수표, 즉 우리가 요구하자마자 풍족한 자유를 누리고 정의를 보장받을 수 있는 수표를 현금으로 바꾸기 위해 이곳에 왔습니다."

지나치게 비장한 어조로 빠지는 것을 피하기 위해 그는

한 대목에서 다음과 같이 구체적인 내용을 소개한다. "우리가 여행하다가 피로에 지쳤을 때 우리 몸을 이끌고 고속도로 근처 여관이나 시내의 호텔에 묵지 못하는 한, 우리는 만족할 수 없습니다. 이사할 곳을 찾는 흑인이 고작해야 좁은 흑인 거주 지역에서 좀 더 넓은 흑인 거주 지역으로 옮겨갈 수밖에 없는 한, 우리는 만족할 수 없습니다."

이어 저 유명한 예언자풍의 문구, "내게는 꿈이 있습니다"가 여섯 차례나 되풀이된다. 흡사 조롱 투로 미국의 낙후한 지역인 조지아와 미시시피를 언급하는 도입부로 시작된 그 문구는 다함께 하나의 믿음을 가지도록 호소하는 지점에서 절정을 이룬다. "나에게는 꿈이 있습니다. 조지아의 붉은 언덕 위에서 한때 노예였던 부모의 자식들과 그 노예의 주인이었던 부모의 자식들이 형제애가 넘치는 식탁에 함께 둘러앉는 날이 언젠가 오리라는 꿈입니다. 나에게는 꿈이 있습니다. 불의의 열기에, 억압의 열기에 신음하는 미시시피조차도 언젠가 자유와 정의의 오아시스로 탈바꿈하리라는 꿈입니다."

연설의 마지막 구절은 다음과 같다. "자유가 울려 퍼지게 할 때, 모든 마을과 부락, 모든 주와 도시에서 자유가 울려 퍼지게 할 때, 우리는 흑인과 백인, 유대인과 이교도, 개신교 신자와 가톨릭 신자 등 하나님의 모든 자손이 서로 손에 손잡고 옛 흑인 영가를 함께 부르는 그 날을 훨씬 앞당길 수 있을 것입니다. '드디어 자유로다! 드디어 자유로다! 전지전능하신 하나님, 드디어 우리는 자유입니다!Free at last! Free at last! Thank God Almighty, We are free at last!'"

킹 목사의 연설이 있고서 3주 뒤에 백인 우월주의 단체인 쿠 클럭스 클랜(KKK)이 설치한 폭탄에 흑인 소녀 네 명이 사망하는 사건이 발생했다. 이들 백인 극단주의자들은 다이너마이트 15개를 앨라배마주 버밍햄의 한 침례교회에 숨겨 놓았다. 폭탄은 청소년 예배 시간에 터졌다. 애디 매 콜린스Addie Mae Collins(14세), 캐롤 데니스 맥네어Carol Denise McNair(11세), 캐롤 로버트슨Carole Robertson(14세), 신시아 웨슬리Cynthia Wesley(14세) 등 네 명이 그 자리에서 즉사했다. 폭발로 시신이 크게 훼손된 탓에 옷과 장신구로 신원을 확인해야만 했다. 20명의 예배 참석자들도 중경상을 입었는데, 그 가운데에는 어린이들도 다수 포함되어 있었다. 그리고 5년 뒤 마틴 루터 킹은 멤피스에서 암살을 당했다. 하지만 그가 워싱턴에서 세상에 내놓은 말까지 없앨 수는 없었다. 마틴 루터 킹이 연설을 하고 1년 뒤 미국에서는 인종분리 정책이 폐지되었다. 당시 미국 대통령은 린든 B. 존슨이었다. 그리고 마틴 루터 킹이 죽고 거의 반세기가 지나 미국 국민들은 처음으로 흑인 대통령을 선출했다.

말의 위력을 보여주기 위해 세계사상 가장 유명한 10개의 연설을 아래에 소개한다. 위에 언급한 두 연설은 제외했다.

01 이스라엘로 가는 방랑을 끝내며 모세가 한 연설

모세는 이스라엘 민족에게 하나님과 동맹을 맺도록 했다. 그러나 정작 자신은 약속한 땅에 들어가지 못한 채 세상을 뜨고 말았다. 늘 레위족을 우대하고 나머지 민족들을 폭군처럼 함부로 대한 벌을 받은 것일까? 그처럼 훌륭한 명사들도("그 뒤로 이스라엘에는 모세와 같은 예언자가 다시는 나타나지 않았다."〈신명기 34:10〉) 뭐든 말할 수 있는 특권을 누리지는 못한다는 점이 위안을 준다.

02 소크라테스의 변론

소크라테스는 젊은이들을 나쁜 길로 유혹한 죄로 고발당했다. 그의 변론에서 충격적인 점은 죽음이 겁나지 않는다고 큰소리치는 모습이다. 소크라테스는 자신을 고발한 자들을 조롱하기 위해 나중에 저승에서 호메로스의 영웅들과 나눌 대화에 관해 열심히 설명한다. 과연 소크라테스다운 배짱이다. 그는 280 대 221로 유죄를 선고 받았는데, 이 판결은 아테네 민주주의(또한 다수결 결정)의 어두운 단면을 보여줬다.

03 알렉산드로스 대왕의 독려 연설

알렉산드로스 대왕은 수차례 집단 학살을 저지른 장본인이다. 따라서 영웅 대접을 받기에는 부적절한 인물이다. 다만 기원전 335년, 페르시아 제국을 정복하고 기진맥진한 병사들에게 계속해서 인도 방향으로 진군할 것을 독려한 그의 연설은 전설로 남아 있다. 그는 휘하 장교들에게 원하면 돌아가도 좋다고 하면서도 자신을 따라 계속 진군하는 자에게는 많은 명예와 부가 기다릴 것이라는 말도 빠뜨리지 않았다. 그러고는 남은 자들은 훗날 질투심을 견디지 못할 것이라고 경고했다. 결국 모두들 빠짐없이 그와 함께 길을 떠났다.

04 키케로의 첫 번째 카틸리나 규탄 연설

고상한 원로원 의원이었던 카틸리나Catilina는 기원전 63년 로마 공화정을 전복할 모반을 계획했고, 두 원로원 의원으로 하여금 처가 쪽 친척인 막강한 키케로를 살해하도록 사주했다. 하지만 암살 계획은 수포로 돌아갔고 키케로는 원로원을 소집했다. 예상을 깨고 카틸리나도 회의에 참석했다. 이어 키케로는 웅변가로서 자신의 명성을 확고히 다져준 연설을 시작했다. 특히 유명해진 것은 표현 수단으로서 무수히 모방된 수사적 질문을 잇달아 던진 대목이었다. 키케로의 유명한 첫 질문은 이랬다. "카틸리나여, 그대는 얼마나 더 우리의 인내심을 악용하려는가?"

05 산상수훈

'팔복八福'이라 불리는 예수의 가르침은 존귀함, 우선순위, 사회적 지위 등에 관한 서구의 가치기준을 송두리째 뒤집고 있다. "마음이 가난한 사람은 행복하다. 하늘나라가 그들의 것이다. 슬퍼하는 사람은 행복하다. 그들은 위로를 받을 것이다. 온유한 사람은 행복하다. 그들은 땅을 차지할 것이다. 옳은 일에 주리고 목마른 사람은 행복하다. 그들은 만족할 것이다. 자비를 베푸는 사람은 행복하다. 그들은 자비를 입을 것이다. (마태복음 5:3-7)" 이는 모든 기존 질서를 전복시키는 가르침이었다.

06 당통의 변론

1793년 1월 21일 루이 16세가 처형되자 방데Vendée 및 여타 지역에서 봉기가 발생했다. 혁명 세력은 무자비한 진압을 명령했다. 사망자 수는 확실치 않은데, 대략 10만 명에서 25만 명 사이로 추산되고 있다. 당통과 로베스피에르가 이끈 혁명 재판소에서는 즉결 심판을 통해 1793년 12월 한 달에만 3,000명이 넘는 사람들이 사형 선고를 받고 처형되었다. 당통이 반역죄로 고발당했을 때는 수석 검사 가운데 하나가 피고인석에 앉게 되었다. 당통은 더는 가망이 없음을 잘 알았다. 그는 혁명의 논리에 따라 처단될 수밖에 없었다. 당통의 변론은 혁명의 핵심 이념, 즉 세상을 원하는 대로 완전하게 할 수 있다는 생각에 대한 비판이나 다름없었다. "우리가 만들어질 때 어떤 실수가 범해졌다. 우리에겐 부족한 뭔가가 있다. 그것을 뭐라 불러야 할지 모르겠다." 인간의 원초적 결함을 믿는다는 것은 사실상 혁명 이데올로기를 배반하는 일이었다.

07 시애틀 추장의 항복 연설

미국 북서부에 살던 수꾸와미쉬족의 추장은 싸움이라면 진절머리가 났다. 자신들에게 거주지를 제공하겠다는 워싱턴주 주지사와 조약을 맺기에 앞서 그는 전설적인 연설을 했다. 이 연설은 백인들이 무섭게 세를 확장하던 상황 속에서 현실을 냉철히 직시한 중요한 선언으로 남게 되었다. 그의 연설은 이중적 의미에서 전설적이라 할 수 있는데, 수꾸와미쉬족의 언어를 이해하는 한 이주민에 의해 7년 뒤 비로소 문자로 기록되어 발표되었기 때문이다. 그중 일부를 소개한다. "한때 우리가 이 땅 곳곳에 살던 시절이 있었다. 바람이 불면 잔물결이 이는 바다가 조개로 뒤덮인 해저 위를 넘실거리듯이. 하지만 그런 시절은 오래 전에 끝이 났다. … 나는 우리의 패배를 슬퍼하지 않겠다. 우리의 패배를 빨라지게 했다는 이유로 백인 형제들을 나무라지도 않을 것이다. … 어째서 우리 종족의 운명에 내가 한탄해야 한단 말인가? 눈물 한 방울, 정령, 노래, 이것들이 나타나자마자 이미 우리는 그리움에 찬 눈빛으로 뒤를 돌아본다. 각각의 사람들이 모여 한 종족을 이루고, 전체로서 종족은 개개인들보다 더 많지 않다. 사람들은 바다의 파도처럼 왔다 사라진다."

08 처칠의 〈피와 땀과 눈물〉 연설

1940년 5월 13일 처칠이 하원에서 신임 총리로 첫 선을 보였을 때 그는 씁쓸한 경험을 했다. 히틀러와 평화를 맺으려던 전직 총리 체임벌린은 환호를 받았고, 말보로-스펜서 집안의 귀족 자제인 후임자 처칠은 의원들의 불신을 받았다. 네덜란드, 벨기에, 룩셈부르크는 '기습공격'에 의해 독일군에 점령당했고, 프랑스의 군사적 패배가 임박한 상황이었다. 처칠은 하원에 팽배한 적대적 분위기에 대해 솔직함으로 응수했다. "여러분은 묻습니다. 우리의 정책이 무엇이냐고. 여러분께 말씀드립니다. 하나님께서 우리에게 허락하시는 힘과 능력을 총동원해 바다와 육지와 하늘에서 전쟁을 치르는 것이라고, 사악하고 통탄할 인류의 범죄 목록에서 일찍이 찾아볼 수 없었던 끔찍한 폭정에 맞서는 전쟁을 치르는 것이라고 감히 말씀드립니다. 그것이 우리의 정책입니다."

09 간디의 〈인도를 떠나라〉 연설

1942년 간디가 봄베이(오늘날 뭄바이)의 전인도 국민회의 위원회에서 행한 연설은 영국 식민지 당국에 대한 그의 비폭력 저항의 시작이었다. "감옥에서 나는 칼라일이 프랑스 혁명에 관해 쓴 책을 읽었고, 네루는 러시아 혁명에 대한 몇 가지 이야기를 내게 들려줬습니다. 확신컨대 그 같은 혁명이 무기에 의해 폭력적으로 이뤄진다면 그것은 민주주의의 이상을 배반하는 것입니다. 내가 바라는 민주주의, 비폭력에 의해 실현되는 민주주의는 모두에게 자유를 가져다줄 것입니다." 수십만 명의 인도인들이 간디의 호소를 따랐고, 파업과 항의시위가 전국을 마비시켰다. 5년 뒤 인도는 독립을 이뤘다.

10 로널드 레이건의 브란덴부르크문 연설

베를린에서 나고 자란 아이들은 지금 살고 있는 도시가, 그리고 유럽의 절반이 한때 장벽과 철조망과 초소에 의해 두 동강 나 있었다는 사실을 상상하기 힘들 것이다. 레이건 미국 전 대통령이 1987년 베를린 한복판에 있는 경계초소에서 연설을 했을 때 ("미스터 고르바초프, 이 장벽을 허무시오!") 사람들은 그를 비웃었다. 양 진영의 수뇌부 인사들은 세계 분단을, 또한 수백만 명이 감옥에 갇혀 있는 상황을 감수하고 있었다. 레이건은 자신의 말로써 그 같은 공모 상태를 깨뜨렸다. 2년 뒤 장벽은 역사 속으로 사라졌다.

제 10 장

모든 역사에는 끝이 있다

지금이 마지막 기회인 이유

"심판의 날까지는
가장 높은 대천사들도
이 세상 최후의 비밀로부터
끊임없이 새로운 사실을
계시 받게 될 것이다."

토마스 아퀴나스
Thomas Aquinas
신학자, 스콜라 철학자

어느 정도 진지한 역사책이라면 '모든 일이 완전히 다르게 전개되었을 수도 있었을 것이다'라는 문장이 반드시 책 말미에 적혀 있어야 한다. 그뿐만이 아니다. 실제로도 사태가 다른 방향으로 전개될 수밖에 없었던 것처럼 보인다. 한동안 역사가들 사이에서는 다음과 같은 가정을 하는 것이 유행처럼 되었다. 20세기 초 중요한 시기에 괴짜였던 빌헬름 2세Wilhelm II 대신 자유주의적 사고의 소유자였던 그의 아버지가 독일을 통치했다면 어떤 결과가 나타났을까?

오늘날 빌헬름 2세의 아버지 프리드리히 3세Friedrich III 의 이름을 기억하는 이는 드물겠지만, 그는 온화하고 명석한 자유주의자였다. 빅토리아 여왕이 총애했던 딸 비키를 아내로 맞이한 그는 영국처럼 입헌군주제를 계획하고 있었다. 프리드리히는 부친인 고령의 빌헬름 1세로부터 황위를 물려받아 독일을 개혁할 수 있기를 평생 고대해왔다. 1888년 드디어 황제가 되었을 때, 의욕에 넘치던 프리드리히의 나이는 56세였다. 하지만 그는 99일 뒤에 암으로 세상을 뜨고 말았다. 비키와 프리드리히가 묻혀 있는 아름다운 무덤은 포츠담의 프리덴스키르헤(평화의 교회)에 자리하고 있다. 개혁의지가 강했던 프리드리히를 계승한 것은 콤플렉스로 가득한 아들 빌헬름 2세였다. 그는 호전적인 정치인, 기업인, 선동가들의 사주를 받아 1차 세계대전을 일으키게 된다.

만약 99일간 통치한 황제가 암에 걸리지 않았더라면 어떤 일이 벌어졌을까? 빌헬름 대신 프리드리히가 그만큼 오랫동안 다스렸다면 어땠을까? 독일은 더 빨리 민주주의 국가가 되었을까? 1차 세계대전도 결코 일어나지 않았을까? 그러면 자연히 2차 세계대전도 없었을까? 생각하면 기분이 좋아지는 질문들이 또 있다. 유명한 예루살렘 정복자이자 쿠르드족 출신의 술탄 살라딘이 12세기에 영국 왕 리처드 1세가 자신의 여동생을 술탄의 동생과 결혼시키자는 제안을 했을 때 이를 받아들였다면, 그래서 두 사람이 기독교·무슬림 왕국을 세우고 동서양 간의 지긋지긋한 싸움을 종식시켰다면 어땠을까? 아니면 이런 가정들은 어떨까. 히틀러가 앞서 다른 형제들이 그랬듯이 어릴 때 세상을 떠났다면 어떤 일이 벌어졌을까? 베를린 장벽이 무너진 직후 크렘린 보수파 세력이 고르바초프에 맞서 일으킨 쿠데타가 성공했다면 어땠을까? 고대 페르시아인들이 그리스인들을 격파했다면 어떤 역사가 전개되었을까? 로마의 콘스탄티누스 황제가 기독교가 아닌 마니교를 택하고, 380년 테오도 시우스 황제가 마니의 교리를 로마 국교로 선포했다면 어땠을까? 프랑크족이 중세 말에 벌어진 푸아티에 전투에서 파죽지세의 무슬림군을 무찌르지 못했더라면 어떻게 되었을까? 그럼 지금 우리는 너도나도 할랄 음식을 먹고, 공항 건물도 이슬람의 무어 양식에 따라 지어졌을까? 아니면 아예 공항이란 것이 없었을까?

역사를 둘러싼 중대한 오해 가운데 하나는 모든 일들이 지금 벌어진 대로 진행될 수밖에 없었다는 생각이다. 3세 기와 4세기에는 마니교가 기독교보다 훨씬 인기가 높았 다. 마니교는 바빌로니아인 마니Mani(216~276)가 창시한 인 간 우호적인 종교로, 중국을 비롯해 오리엔트 전역과 영국 에까지 퍼져 있었다. 마니교의 독창성은 기독교와 오리엔 트적 요소를 비롯해 불교적 요소까지 혼합된 자유로운 종 교라는 데에 있었다. 남들과 충돌을 빚을 일 없이 출신, 관 심, 욕구에 따라 자신의 지향에 맞게 교리를 해석할 수 있 었다. 누구도 배척하지 않은 마니교는 개인별로 다양한 입 장을 포용하는 평화로운 종교였다. 예컨대 마니는 동양의 윤회와 환생 신앙으로부터 인간이 우주의 서로 다른 구원

단계에 있다는 사상을 흡수했다. 저열한 상태인 악은 일찍이 우주적 차원에서 주어진 것으로 인정되었다. 최고 단계에 있는 이들은 모든 지상의(저열한) 것을 일체 단념해야 하는데, 교리에 따라 고기, 술, 섹스 등 쾌락을 제공하는 것을 포기하는 철저한 금욕을 요구받았다. 그러나 대중들에 대해서는 그다지 엄격한 의무가 요구되지 않았다. 마니교는 높은 도덕적 이상을 가르쳤지만 이 역시 그에 대한 사명감을 느낀 이들에게만 해당한 것이었다. 현실과 동떨어진 의무를 내세워 일반 대중을 괴롭히는 일은 없었다. 뛰어난 적응력을 발휘하며 한때 엄청난 성공을 거두었음에도 마니교가 결국 널리 인정을 받지 못한 것은 실로 놀라운 일이 아닐 수 없다.

역사에서 우리를 아연케 하는 점은 대부분 전혀 기대치 못한 일들이 벌어지곤 한다는 점이다. 영국의 작가 체스터턴Chesterton은 장난삼아 이런 상상을 해보았다. 570년경 페르시아와 오랫동안 힘겨운 전쟁을 벌이고 고트족과 스키타이족으로부터 새로운 위험이 대두되는 상황에서 비잔틴 제국의 고위 관리는 과연 어떤 걱정을 하고 있었을까. 이와 같은 시기에 그 관리의 행동반경을 훌쩍 벗어난 곳에서 무함마드라는 소년이 세상에 태어나 관리의 모든 걱정거리를 일거에 무의미한 것으로 만들어버렸다. 신생 종교인 이슬람

교가 무섭게 승승장구한 탓에 4세기에 걸쳐 사람들은 이
슬람이 영원히 세상을 지배할 것이라고 생각할 수밖에 없
었다. 18세기 중반이 되자 이제는 프랑스 왕이 전 세계의
질투와 감탄을 동시에 받는 제국의 중심에 서게 되었다. 한
세대가 지나자 이 제국과 관련된 모든 이들이 참수형에 처
해졌고, 시신은 공동묘지에 매장되었다.

　1930년대 초만 해도 빈, 함부르크, 부다페스트 등지에
살던 중상류층 시민들은 출신의 문제로 본인의 지위나 시
민의 명예가 박탈될 수 있다는 말에 웃음을 터뜨렸을 것이
다. 그들의 부친이나 조부 가운데에는 저명한 관리나 교수
를 지낸 이들도 많았다. 철학자 비트겐슈타인의 어머니는
빈에서 가장 부유하고 명망 높았던 세 가문 가운데 한 곳
의 여성 가장으로서 1935년 베를린에 있는 괴링에게 편지
를 보내 인종차별법이란 대체 무엇이고 나치주의자들은 제
정신인지를 노골적으로 물었다. 유대인 조부를 둔 독일 작
센 경찰총장이나 라인란트 철십자훈장 수훈자들이 보기
에 아무런 이유 없이 자신들이 체포되리라는 상상은 기이
하기 짝이 없는 것이었다. 마치 서아프리카 밀림에 살던 어
느 가장에게 화려한 모자와 금속 무기로 무장한 남성들이
불쑥 나타나 자신들을 사슬로 묶고 배에 태워 대서양을
건너게 한 뒤, 세상 다른 쪽 끝에서 목화를 따게 하리라는

상상이 허무맹랑하게 들렸을 것처럼 말이다.

역사는, 브루클린 사람들의 표현을 빌리자면 '버스처럼 갑자기 당신을 덮칠 것이다hits you like a bus'. 게다가 버스는 단연코 가장 예상치 못한 쪽에서 올 것이다. 어느 스페인 정치가는 이런 말을 했다고 한다. "불확실한 시대야말로 가장 확실한 시대인데, 이런 때에는 적어도 무엇이 문제인지는 알기 때문이다." 앞서 살펴본 것처럼, 버스가 우리와 충돌할 경우 우리가 그 사실을 알게 될 것이라고 장담할 수조차 없다. 지금까지 없었던 거대한 혁명이 우리를 향해 서서히 다가오고 있다. 바로 이 순간 초유의 세계사적 변화를 겪고 있으면서도 우리는 그 사실을 전혀 눈치 채지 못하는 것인지도 모른다. 그리고 100년 뒤에 이렇게 말할 것이다. "새천년이 시작될 무렵부터 이런 징조가 나타났다." 하지만 '그것'의 징조가 나타날 때 우리는 노천 호프집에서 10월의 햇살을 즐기며 이메일을 확인하고 있었다.

그렇다면 가족, 또는 국가의 역할로 주제를 돌려보자. 500년 전만 해도 가족 없이 독신으로 사는 사람들은 정신 이상자나 수도사 정도였다. 100년 전만 해도 독신자들은 이상한 사람으로 취급 받거나 의심의 눈초리를 받았다. 현재 대도시 싱글족들은 전체 인구의 3분의 1 가량을 차지하고 있다. 오늘날에는 적어도 중부 유럽에서는 국가가 국민

들에게 보편적 의료서비스와 예전에 가족이란 울타리 속
에서 누렸던 안전망을 제공한다. 그렇다면 각국의 상황은
어떨까? 중요한 역할을 하는 국가에 대해 마지막으로 들었
던 때는, 다시 말해 마지막으로 국가가 역사의 주인공으로
우뚝 섰던 때는 냉전시대였다. 실제로는 여전히 국가가 존
재한다 하더라도 전 세계적으로 국가의 의미는 크게 퇴색
했다. 아니면 페터 글라저Peter Glaser가 주장하듯이(《푸른 행
성》, 《쥐트도이체차이퉁》 No. 24, 2016년) 페이스북이야말로
다수가 염원하는 세계국가의 초기 형태일지도 모른다. 어쩌
면 100년 뒤에는 국가나 가족의 해체 현상을 인류사의 가
장 중요한 혁명으로 되돌아보게 될지도 모를 일이다.

다만 잊지 말아야 할 점이 있다. 무엇인가를 예측할 수
있다는 사실 자체가 예측된 일이 실제로 발생할 개연성을
증명해 주기도 하지만, 동시에 예측된 일이 생기지 않으리
라는 증거가 되기도 한다.

미래에 어떤 위험이 닥칠지 미리 짐작하려면 우리가 가
장 안전하다고 느끼는 부분부터 살펴보는 게 좋을 것이다.
짐작컨대 우리는 독일이 다시는 독재국가가 될 수 없다고
확신하고 있을 것이다. 진작에 확고한 민주주의 체제를 다
져놓은 만큼 그 같은 위험에 대한 충분한 저항력을 갖추
고 있다고 다들 믿는다. 하지만 독재가 자발적이라면, 예컨

대 독일인들 스스로가 구글이나 페이스북에 감시받는 것을 자발적으로 수긍한다면 어떻게 될까? 독재가 민주적이라면 어떻게 될까?

우리는 열린 사회가 자유주의적 태도를 견지해 더 이상 내부의 적을 막아내지 못하면서 자체의 모순을 증명해 보이는 상황을 상상할 수 있다. 이와 마찬가지로 다음과 같은 상황도 고려해볼 수 있을 것이다. 즉 자신을 방어하기로 작정한 민주주의가 민주적 합의를 무시하는 자들을 철저히 배척하는 날이 올 수도 있다는 것이다. 그 경우 증오자, 악성댓글자, '분노한 시민들Wutbürger'(특정한 정치적 결정에 대한 실망감에서 격렬한 항의에 나선 시민들), 동성애혐오자, 광신주의자들이 모두 배제당할 것이다. 그 결과 마침내 선의를 가진 이들끼리 모여 합의를 이루게 될 것이다.

문제는 그것이 우리의 가치관과 부합하지 않는다는 점이다. 어떤 대가를 치르고서라도 합의를 요구하는 사회는 유럽적인 정신과 동떨어진 사회다. 우리 DNA에는 주변과 갈등을 빚고 끊임없이 혼란에 빠지는 경향이 들어 있다. 사람들은 자유주의와 다원주의를 곧잘 혼동한다. 다원주의에는 엄밀한 의미에서의 자유주의와 구별되는 결정적인 차이점이 한 가지 있다. 다원주의에는 도덕이나 정치와 관련해 절대적인 정답이 있는 판단이란 없다는 통찰이 담겨 있다. 서로 다른 정답들이 무수히 존재한다는 것이다. 다원주의적 사회에서는 서로 견해가 일치하지 않을 때가 있다는 것을 인정해야 한다. 이는 자유주의적 합의에 반대하는 상대방의 의견도 받아들여야 하는 의무가 있음을 의미한다. 물론 쉬운 일은 아니다.

우리는 더불어 살기 위해 우리가 몸담고 있는 나라에 이주해온 보수적인, 심지어 급진적인 무슬림들에게도 우리법을 따르도록 요구해야 한다. 하지만 그들이 각자의 신앙을 버리도록 강요해서는 안 된다. 무슬림뿐 아니라 막연한 두려움과 복수심에 이끌려 활동하는 페기다PEGIDA(서방세계의 이슬람화에 반대하는 유럽인) 소속 시위 참가자나 기독교 근본주의자에 대해서도 마찬가지다. 우리는 우리 사회에서 이들을 배척해서는 안 된다. 설령 그 방식이 온건한 것일지라도 그 점에는 변함이 없다.

200년 전 당시 신생국인 미합중국을 분석한 프랑스 사상가 토크빌Alexis de Tocqueville은 자신과 생각이 다른 타인을 바보로 무시하는 암묵적 합의를 통해 어떻게 배척행위가 비공식적인 방식으로 이루어지는지를 소개한 바 있다. 그러면서 그것이 본질상 얼마나 비민주적인 것인지도 증명해 보였다. 미국 건국 신화와 관련해 이런 우스갯소리가 있다. '장로교 신자들은 왜 영국에서 미국으로 도망쳐 왔을까? 바로 각자의 신앙에 따라 자유롭게 살고, 또 그런 자신들과 똑같이 살도록 남들에게 강요하기 위해서다.'

자유주의적·쾌락적 인생관을 공유하지 않는다고 해서 그 사람을 바보나 아웃사이더로 부른다면, 이야말로 지극히 반자유주의적인 태도다. 그것은 교조주의적인 자유주의로 귀결되고 이는 결국 스스로를 부정하는 일이 된다. 자유를 옹호하려면 자신을 가장 짜증나게 하는 사람들의 자유를 지키는 데에서부터 시작해야 한다. 자유주의가 자신을 선전하는 유일한 방법은 자유주의적인 삶의 방식이 얼마나 매력적인지를 보여주는 것이다. 자유주의가 여타 이데올로기처럼 타인의 견해를 강제로 변화시켜 자신의 우월함을 과시하기 시작하거나, 나만이 옳다고 주장하며 반대자들을 동화시키려는 순간 그것은 더 이상 자유주의라 할 수 없다.

우리가 공정한 또는 불공의한 정치이데올로기들에 대해 논할 때, 이런 저런 사건이 일어나지 않았더라면 역사가 어떻게 흘러갔을지 가정할 때, 미래 비전을 제시하거나 좀 더 견딜 만한 세상을 만들고자 노력할 때, 이 모든 것 뒤에는 내가 지금까지 암묵적으로 전제해온 한 가지가 자리하고 있다. 바로 역사에 의미와 목표가 있다는 것, 즉 역사를 설명할 수 있다는 가정이다. 그런데 정말 그럴까? 우리는 역사를 설명할 수 있을까? 가령 지금 이 책을 통해 그런 일이 가능할까? 나아가 책의 마지막에서 병뚜껑을 닫아버리듯 역사 전체에 대한 결론을 선명하게 내릴 수 있을까? 더나아가 세계사의 핵심을 단 하나의 문구로 요약하는 것이 가능할까?

카를 야스퍼스처럼 이렇게 말할 수도 있을 것이다. "우리에게 주어진 새로운 역사적 상황은 인류가 실제로 하나가 되었다는 것이다." 이 세상에서는 우리 각각과 전혀 무관한 채 어떤 중요한 일도 일어날 수 없다. 유발 하라리도 같은 이야기를 하고 있다. 3,000년 전만 해도 지구상에는 50여만 개 가량의 소규모 문화가 곳곳에 흩어져 있었다. 하라리에 따르면 인류라는 서사는 서로 완전히 고립된 미시 문화가 완전한 네트워크를 이룬 글로벌화한 세상으로 발전하는 과정으로 요약된다. 처음에는 아메리카 대륙이, 이어 아프리카와 전 세계가 차례로 유럽화되었다. 어느덧 공항, 호텔, 쇼핑가 등 모든 시설들이 전 세계적으로 똑같은 모습을 띠게 되었다. 오늘날 지구상에는 세계화로 모두가 공유하는 현실에 영향을 받지 않는 어떤 지역도 존재하지 않는다. 지금까지의 역사는 세계의 유럽화, 거대한 전 지구적 문명화 과정으로 해석될 수도 있을 것이다.

하지만 그럴 경우 여러 빈틈들을 어떻게 이해해야 할까?

한때 세계에서 가장 부유하고 개화된 장소였지만 이제는 흔적도 없이 사라지다시피 한 팔미라는 우리에게 어떤 의미일까? 다마스쿠스는 또 어떤가? 고대 후기에 다마스쿠스는 세계 철학의 중심지였다. 우리는 한때 세계가 지금보다 훨씬 더 글로벌하고 다문화적이었음을 쉽게 잊는다. 도시의 상층계급 출신이나 아프리카인, 또는 로마에 동화된 '발칸의 야만인' 같은 이들이 로마 황제에 오르던 시기가 있었다. 우리 시대는 다문화주의를 중시하고 있다. 하지만 우리가 잊고 있는 사실은 지금 여기 유럽화된 문화보다 훨씬 더 다채로운 문화들이 존재했다는 것이다. '하나의 거대한 가족으로 성장하는 글로벌 세계'라는 이야기만으로는 정확하게 설명되지 않는 무엇인가가 있는 것처럼 보인다.

하나의 테마, 가령 '세계화'를 중심으로 역사를 관찰하는 일은 언제나 매력적이다. 뿐만 아니라 이러한 이야기들은 대개 어느 정도씩 들어맞기도 한다. 다만 그렇게 역사를 정리하고자 하는 것은 속속들이 파악하기 힘든 다양한 무엇인가에 억지로 질서를 부여하려는, 용기 있지만 동시에 절망적인 시도라는 점 또한 염두에 둘 필요가 있다. 모든 현상이 빠짐없이 설명되고, 모든 물음이 해결되는 역사라는 것이 있을 수 있을까? 물론 자신의 시각이 갖는 한계를 알고 있는 한, 정리정돈을 좋아하는 인간의 특성에 따라 역사를 어떤 법칙들에 의거해 해석하는 것은 얼마든지 허용될 수 있다.

역사에 대한 간결한 해석을 제시해 우리를 매료시킨 이 가운데 하나로 미국의 유명한 경제학자 피터 번스타인Peter L. Bernstein을 들 수 있다. 그의 해석에 따르면 인류의 서사는 스스로에게 닥친 위험들을 굴복시킨 일종의 정복행위다. 인류의 초기 단계에서 인간은 의도를 알 수 없는 힘에 노출되어 있었다. 우리는 살아남기 위해 갖은 노력을 다했고, 그 과정에서 위험하지만 지루할 틈이 없는 변화무쌍한 삶을 살았다. 그런 다음에는 미리 대비하고 닥쳐올 위험을 고려하고 계산하는 법을 배웠다. 번스타인은 우리가 위험을 측정하면서 근대적인 삶이 시작되었다고 말한다. 수학 및 통계학 법칙들 덕분에 인간이 세계를 해독하게 되었다는 것이다.

오늘날 우리는 냉장고에서 음식을 꺼내 먹고, 에어컨이 작동하는 공간에서 생활하고, 각종 의무들 속에 단단히 묶여 있다. 모험은 가상공간에서만 존재하고 삶에서 위험은 최소화되어 있다. 번스타인에 따르면 전환점이 찾아온 시기는 17세기 블레즈 파스칼Blais Pascal이 개연성 이론을 발견하면서였다. 현대의 모든 상거래를 비롯해 은행, 보험, 보건, 연금시스템이 그 이론에 기반을 두고 있다. 17세기 이후로 인류는 극히 정교한 위기관리를 전개하면서 한때 재난들이 지배하던 적대적인 세계 속에서 안전하다는 믿음을 갖게 되었다.

이 같은 번스타인의 가설에는 부인하기 힘든 진실이 들어 있다. 우리 조상들 대부분은 밤에 편안히 잠을 청하기 어려웠다. 두 세대 전만 해도 유럽에서는 거의 30년마다 전쟁이 일어났다. 현대인은 기차가 몇 분만 늦어도, 비행기에서 다리를 조금만 마음대로 못 움직여도 불평을 늘어놓기 시작한다. 그런 만큼 사치스런 고민들로부터 깨어나거나 재해나 테러가 닥칠 때 우리가 받는 충격은 더더욱 크기 마련이다. 그런 충격들과 맞닥뜨린 우리는 서둘러 쉬운 해법을 찾아 나선다. 그 같은 해법이 어느 정도 도움을 줄 때도 있지만, 그럼으로써 우리 인류가 세계를 통제하고 있다는 환상은 다시금 굳어진다. 역사에 신경을 쓰지 않으려는 태도는 안정적인 환경 속에서 살 권리에 대한 믿음만큼이나 만연해 있다. 그러나 이러한 생각들은 환상이다.

세계를 이해하고 설명하려는 모든 시도에는 한 가지 공통점이 있다. 세계에 의미를 부여한다는 것이다. 역사를 이야기하는 순간 우리는 역사에 의미를 부여한다. 인간으로서 역사를 바라보기 때문이다. 물론 인간 중심적 역사 서술을 거부하면서 역사에서 인간을 철저히 배제하거나 또는 질서를 깨는 훼방꾼으로 다룰 수도 있을 것이다. 하지만 그러한 시도는 모든 것을 역사로 만들어버리면서 무엇이 중요하고 중요하지 않은지에 대한 구분 또한 사라진다. 다시 말해 이제까지 일어났던 모든 사건이, 심지어는 돌과 빗방울이 떨어지는 것까지 모두가 똑같이 중요한 사건이 된다. 따라서 역사를 서술하는 것이 불가능해질 뿐더러 무의미해진다.

우리는 드디어 역사 서술에서 원래 지향하는 목표에 이르렀다. 전문용어로는 이를 역사철학이라고 부른다. 역사에 관심이 많은 사람에게는 역사철학만큼 흥미로운 학문 분야도 없을 것이다. 정확히 어떤 일이 어떻게 일어났는지는 둘째 문제고, 중요한 것은 단 하나, 그것이 어디로 귀결되는가 하는 물음이기 때문이다. 이는 결국 신학적 질문이기도 하다. 그도 그럴 것이 아무리 겉핥기식이더라도 보편적 관점에서 기술한 역사책이라면 마지막 궁극적인 것에 대한 물음이 빠질 수가 없기 때문이다. 다시 말해 궁극적인 것에 대한 질문은 이렇다. 우리는 적어도 사후 연속적으로 설명하거나 파악할 수 있는 역사의 일부인가? 즉 시작과 끝이 있는 역사의 일부인가? 그래서 역사는 본질적으로 유한한가? 역사에는 목적이 있는가? 역사에 관심을 가진 사람이라면 역사의 목적과 종말에 대한 질문을 외면

하기는 어려울 것이다.

먼스터 대학의 저명한 철학인류학 교수인 요제프 피퍼 Josef Pieper에 따르면, '이미'와 '아직'('이미 그리스인들은 …을 알았다', '옛 사람들은 아직 …을 몰랐다')이란 단어를 입에 올리는 사람은 누구나 역사의 발전을, 어떤 방향성을 염두에 두고 있는 셈이다. 마찬가지로 그것이 완전한 상태든 파국 상황이든 역사가 특정한 상태로 나가고자 한다는 것, 즉 일종의 최종 상태가 있으리라는 점을 함께 고려하고 있는 셈이다.

그런데 그리스인의 생각은 달랐다. 아리스토텔레스는 자연과 유사하게 역사도 순환한다고 주장했다. 인도 문화에도 이 같은 회귀 사상을 찾아볼 수 있는데, 현대인들이 생각하는 식의 시간 진행은 그들에게 낯설기만 했다. 이집트인들은 과거와 미래라는 개념을 전혀 알지 못했고, 삶의 무상함을 철저히 부정했다. 이는 그들이 남긴 미라와 내세에 관한 이야기에서 잘 드러나고 있다.

역사가 발전한다는 사상, 즉 모든 것에 시작과 끝이 있고 방향이 있다는 사상은 지극히 유대교적 사상이며, 그래서 매우 기독교적이면서 유럽적이기도 하다. 각종 종말 시나리오와 역사의 목적에 관한 가설들은 고대 후기와 중세 이후로 아우구스티누스에서 시작해 토마스 아퀴나스를 거쳐 카를 마르크스에 이르기까지 유럽적 전통에서 빠질 수 없는 요소를 이루고 있다. 서양인들, 그리고 서양의 문화에 큰 영향을 받은 현대인인 우리로서는 달리 어쩔 수가 없다. 서양인들의 언어에도 이미 그 점이 내포되어 있다. 끝을 가리키는 라틴어 finis, 프랑스어 fin, 이탈리아어 fine, 영어 finish, 그리고 이보다는 정도가 덜하지만 독일어 Ende 등의 단어에는 목적이란 뜻도 들어 있다. 현대인의 사고방식으로는 목적을 뜻하지 않는 끝이란 존재할 수 없다.

또 다른 흥미로운 점은 우리의 상상력이 목적지 너머에 있는 것에는 닿지 못한다는 사실이다. 우리는 '역사의 종말'이란 개념을 소리 내어 말할 수는 있지만, 그것이 무엇을 뜻하는지는 알지 못한다. 마찬가지로 종말과 그 뒤에 무엇이 올지에 대해 상상할 수도 없다. 우리로서는 무無 역시 상상할 수가 없기 때문이다. 여기에 필요한 이해력이 우리에게는 없다. 파괴 행위를 머릿속에 떠올릴 수는 있다. 그런데 파괴된 것은 어쨌든 간에 부서진 채 남아 있게 된다. 완전한 소멸, 절멸, 혹은 요제프 피퍼의 말을 빌리자면 존재의 무화無化는 인간 자력으로는 불가능할 뿐더러 상상조차 할 수 없는 것이다. 이는 창조를 취소하는 것이나 마찬가지이며, 결국 여기에는 창조에 대한 전제가 깔려 있다.

다시 말해 역사의 종말, 무의 존재에 대한 믿음은 신에 대한 믿음과 같은 의미라 할 수 있다. 존재와 무의 구분은 일종의 창조 행위를 가정하기 때문이다. 많은 물리학자들이 지적이고 초자연적인 힘을 배제하지 않는 것도 이런 이유에서다. 물리학자라면 지구와 태양만이 아니라 우주 전체가 유한하다는 점을 알고 있을 것이다. 우리는 50억 년 뒤 태양이 엄청나게 팽창해 지구상의 모든 생명체를 불태워버릴 것이라는 점을 계산해낼 수 있다. 그로부터 또 다시 50억 년이 지나면 태양은 수축, 냉각되면서 우주가 그런 것처럼 예측 가능한 종말을 맞게 될 것이다. 최근 널리 통용되는 이론으로는 팽창을 거듭한 우주가 절대영도에 도달해 얼어붙는다는 '빅프리즈Big Freeze', 거대한 파열과 함께 우주가 종말을 맞는다는 '빅립Big Rip', 그리고 우주가 한 점으로 수축한다는 '빅크런치Big Crunch' 등이 있다.

역사의 종말에 대해 생각하는 것은 과연 생산적인 일일까? 종말에 대해 어떤 의미 있는 말을 할 수 있을까? 이에 대해서는 근거가 될 만한 어떤 실질적인 경험치도 없는 실정이다. 중세 유럽에서 아우구스티누스, 안젤름 폰 하펠베르크Anselm von Havelberg, 오토 폰 프라이징Otto von Freising, 노스트라다무스Nostradamus 등은 역사를 서술할 때 세상의 종말 이전에 마지막 전투가 벌어질 것으로 예상했다. 기독교식 해석에 따르자면 세상의 종말 이후에는 예수의 부활과 하나님의 왕국이 찾아온다. 또 그 같은 왕국은 지상의 권력에 희생된 자들이 복권되는 일종의 거대한 보상, 거대한 구원으로 여겨진다. "권세 있는 자들을 그 자리에서 내치시고 보잘것없는 이들을 높이셨으며 배고픈 사람은 좋은 것으로 배불리시고 부요한 사람은 빈손으로 돌려보내셨습니다"(누가복음 1:52-53).

그렇다면 이와 같은 종말은 언제 일어난다는 것일까? 일찍이 예수와 같은 시대를 살고 있던 사람들은 '임박한 종말에 대한 기대감' 속에 살고 있었다. 여러 기독교 해석에 따르면 우리는 이미 오래전부터 세상의 종말 한가운데에 놓여 있는 셈이다.

지금까지 서양인들은 목적이라는 개념과 역사의 완성이라는 이념을 당연하게 생각해왔다. 기독교는 종말론적 사상을 르네상스를 거쳐 계몽주의에 물려주었다. 세계의 청사진을 가진 신에 대한 믿음은 이성이 군림하는 계몽주의 시기로 접어들면서 인류가 계속 진보한다는 믿음으로 대체되었다.

18세기 후반 베스트셀러 가운데 스위스의 이자크 이젤린Isaak Iselin이 쓴 《인류의 역사에 대하여》가 있다. 책의 요지는 황금시대는 우리 뒤가 아닌 우리 앞에 있다는 것이다. 곧이어 실러Schiller의 송가 〈환희에게〉는 그 같은 생각을 "모든 이들이 형제가 되리라" 등의 운율 섞인 시구로 표현했다. 이처럼 "우리 인류의 영원한 전진"(피히테Fichte)이라는 사상을 비롯해 "진정한 문화"의 왕국 및 "영원한 평화"에 대한 칸트의 꿈, 그리고 루스벨트와 처칠이 자신들의 정치적 신조가 담긴 공동 원칙을 명시한 〈대서양 헌장Atlantic Charter〉에 이르기까지 이 모든 것들이 서양이 남긴 유산에 포함된다. 진보에 대한 계몽주의자들의 낙관적인 태도는 최후에 벌어질 일에 대한 기독교 신학에 근거를 두고 있다. 《공산당선언》의 최종 비전도 결국 아우구스티누스가 쓴 《신국神國》의 세속화 버전이나 마찬가지다.

기독교적 사고에 의하면 지상에서 천국과 비슷한 상태가 나타나더라도 이는 적그리스도의 속임수에 불과한 것으로, 적그리스도의 통치는 끔찍한 최후의 결전에 앞서 등장하는 단계에 해당한다. 그러면서 종말의 시간이 닥치면 탄압받던 소수집단에게 인류의 자유와 존엄성을 수호하는 역할이 주어진다고 한다.

이러한 종말론적 시나리오는 허무맹랑한 이야기일까? 인간이 마지막 수수께끼를 밝혀내는 것은 이제 시간문제일 뿐일까? 기술을 통해 모든 문제가 해결될 수 있을까? 생명과학Life Science이라 불리는 학문이 언젠가 궁극의 비밀을 풀어준다면 어떤 일이 벌어질까? 한때 신앙에 속했던 것들이 미신으로 밝혀질까? 한편으로는 이런 질문도 떠오른다. 우리는 대체 무엇을 알고 있을까? 얼마 전까지만 해도 우리는 공간이 구부러지고 물결친다고는 꿈에도 상상하지 못했다. 어쩌면 우리가 속한 우주에서와는 다른 일이 벌어지는 평행우주가 존재할지도 모른다. 어쩌면 언젠가는 엄밀한 과학적 의미에서 '나'라는 것조차 존재하지 않는다는 깨달음에 이를지도 모른다. 그리고 우리 모두가 존재와 비존재 사이를 끊임없이 오가는, 공간 속에서 떼 지어 돌아다니는 소립자에 불과하다는 사실이 밝혀질지도 모른다.

이른바 '가이아 가설Gaia hypothesis'의 신봉자들은 개인적 자아가 과대평가되고 있으며 우리 모두는 지구라는 이름의 거대한 유기체를 이루는 세포에 불과하다고 오래전부터 주장하고 있다. 이러한 주장은 차치하더라도 개인이나 집단으로서 우리의 존재는 모든 우주들의 광활함에 비한다면 어차피 어떻게 되든 상관없는 것이 아닐까? 그럴지도 모른다. 하지만 그 같은 논리를 끝까지 밀고 간다면 핵전쟁 역시 크게 대수롭지 않은 문제라는 결론에 이를 것이다. 고문도, 굶주림도, 그리고 사랑도 마찬가지다.

내 친구 에스터 마리아 마그니스Esther Maria Magnis가 유년기를 회상하며 쓴 책에는 매우 인상 깊은 구절이 등장한다(《하나님에게는 당신이 필요치 않다Gott braucht dich nicht》,

Rowohlt, 2012). 에스터는 부모님이 지인들을 초대한 저녁 식사자리에서 한 남성 옆에 앉게 되었다. 그는 과학적인 관점에서 인간이 얼마나 보잘 것 없는 존재인지를 재치 있고 자신만만하게 설명하기 시작했다. "남자 옆에는 그의 아내가 앉아 있었다. 약간 취한 그녀는 자랑스러운 듯 웃음을 띠었는데, 방금 남자가 한 말을 이해 못한 듯 했다. 내 가슴은 쿵쿵거렸다. 흥분한 나는 침을 꿀꺽 삼켰다. '부인을 사랑하세요?' 내가 남자에게 물었다. 식탁 위에서 달그락거리던 포크 소리가 뚝 멈췄다. 그는 잠시 부인을 바라보았고, 이어 모두가 웃음을 터뜨렸다. 내가 다시 입을 열었다. '아저씨 말을 믿지 못하겠어요. 그걸 증명하실 수 없잖아요. 아저씨가 말할 수 있는 것은 부인의 몸에서 아저씨를 유혹하는 향기가 나고, 아저씨가 바람을 안 피우는 것은 사회적 의무 때문이거나 그것이 본인에게 유리하기 때문이라는 것뿐이에요. 따뜻한 보금자리가 필요하고 부인께서 아이들을 키우기 때문이지요. 제가 아저씨 부인이라면 정말 슬플 것 같아요.'" 이런 말을 한 에스터는 부모님께 꾸중을 들었다. 물론 그녀의 말에 틀린 점은 없었다.

우리의 존재가 무의미하지 않다는 믿음, 사랑이 뇌 속의 화학적 반응 이상의 의미를 갖는다는 믿음, 선과 악이 존재하고 인간이 단순히 생물학적 사건의 결과물이 아니라

는 믿음, 인류의 역사에는 목적이 있고 인간은 의미를 드러
내는 무언가의 일부라는 믿음 없이 어떻게 우리가 세상을
살아갈 수가 있을까. 인간이 맥베스와 같은 끔찍한 괴물이
아닌 이상 불가능한 일이다. 셰익스피어는 맥베스가 죽기
직전 이런 말을 하게 했다.

> 인생이란 한낱 걸어 다니는 그림자에 지나지 않은 것,
> 무대 위에서 뽐내고 안달하다
> 시간이 지나면 사라져버리는 것,
> 바보가 지껄이는 이야기 같은 것으로
> 헛소리와 분노로 가득하나
> 의미는 전혀 없다.

인생은 바보가 늘어놓는 한 편의 허황된 이야기이며, 어
차피 아무도 신경 쓰지 않으니 마음대로 살라는 말이다.
하지만 생각할 줄 아는 인간이라면 그것만으로는 성에 차
지 않는다. 소크라테스는 우리 안에는 이미 최고의 깨달음
이 자리하고 있기 때문에 끈질기게 파고들기만 하면 된다
고 주장했다. 그의 말처럼 자신의 내면을 진득이 응시한다
면 선과 악 같은 것이 존재한다고 해도 그다지 이상하게 보
이지는 않는다.

인간이 선을 발견하는 것이지 선을 발명하는 게 아니라는 사실도 내게는 분명해 보인다. 이는 선이 악보다 낫다는 것만큼이나 직감적으로 알 수 있다. 신의가 배신보다 훌륭하고, 남의 목숨을 빼앗는 것보다 누군가에게 도움을 주는 것이 올바른 일임은 분명하다. 이 점을 인정한다면 자유가 커다란 선물이면서 동시에 커다란 짐이라는 사실도 분명해진다. 어쩌면 선과 악을 선택할 수 있는 자유야말로 인간다움을 결정짓는 기준이 되는 것인지도 모른다. 그렇다면 역사 속의 악당들을 포함해 악 또한 우리가 자유를 위해 지불하는 대가인 셈이다.

선과 악의 차이를 믿는 사람은 세계에 의미가 있음을 믿는다. 중요한 것은 믿는 것이다. 그리고 믿는 자는 희망할 수 있다. 희망할 수 있는 자는 세계를 긍정할 수 있다. 그 긍정에는 세계의 불완전함까지도 포함되어 있다. 그러한 불완전함이야말로 우리로 하여금 계속해서 선 또는 악을 선택하게 하고 주어진 자유와 맞닥뜨리도록 하기 때문이다. 또한 세계에 대한 긍정은 현실을, 세상의 고통을 주어진 사실 자체로 인정하되 부단히 개선하도록 애쓰는 것을 뜻한다. 물론 그것이 일시적인 대처임을 잊지 않은 채 말이다.

인류의 역사가 단 한 마디로 요약될 수 있을까? 서양 문명의 가장 중요한 사상가 가운데 하나로 꼽히는 아우구스티누스가 그러한 시도를 한 적이 있다. 이제 그에게 결론을 양보하려 한다. 북아프리카 출신이었던 그가 오늘날 합법적으로 유럽에 입국하려 한다면 자신이 살았던 시대보다 난처한 상황에 처할지도 모르겠다. 앞서도 말했듯이 지금보다 훨씬 나라 간의 교류가 활발했던 시절이 있었다.

아우구스티누스는 세계사를 두 가지 형태의 사랑이 서로 다투는 과정으로 보았다. 하나는 극단적인 경우 세계를 파괴하는 자기애이고, 또 하나는 극단적인 경우 자신을 포기하기에 이르는 이타적 사랑이다. 인류의 진보는 이러한 인간 고유의 자기애가 낳은 결과이자 동시에 종말을 암시하는 징후이기도 하다. 이를 알려면 아우구스티누스처럼 신앙심이 깊을 필요는 없다. 인간이 지구에 어떤 영향을 끼쳤는지를 살펴보는 것만으로도 충분하기 때문이다.

닫는 글을 대신해

우리가 모르거나 잘못 알았던 역사적 진실들

"있지도 않은 일을
세세히 묘사하는 것은
역사가의 임무일 뿐 아니라
진정한 문화인의
양도할 수 없는
권리이기도 하다."

오스카 와일드
Oscar Wilde
극작가, 시인

이 책 한 권을 읽었다고 역사를 꿰뚫어볼 정도로 현명해지지는 않을 것이다. 다만 배움이란 우리가 모르는 것이 분명해지는 과정이기도 하다. 세상 이치가 그렇다. 문을 열어젖히는 순간 그 뒤로는 다시 세 개의 문이 우리를 기다리고 있다. 바이마르의 한 신사는 희곡 《파우스트》의 첫 독백에서 이 같은 딜레마 앞에서 느끼는 좌절감을 멋지게 요약한 바 있다.

아! 나는 철학이며
의학, 법학,
그리고 유감스럽게도 신학까지
온갖 노력을 다해 철저히 연구하였도다.
그런데도 여전히 이렇게 바보로 서 있으면서,
예전보다 더 똑똑해지지도 않았다.
박사니 교수니 하며

벌써 십 년 동안 학생들의 코를
위로, 아래로, 이리저리
잡아끌고 다녔지만,
결국 우리는 아무것도 알 수 없다는 것만을 깨달았을 뿐.
이런 생각에 내 가슴은 타들어갈 뿐이다.

학문을 맹신하고 다분히 독일적 기질을 지닌 이라면, 즉
파우스트가 상징하는 두 가지 특징을 모두 내면에 품은
경우 한정된 지식을 가졌다는 사실에 가슴이 타들어가는
것도 이해가 간다. 나머지에 해당하는 우리는 지식이란 어
차피 불완전하다는 점에 만족할 뿐이다. 독일의 유력 일간
지 편집부 기자인 나는 친구들과 함께 있을 때면 내가 일
하는 분야를 '정보환상산업'이라는 애칭으로 부르곤 한다.
신문이나 책을 읽는 독자들은 중요한 지식들을 한눈에 보
기 쉽게 제공받는다는 생각에 흐뭇함을 느낀다. 놀랍게도
매일같이 신문 하나에 들어갈 만큼의 사건들이 벌어지고
있다. 신문을 모조리 다 읽거나 책의 마지막 장을 덮고 옆
으로 밀쳐놓으면서 사람들이 빠짐없이 정보를 챙기고 있다
는 기분에 빠지는 것도 당연한 일이다. 너도나도 정보의 홍
수 속에서 허우적거리는 이 시대에 그만큼 만족스러운 일
이 또 어디 있을까.

하지만 그렇게 얻은 지식들이 깊숙한 곳을 긁어주지 못한다는 예감을 떨치기가 힘들기도 하다. 계몽주의 시기의 백과전서파들은 문명이 제공하는 각종 지식을 1만 8,000쪽의 7만 1,818개 항목에 붙잡아둘 수 있다고 믿어 의심치 않았을 것이다. 빅토리 시대의 작가 토머스 칼라일을 두고 사람들은 그가 당시 출간된 모든 책을 독파했다고 전한다. 오늘날 어느 누가 감히 그 같은 일을 해냈다고 주장할 수 있을까? 추측컨대 1분마다 온라인상에 올라오는 정보의 양이 1만 년 문자역사를 통틀어 기록된 내용을 훨씬 능가할 것이다. 제공되는 정보의 양은 무한대로 증식하고 있다. 오늘날 누군가에게 '최신 정보에 해박하군'이라고 말하는 것은 마치 바다에서 나온 사람에게 '저런, 물에 젖었군!'이라고 말하는 것과 비슷한 일이다.

괴테를 제외하고 이런 사정을 가장 잘 표현한 이는 미국 국방장관을 역임한 도널드 럼스펠드Donald Rumsfeld다. 그는 3차 걸프전쟁의 발발 가능성을 묻는 질문에 이렇게 답했다. "잘 알려진 확실한 일들이 존재합니다. 즉 우리가 그것을 알고 있다는 것을 아는 일들이 있습니다. 또 우리는 잘 알려진 불확실한 일들이 존재한다는 것도 알고 있습니다. 즉 우리는 우리가 모르는 어떤 일들이 있다는 걸 알고 있습니다. 하지만 알려지지 않은 불확실한 일도 있습니다.

즉 우리가 그것을 모른다는 사실조차 알지 못하는 일이 있다는 것입니다." 원문은 훨씬 시적으로 들린다. "There are known knowns; there are things we know we know. We also know there are known unknowns; that is to say we know there are some things we do not know. But there are also unknown unknowns – there are things we do not know we don't know."

결국 우리는 우리가 가진 지식의 한계에 만족할 수밖에 없다. 그런데 다행히도 일반 상식에 속하는 지식들이 있다. 굳이 문제점을 찾자면 그것 역시 꼼꼼히 살펴보면 얼토당토않은, 기껏해야 절반만 진실인 경우가 곧잘 있다는 것이다. "에베레스트는 세계에서 가장 높은 산이다. 히틀러는 채식주의자였다. 제임스 본드가 좋아하는 술은 드라이 마티니Dry Martini다." 모두 사실이 아니다. 하와이의 마우나케아산Mauna Kea이 에베레스트산보다 더 높다. 소시지를 좋아했던 히틀러는 건강상의 이유로 한동안 육류를 피했을 뿐이다. 제임스 본드는 이안 플레밍의 소설에서 통틀어 101잔의 스카치를 들이킨 반면 드라이 마티니는 겨우 19잔만 마셨다.

정보산업이 끝없이 쏟아내는 정보는 우리에게 점점 짐이 되어 가고 있다. 거의 무한대의 정보에 접근 가능하게 되었지만 그 정보들이 어디서 유래했는지 갈수록 알기 힘들어지기 때문이다. 아무도 원래 출처가 어디였는지 모르는 정보들이 소셜네트워크망에서 공유되고 있다. 얼마간 교양을 갖춘 가정이라면 너도나도 백과사전을 갖고 있던 시절이 있었다. 이제 그 자리를 '네트워크'가 차지하고 있다. 네트워크상에서는 어떤 주제든 그와 관련한 옥스퍼드 대학의 논문은 물론 가장 완벽한 음모론과 가장 어설픈 음모론을 동시에 만날 수 있다. 정보의 바다에 오래 빠져 있다 보면 영국 여왕은 16개 나라의 국가원수로 그치지 않고 별안간 모사드 요원, 외계인 또는 인간의 형상을 한 파충류 따위로 변신하는가 하면, 나치가 저지른 홀로코스트마저도 지어낸 이야기가 되어버린다.

정보의 홍수시대를 불평하는 것도 충분히 납득이 간다. 하지만 이 시점에서 한 가지만은 분명히 지적할 필요가 있어 보인다. 그 현상이 우리 디지털 정보시대에 국한된 것만은 아니라는 점이다. 인류는 늘 너무 많은 또 너무 적은 지식을 동시에 보유해왔다. 이는 인류가 직면한 딜레마의 일부, 어쩌면 출발점이라 할 수 있다. 아담과 이브가 몰래 따먹은 열매의 나무 이름이 무엇이었는지 떠올려보자(선악과 나무Tree of the knowledge of good and evil). 더 많이 알고자 하고, 우리 현실을 탐구함으로써 좀 더 삶을 견딜 만하게 만들려는 욕구가 없었더라면 우리는 아직도 때 묻지 않은 순수한 상태로 천국에서 살고 있었을 것이다. 다만 그곳 나무 위에서 생활하던 '다른 주민'들과도 구분이 어려웠을 것이다. 지식중독이야말로 인간의 원초적 욕망이자 동시에 모든 불행의 근원이다. 인간은 자신이 가진 것과 알고 있는 것에 결코 만족하지 않기 때문이다.

그러므로 자신이 아는 것에 부족한 부분이 있음을 인정하는 것이야말로 우리가 취할 수 있는 가장 현명한 행동이다. 이를 위해 때로는 용기도 필요하다. 누구나 자기보다 더 훌륭하고 유식하고 교양이 넘쳐 보이는 사람들 속에 있는 상황을 잘 알고 있을 것이다. 유치원 아이들, 케임브리지 대학 박사과정생 또는 보험회사의 콘퍼런스 참석자 할 것 없이 누구든지 '그 안에 끼고 싶고', 무리들과 어울리고, 따돌림 당하지 않으려는 욕구가 있다. 학교에서 아이들은 '어제 TV에서 새로운 심슨 에피소드 봤니?'라고 묻곤 한다. 그러다 나중에는 이런 대화들이 오고간다. "모옌(2012년 노벨문학상을 수상한 중국의 소설가)의 새로 나온 소설 읽어봤어요?" "물론이죠!" 상대가 무슨 소리를 하는지 전혀 감이 잡히지 않지만 여러분은 잘 안다는 듯이 고개를 끄덕이며 긴장한 나머지 와인 잔을 든 손에 힘을 꽉 준다.

혹시 인류학자 애슐리 몬터규Ashley Montagu가 쓴 《젊게

나이 들기Growing Young》라는 책에 대해 들어봤는지 모르겠다. 이쯤에서 눈치 챘을 것이다. 나는 막 독자들을 상대로 똑같은 실험을 했다. 당연히 이 책을 읽는 대부분은 그 책에 대해 모를 것이다. 몬터규는 1999년 세상을 뜰 때까지 아인슈타인이 재직했던 프린스턴 대학에서 지냈다. 저명한 인류학자이자 교육학자였던 그는 특히 아동발달심리학에 관한 저서들로 유명해졌다. 몬터규는 지식에 대한 욕구야 말로 인간의 가장 기본적 본능이며 우리 생존본능과 밀접하게 연관되어 있다는 주장을 폈다. 이미 유아기 때부터 인간은 욕구를 달래기 위해 자신을 돌보는 사람과의 시선 접촉 및 시각적 접촉으로 얻는 정보에 의지한다.

또 몬터규에 따르면, 정보에 대한 이러한 욕구는 결코 멈추지 않고, 아동기에 관찰되는 '왜, 아빠? 어째서, 엄마?' 같은 다양한 질문을 낳는 추동력으로 작용한다. 하지만 어느 순간 우리는 스스럼없이 질문하기를 멈추는데, 이에 대한 책임은 전해 내려온 지식을 찬양하고 아는 것이 적은 사람에게 부끄러움을 주는 서구 문화에 있다는 것이다. 우리의 학교 시스템은 무지한 이들을 조롱하고, 그럴듯한 지식을 보상하는 데에 맞춰져 있다고 몬터규는 주장한다.

여기서 배울 교훈은 무엇일까? 바로 지식에 의문을 던지는 것이다. 이에 대한 감수성을 키우는 차원에서 이제부터 '닫는 글'을 대신해 몇 가지 이야기를 소개하고자 한다. 누군가가 자신이 헛소리를 늘어놓고 있음을 고백할 순간을 놓침으로써 꾸준히 잘못된 내용으로 전해지고 있는 이야기들이다. 그 가운데 일부는 오해에서 비롯되었고, 또 일부는 선전을 위해 의도적으로 조작된 것이다. 여기에는 독일의 아우토반을 고안했다며 히틀러를 천재적인 교통계획가로 만든 거짓말, 또는 중세 사람들이 지구를 평평하다고 여길 정도로 어리석었다며 어두운 중세 이미지를 선전하는 것도 포함된다. 다시 말해 우리는 기존에 알고 있던 것들에 의문을 가지도록 자신을 훈련해야 한다.

독일의 고속도로 아우토반을
최초로 건설한 이는 히틀러다

아우토반을 최초로 건설한 사람은 콘라트 아데나워 Konrad Adenauer다. 다만 나치 때 아우토반을 확장했고 이를 권력자들이 선전에 이용한 것뿐이다. 아우토반 계획이 처음 수립된 시기는 1920년대였다. 최초의 아우토반(오늘날 A555 도로) 건설은 쾰른과 본을 잇는 구간에서 이루어졌고, 이 사업을 추진한 이가 바로 당시 쾰른 시장이었던 콘라트 아데나워였다. 1932년 8월 6일 아데나워에 의해 공식 개통된 그 구간은 4차선 직선 도로인데다 교차점이 없다는 점에서 선구적인 업적으로 평가된다.

알렉산드리아 도서관은
무슬림들이 파괴했다

무슬림들이 알렉산드리아에 침입했을 때 도서관은 이미
문을 닫은 지 오래였다. 칼리파 우마르의 군대가 641년 알
렉산드리아를 정복하면서 세계에서 가장 유명한 도서관을
함께 파괴했다는 이야기가 전설처럼 내려오고 있다. 당시
비잔틴 제국에 속했던 알렉산드리아는 알렉산드로스 대왕
이 건립했을 때의(기원전 331년) 헬레니즘적 색채를 여전히
간직하고 있었다. 그때까지도 알렉산드리아는 세계의 정신
적 중심지였지만 이미 도서관은 사라지고 없었다.

로마인들의 정복 이후(기원전 30년) 도서관은 그 중요성
을 점점 잃어갔다. 하지만 거듭 회자되는 일화에는 어느 정
도의 진실이 담겨 있기 마련이다. 고대 후기에 가장 중요한
기독교 도서관은 알렉산드리아 도서관이 아니라 오늘날
팔레스타인에 자리한 카이사레아Caesarea 도서관이었다. 실
제로 카이사레아 도서관은 700년경 무슬림 정복자들에 의
해 파괴되었고, 이와 함께 초기 기독교의 정신적 보물을 비
롯해 그리스 철학자들의 주요 원고들도 소실되었다.

결국 알렉산드리아 도서관의 파괴를 둘러싼 소문에는

기본적으로 진실이 들어 있다고 볼 수 있다. 반면 무슬림들이 기원후 첫 1,000년 동안 자신들이 정복한 지역들을 강제로 이슬람화했다는 항간의 소문은 사실이 아니다. 지극히 실용적인 이유에서 그것은 무슬림 통치자들의 이해관계와도 맞지 않았다. 칼리파들이 비무슬림인들에게 훨씬 더 많은 세금을 거둬들였기 때문이다. 무슬림 정복 시기에 기독교 핵심 지역을 이루었던 북아프리카의 경우, 주민의 절반이 무슬림으로 개종하기까지는 수세기의 시간이 필요했다.

조지 W. 부시 전 미국 대통령은 텍사스의 카우보이였다

조지 W. 부시보다 자신의 이미지를 세심히 관리한 이도 없을 것이다. 앨 고어와 맞붙은 2000년 미국 대선 때 그의 선거운동 전략은 고어를 동부 연안의 건방진 청년으로, 자신을 텍사스 출신의 현실적인 어른으로 내세운다는 것이었다. 덕분에 많은 미국인들이 픽업트럭에 탄 모습을 연상시키는 그 텍사스인과 스스로를 동일시할 수 있었다.

그러나 부시가 선전한 그 같은 이미지는 현실과는 아무 상관이 없었다. 미합중국 제43대 대통령이 된 부시는 코네티컷주의 도시 뉴 헤이븐에서 태어났다. 그의 조부는 일찍이 이곳에서 상원의원을 역임했다. 보스턴의 명문 사립고 앤도버Andover를 졸업한 뒤 각각 예일대와 하버드대를 거쳐 간 그의 학력 또한 평범한 시골사람이라는 그의 말을 믿기 어렵게 만든다. 비록 위기 상황에 처했을 때 그가 단호한 리더십 스타일을 보여주었음에도, 임기 말인 2005년 허리케인이 발생하고 이라크전쟁 중 성급하게 승리의 포즈를 취하면서 돌연 바보 같은 인상을 주었을 때 그가 자신에게 덧씌운 이미지는 오히려 그에게 불리하게 작용했다.

그의 후임자인 오바마는 많은 이들에게 구세주처럼 비쳤다. 다음과 같은 발언도 그 같은 효과에 일조했다. "이슬람은 평화다. … 우리가 이슬람을 생각할 때면, 전 세계 수십억 사람들에게 위로를 주고 … 모든 민족을 형제자매로 만든 종교를 떠올리게 된다. … 수백만에 달하는 무슬림들이 미국 시민으로 있다. … 의사, 변호사, 법학교수, 군인, 사업가, 자영업자, 어머니와 아버지, 모두가 무슬림이다. … 이나라에서 천으로 머리를 가린 여성들은 집 밖에서 안전하다고 느껴도 좋다. 히잡을 쓴 어머니들이 미국에서 위협을 받아서는 안 된다."

물론 여러분은 감쪽같이 속았다. 이것은 오바마가 한 말이 아니다. 조지 W. 부시가 2001년 9월 11일 테러 공격 직후 한 이슬람 사원을 방문했을 때 했던 연설의 일부다. 한

편 키신저는 '더브야'라는 애칭으로 불리는 조지 W. 부시에 대한 역사의 평가가 시간이 갈수록 관대해지리라는 점을 확신하고 있다.

아인슈타인은 수학을 못했다

사람들은 이 사실을 들먹이며 스스로를 위로한다. 하지만 그것은 사실이 아니다. 아인슈타인이 여러 수학시험에서 나쁜 점수를 받았다는 소문은 이미 그의 생전에도 있었다. 그는 그 같은 신문기사에 이런 반응을 보였다. "나는 수학에서 어려움을 겪은 적이 없는데, 이미 14세 때 미적분에 재미를 느꼈다." 실제로 그는 6세 때 뮌헨의 페터스슐레 학교에서 일찌감치 두각을 나타냈다. 그의 어머니는 자신의 여동생에게 이런 편지를 보냈다. "어제 알베르트의 점수가 나왔어. 이번에도 1등이야. 훌륭한 성적표를 받았단다." 두 학년을 건너 뛴 아인슈타인은 9세 때 뮌헨의 명문 루이트폴트 김나지움에 입학했다. 하지만 권위주의적 환경에 적응하지 못하고 15세 때 조기에 자퇴해 졸업시험인 '아비투어' 없이 종합기술대학의 물리학과에 입학을 시도했다. 뛰어난 재능 덕에 그는 입학시험을 치를 수 있었다. 하지만 물리학과 수학 시험 성적은 매우 우수했던 반면 지질학 등 다른 시험 과목의 성적이 썩 좋지 못해 결국 시험에

떨어졌다. 이후 1년간 아라우Aarau(스위스의 아르가우Aargau)
의 주립학교에 다니며 정식으로 대입 자격을 취득하면서
1896년 10월 비로소 연방공과대학에서 학업을 시작했다.

그를 둘러싼 소문에는 오해도 한몫을 했을 것이다. 아
라우 시절의 졸업장에는 실제로 물리학 6점, 수학 6점으로
표시되어 있었다. 다만 스위스에서 점수 표기 방식은 독일
과 정반대다. 스위스에서 6은 '수'에 해당하기 때문이다. 아
인슈타인의 원래 목표는 수학과 물리학 교사 학위를 받는
것이었는데, 그보다 앞서 상대성이론을 고안하게 된다.

옛 사람들은 지구가
평평하다고 믿었다

우리 어린이 책에는 그렇게 적혀 있다. 우리 기억 속에
는 지구 가장자리에 도달한 배 한 척이 아래로 고꾸라지
는 그림이 생생하다. 하지만 실은 이미 고대부터 지구가 공
처럼 둥글다는 사실을 알고 있었고, 중세까지도 그 지식은
이어져 내려왔다. 따라서 지구가 둥글다는 확신 덕분에 콜
럼버스가 미국을 발견했다는 이야기도 지어낸 것에 불과
하다. 현실에서는 그의 비판자들의 말이 옳았다. 콜럼버스
와 달리 그들은 지구라는 공이 얼마나 큰지, 즉 서쪽에서
출발해 인도에 도착한다는 그의 계획이 그다지 현실성이

없음을 잘 알고 있었다. 중세인들이 우둔하고 무지했다는 신화를 반박하는 것은 쉬운 일이다. 중세의 중요한 세 가지 권력 상징물 가운데 하나가 글로부스 크루키게르Globus cruciger, 즉 십자가가 달린 구체였는데, 이것은 바로 둥근 지구를 상징했다.

최초로 대서양 횡단 비행에
성공한 이는 린드버그다

최초로 횡단비행에 성공한 실제 주인공은 영국인 존 알콕John Alcock과 아서 휘튼 브라운Arthur Whitten Brown이라는 두 남성이었다. 이들의 선구자적 업적은 1919년에 달성되었다. 두 사람은 비커스 비미Vickers Vimy라는 비행기를 타고 뉴펀들랜드를 출발해 아일랜드의 클리프덴까지 3,000킬로미터를 날아갔다. 찰스 린드버그가 8년 뒤 유명한 대서양 횡단 비행에 성공했을 때는 이미 66명의 조종사들이 대서양 비행을 완수한 뒤였다. 린드버그의 장점은 뛰어난 마케팅 능력에 있었다. 그는 최초로 단독 비행을 했고, 세계에서 가장 미디어의 조명을 받기 쉬운 뉴욕과 파리라는 두 장소를 각각 출발지와 도착지로 선택했다. 매력적인 미청년이었던 린드버그는 언론에 많은 가십거리를 제공하기도 했다. 그는 대서양 횡단 조종사의 대명사처럼 여겨지지만 결코 최초의 비행사는 아니었다.

고대 로마의 갤리선에서는
죄수들이 노를 저었다

아스테릭스 만화에는 갤리선에 탄 죄수가 등장한다. 영화 〈벤허〉에서도 마찬가지다. 하지만 로마인들은 그들의 전함에 죄수를 투입하지 않았다. 배의 가장자리에는 잘 훈련되고 보수를 받는 군인들이 앉아 노를 젓는 게 보통이었다. 갤리선에 탄 죄수는 근대의 발명이다. 15세기와 16세기 유럽의 법원에서는 살인자와 대역죄인에게 갤리선에 사슬로 묶는 벌을 내렸다.

갈릴레이는 진실을 주장하다가
유죄 판결을 받았다

이탈리아 과학자 갈릴레오 갈릴레이(1564~1642)의 유명한 재판에서 문제가 된 것은 흔히 오해하듯 지구가 둥근지의 여부가 아니라 우주 속 지구의 위치였다. 논쟁의 핵심은 우주의 중심이 지구인지 아니면 태양인지를 묻는 질문이었다. 갈릴레오 갈릴레이는 태양이 만물의 중심이라고 주장했다. 현대인들은 양쪽 모두가 틀렸음을 잘 알고 있다.

그런데 갈릴레이가 유죄판결을 받은 까닭은 그의 연구

가 교회의 교리와 모순되기 때문이 아니었다. 그의 친구이 자 후원자였던 교황 우르바노 8세는 갈릴레이가 애초의 주 장을 철회하기를 원하지 않았다. 다만 그것을 가설로 제시 하도록 주장했을 뿐이었다. 이를 거부한 갈릴레이는 자신 의 이론이 분명한 사실임을 주장했다. 우르바노 8세는 오 늘날의 기준에서, 즉 과학은 언제나 잠정적 결론만을 도출 할 뿐이라는 관점에서 볼 때 철저하게 과학적으로 행동했 다. 따라서 갈릴레이에 내린 유죄판결을 교회의 반과학적 태도에 대한 증거로 내세우는 것은 적절치 않다. 역사적 일 화를 소개하는 대중서적들은 갈릴레이가 당초 금고형을 선고받았지만 곧 가택연금형으로 완화된 사실에 대해 쉬 쉬하곤 한다. 처음에 로마에 있는 메디치 가문의 저택 가 운데 한 곳에서 지낸 갈릴레이는 이후 시에나로 거처를 옮 겼고 마지막에는 플로렌스 남쪽 산속에 자리한 자신의 빌 라로 돌아갔다. 그곳에서 연구에 매진한 그는 주저 《새로운 두 과학》을 완성했다.

인간은 독창적이다

인간은 서로를 모방한다. "자신과 같은 종류의 다른 인 간이 어떤 대상에 손을 뻗는 것을 본 사람은 이 동작을 똑 같이 모방하려 한다." 2015년 타계한 프랑스 철학자 르네지라르René Girard의 말이다. 이러한 모방 욕구, '모방적 경쟁'은 전쟁뿐 아니라 문화의 원동력이기도 하다. 털투성이의 고트족을 비롯해 게르만족들이 이탈리아를 침략한 초창기에 이들은 매우 조야하고 미개했다. 덕분에 불쌍한 반달족은 대대로 나쁜 평판을 얻게 되었다.

하지만 가장 거칠었던 북유럽 남성들조차도 2대째에 이르자 로마인들처럼 토가를 걸치고 돌아다녔고, 오비드의 시구를 인용하고, 혼인을 통해 로마 귀족의 일원이 되었다. 이탈리아로 오지 않고 알프스 산맥과 북해 사이의 땅에 정착한 게르만족들 역시 처음에는 거친 생활 방식을 고수하고 있었다. 하지만 인근 요새에서 칼과 포크를 들고 식사하고, 여성의 머리채를 잡고 침실로 끌고 가는 대신 수금을 연주하며 구애하는 장면을 목격하면서 갑자기 어엿한 성주가 되고픈 욕구가 일었다. 이들도 그것이 뭔지는 모르지만 무언가 특별한 것을 원했다.

고대 로마 검투사들은
황제에게 어떻게 인사했을까?

분명한 사실은 '황제폐하 만세, 이제 죽을 사람들이 폐하게 인사를 올리나이다Ave, Caesar, morituri te salutant!'라고 말하지는 않았다는 것이다. 이 문구가 고대 문헌에 등장하는 것 자체는 사실이다. 그 문헌은 역사가이자 로마 원로원 의원이었던 카시우스 디오Cassius Dio가 쓴 《로마사》로 원래는 80권의 대작이었지만 현재는 일부만 전해진다. 거기서는 죄수 수천 명이 일으킨 반란이 소개되고 있다. 이들은 클라우디우스 황제를 위해 피투성이 해전을 재연했는데, 사면을 받고 싸움에서 면제되리라는 희망을 갖고서 종종 인용되는 앞의 문구로 황제에게 인사했다. 하지만 클라우디우스(네로의 양부이자 쾰른을 건립한 아그리피나Agripina의 남편)는 이들에 대한 사면을 거부했다.

'메이드 인 저머니'는
품질의 상징이었다

오히려 정반대다. '메이드 인 저머니Made in Germany' 표시는 19세기 말 영국에서 처음 만들어졌다. 원산지를 표시함으로써 특히 낮은 품질의 직물류로부터 자국 상품을 보호하기 위한 조치였다. 하지만 독일 작센 직물의 품질이 우수했던 덕분에 '메이드 인 저머니'는 차차 품질의 상징으로 인정받게 되었다.

우리 개개인은 섬과 같은 존재다

지구사적 관점에서 볼 때 이는 사실이 아니다. 약 5억 년 전 우리는 모든 동물들과 공통의 조상을 가졌다. 더 거슬러 올라가면 버섯류와 조상이 같았고, 그보다 앞선 수십억 년 동안은 우리 모두가 서로서로 연결된 해초였다. 우리가 초파리와 44%의 유전자를 공유한다고 할 때, 같은 종인 인간끼리는 대체 얼마나 가까운 친척관계인 것일까? 우리는 비유적 의미에서가 아니라 생물학적 의미에서 형제자매다. 우리는 혼자일 수가 없다. 인간은 자기 자신에게 위로받을 수 없고, 자기 자신을 쓰다듬어줄 수 없는 존재다. 아리스토텔레스가 인간을 '조온 폴리티콘Zoon politikon', 즉 사회적·정치적 동물이라는 개념으로 의미한 바도 바로 그와 같다.

후아나는 미친 여자였다

전해지는 이야기에 따르면 스페인 공주 후아나Joanna는 말년에 세상과 단절한 채 토르데시야스Tordesillas의 요새에서 지냈다고 한다. 그러면서 바닥에서 식사를 하고 하인들에게 침을 뱉고, 망상에 시달리며 막내딸을 자신의 몸종으로 여기기도 했다는 것이다.

하지만 이러한 소문이 모두 합스부르크 궁전의 선전 담당자가 꾸며낸 이야기라는 주장도 있다. 분명한 것은 1496년 합스부르크가의 미남왕 필립과 약혼하기 위해 스페인에서 네덜란드로 향하는 배에 몸을 실었을 때만 해도 후아나는 티 없이 맑은 소녀였다는 사실이다. 그녀의 크고 검은 눈과 사랑스러운 자태가 발하는 매력이 너무도 강렬해 필립은 한시라도 빨리 그녀와 잠자리에 들고 싶었던 모양이었다. 첫 만남 직후 필립은 같은 날 오후 결혼식을 집전해줄 것을 주교에게 요구했고, 그날 저녁 후아나와 동침할 수 있었다. 모든 관련 문헌에 따르면, 처음에 둘은 서로 반한 사이였으나 곧 필립이 후아나의 집착에 짜증을 내기 시작했다. 그래서 겉으로는 스페인의 기후가 맞지 않는다는 이유를 내세워 걸핏하면 그녀를 피해 브뤼셀에 머물고자 했다는 것이다. 이 슬픈 이야기는 사실일까? 하지만 후아나가 7년간 거의 매년 필립의 아이를 출산했다는 사실이 이야기의 신빙성을 떨어뜨리고 있다. 실제로 그 둘은 서로 매우 사랑했던 것이 분명하다.

1506년 어느 가을날, 무더위에도 불구하고 스페인에 머물던 필립은 정오의 열기 속에 왕자들과 함께 스쿼시와 비슷한 펠로타Pelota 게임을 했다. 이어 엄청난 양의 얼음물을 마셨고 곧 경련과 고열에 시달렸다. 며칠 후 후아나의 사랑하는 남편 필립은 결국 세상을 뜨고 말았다. 전해지는 말에 따르면 후아나는 남편이 죽고 그리움을 못 견딘 나머지 시신을 방부 처리해 매일 같이 함께 저녁식사를 했다고 한다.

하지만 이는 사실과 다르다. 방부 처리를 하기는 했지만, 악의 섞인 소문과 달리 촛불 속에서 같이 저녁식사를 하기 위해서가 아니라 유리관에 넣어 보관하기 위해서였다. 그녀가 매일 저녁 유리관을 찾아간 것은 사실이다. 나중에 남편의 시신과 함께 스페인 전역을 돌아다닌 것도 맞다. 다만 늘 밤에만 다녔는데, "영혼의 태양을 잃은 미망인은 더 이상 한낮의 빛 앞에 나서서는 안 된다"는 이유에서였다. 하지만 이 여행의 목적지는 누구나 수긍할 만한 곳이었다. 바로 그라나다에 있는 왕실 무덤이었다. 어쩌면 후아나는 나이가 들면서 조금 괴팍해졌을지도 모른다. 하지만 그녀의 광기를 둘러싼 이야기는 적어도 스페인의 관점에서 보자면 합스부르크가의 중상모략에 불과하다.

카마수트라는 섹스 교과서다

카마수트라에는 노골적인 구절도 들어 있지만 총 7개 장 가운데 두 개의 장만이 섹스에 관한 내용을 다루고 있다. 수트라는 고대 인도의 위키피디아류의 책으로, 정보 엘리트들을 위한 지식창고에 해당했다. 이에 따라 온갖 종류의 수트라가 나왔다. 250년경에 카마수트라를 썼다고 전해지는 말라나가 바츠야야나Mallanaga Vatsyayana는 사회, 정치, 의학을 주제로 그 밖의 여러 다양한 수트라를 집필한 바 있다. 말하자면 육체적 쾌락을 뜻하는 카마(힌두교에서 이 야기하는 인간 삶의 네 가지 목표 가운데 하나)에 관한 수트라는 일부 익명의 저자들이 편찬한 것을 포함한 거대한 지식총서의 일부에만 해당한다.

특이하게도 유럽인들은 수줍음 때문인지 수백 년간은 성적 내용이 가득 담긴 장을 번역에서 제외시켰다가 나중에는 반대로 돌변해 노골적으로 성적인 주제를 다룬 두 개 장만을 주시하기 시작했다. 하지만 카마수트라는 전체적으로 볼 때, 즉 인간 삶의 나머지 세 가지 목표와 비교해 카마의 가치를 깨달을 때 비로소 그 진가가 드러난다.

카마수트라에서 이야기하는 삶의 목표에는 육체적 열락을 뜻하는 카마 외에도 물질적 성취인 아르타Artha를 비롯해 덕스럽고 올바른 삶이라는 다르마Dharma가 있다. 마지막은 최고의 깨달음이자 모든 것으로부터 해탈한 상태인 모크샤Moksha다. 이들 삶의 목표는 각기 다른 가치를 띠고 있다. 사다리 맨 아래 단계에는 카마, 그 위에는 아르타, 그 다음에는 가장 바람직한 상태인 다르마가 있다. 카마는 얻기 쉽지만 아르타를 위해서는 어느 정도 준비가 필요하다. 다르마는 노력을 기울여야 할 목표지만 도달하기가 매우 힘든 경지다. 모든 윤회에서 해방되는 모크샤는 인간이 다다를 수 있는 최고 단계를 나타낸다.

한편 카마수트라에 따르면 육체적, 물질적, 도덕적 단계가 꼭 등급별로 나눠지는 것은 아니다. 각 단계에 해당하는 적절한 삶의 시기가 있기 때문이다. 여러분이 젊다면 카마를 위해 애쓰는 것도 괜찮다고 카마수트라는 전한다. 다만 나이가 들면 더 중요한 일에 매진하는 것이 좋다고 말할 뿐이다.

카마수트라는 결코 섹스 교과서가 아니다. 심지어 일부 대목에서는 교훈조의 내용이 등장하기도 한다. 여기서 기억할 점은, 말라나가 바츠야야나가 집필할 당시에는 로카야타Lokayata파, 즉 자칭 '순세파順世派'라는 지적 운동이 유행했다는 사실이다. 이들은 다르마와 모크샤 따위는 모두 허튼소리이고 신들은 존재하지 않으며 중요한 것은 오직 쾌락이라고, 그것도 가장 빠르고 최대한 많이 쾌락을 누리는 것이라고 가르쳤다. 이에 카마수트라는 이의를 제기한다. 물론 육체적 쾌락이 주는 기쁨도 있지만 더 중요하고 보람된 일이 있다는 것이다.

흥미로운 점은 카마수트라가 결코 난잡한 섹스광을 위한 안내가 아니라 올바른 삶의 문제를 다루면서 섹스와 육체적 쾌락의 추구가 삶에서 어떤 가치를 갖는지 규명한 책이라는 것이다. 또 하나 특이한 점은 이 책에서는 한 명의 상대와만 성관계를 갖는 형태를 찬양하고 있다는 것이다.

카마수트라의 분석과 가르침은 결혼을 중심으로 이루어진다. 결혼에 관한 제4장은 책의 핵심이라 할 수 있다. 카마수트라가 쓰일 당시에는 인도 엘리트들이 부인을 한 명 이상 두는 것이 관례였던 만큼 그 의미는 남다를 수밖에 없다. 함께 다르마를 향해 가는 한 명의 여성을 찾는 일이 가치가 있다는 생각은 새로운 발상이었다.

말라나가는 책 말미에 올바른 결혼생활을 위한 노력들이 결실을 맺지 못할 경우에 대비해 몇 가지 중요하고 실용적인 조언을 남기기도 했다. 거기에는 매춘부에 대한 언급도 빠지지 않는다. 이밖에 몇 가지 비밀 팁도 들어 있는데, 가령 후추, 산사나무, 꿀 등을 성기에 바르는 것도 주요 팁에 속한다. 뿐만 아니라 으깬 가시, 어수리, 원숭이 똥, 백합 뿌리 등을 밤에 신부의 몸에 조금씩 뿌려줄 것을 권하는데, 그러면 신부가 더 이상 다른 남자를 거들떠보지 않게 될 것이라고 했다.

식인종들은 사람을
냄비에 넣고 끓여 먹었다

남미, 아프리카, 호주 및 특히 태평양 섬들에서 벌어지는 식인 풍습을 기록한 보고서는 유럽 열강의 식민지 지배를 정당화해주는 잔혹한 낭설로 여겨져 왔다. 그사이 인류학자들은 좀 더 면밀히 실상을 들여다보았다. 가령 파푸아 뉴기니에 사는 포레Fore 족과 같은 일부 종족들은 20세기까지도 의례의 일환으로 식인 풍습을 유지했던 것으로 보인다. 심지어 2003년 10월 피지 섬의 한 부족은 한 영국 선교사의 후손들에 대해 그들의 조상을 죽여 식인한 점을 공식적으로 사죄했다.

서西뉴기니에서는 1970년대까지도 인신공양을 하는 풍습이 이루어졌다. 1961년 아스맛의 부족을 찾아 이곳으로 탐험을 떠난 록펠러 가문의 후손 마이클 록펠러Michael Rockefeller가 실종되는 사건이 벌어졌다. 당시 미국 부통령의 막내아들이었던 그는 바람둥이면서 모험가였다. 이야기의 낭만적 버전에 따르면, 그 억만장자 후계자 청년은 원주민 소녀와 사랑에 빠져 아스맛족의 일원이 되었다는 것이다. 실제로 1980년대에 피부색이 밝은 몇몇 원주민들이 목격되었다고 한다.

이야기의 현실적 버전은 젊은 록펠러가 살해당해 잡아먹혔다는 것이다. 다만 냄비에 들어가지 않았다는 점은 분명하다. 그 정도 크기의 금속냄비는 오로지 현대적인 방식으로만 제작 가능하기 때문이다. 뉴기니에서는 오히려 불에 구워 먹는 게 일반적이었다.

미국을 처음 발견한 사람은
콜럼버스다

미국의 '발견자'는 우리가 어리석게도 '인디언'이라 부르는 미국 원주민의 선조들이었다. 원래 아시아 대륙에 살았던 이들은 약 1만 2,000년 전 빙하시대 말기 사람이 살지 않던 아메리카 대륙으로 건너왔다. 이탈리아 출신으로 카스티야 왕국의 후원을 받은 크리스토퍼 콜럼버스는 사실 대서양을 최초로 횡단한 유럽인도 아니었다. 앞서 노르만인들을 포함해 여러 다른 항해자들이 대서양 횡단에 성공했기 때문이다. 그 가운데 특히 유명세를 탄 인물로 아이슬란드인 레이프 에릭손Leif Eriksson(약 970~1020년)이 있는데, 미국 미네소타 세인트폴Saint Paul시에서는 시청 부근에 동상을 세워 미국 땅에 도착한 최초의 유럽인을 기리고 있다. 콜럼버스는 평생 미국 땅을 밟아본 적이 없었다. 그가 도착한 곳은 카리브해의 어느 섬이었다.

〈우주전쟁〉 드라마를 들은 사람들은
진실로 받아들였다

정말 〈우주전쟁〉 라디오 드라마가 방송되었을 때 미국 각 도시에서 집단 패닉이 벌어졌을까? 1938년 오손 웰스의 목소리로 H. G. 웰스의 〈우주 전쟁〉이 처음 전파를 탔을 때 그 라디오 드라마는 소수의 지방 방송국에서만 방송되었다. 경찰서와 소방서에 신고전화가 빗발쳤다는 한 지역 신문의 보도는 라디오를 성가시고 무책임한 미디어로 깎아내리고자 신문사 측에서 지어낸 이야기였다. H. G. 웰스의 원작 판권을 소유한 CBS 스튜디오 측은 집단 패닉이라는 신화가 훌륭한 마케팅 수단임을 얼른 알아챘기에 그 이야기를 부인하지 않았고, 오히려 그 소문이 널리 퍼지도록 갖은 애를 썼다.

마리 앙투아네트는
"그럼 케이크를 먹으라 하세요!"라고 했다

마리 앙투아네트는 "빵이 없으면 케이크를 먹으면 되잖아요"와 같은 말을 한 적이 없다. 이 말이 처음 등장한 기록은 장 자크 루소의 《고백론》에서였다. 루소가 그 책을 쓴 시기는 마리 앙투아네트가 열 살 무렵으로, 당시 그녀는 합스부르크가 공주로 오스트리아 푀쉴 호숫가에서 구김살 없이 뛰놀고 있던 때였다. 굶주림과 빵 부족 현상이 보고되었을 때 궁정의 높은 사람이 보였다는 그런 반응은 마리 앙투아네트에 앞서 오래 전 궁정에 있던 루이 14세의 정부 또는 왕비에 의한 것으로 추측되기도 한다. 어쩌면 그 같은 말은 지어낸 것에 불과하고, 18세기 프랑스 궁정이 일반

백성의 삶과 유리되어 있던 점을 상징적으로 표현한 것인지도 모른다.

나폴레옹은 키가 작았다

나폴레옹은 키가 큰 장교들로 구성된 황실 근위대에 둘러싸여 있기를 좋아했다. 이런 이유에서 키가 작다는 소문이 나돌았을지도 모른다. 그의 키는 169센티미터로 당시 프랑스 남성의 평균치를 웃돌았다. 그의 초창기 애칭 가운데 하나였던 '작은 하사관le petit Caporal'은 호감의 표시였지 그의 기럭지와는 아무 상관이 없었다.

로마가 불타자 네로는
악기를 타며 시를 읊었다

당시 네로는 피터 유스티노프Peter Ustinov가 출연한 영화에서처럼 악기를 타고 있지 않았다. 1500년이 지나서야 발명된 바이올린을 켠 것은 더더욱 아니었다. 네로는 64년 7월 18일에서 19일 사이의 밤에 로마가 아닌 60킬로쯤 떨어진 시골 별장에 머물고 있었다. 방화광이었던 네로가 불타는 광경에서 희열을 느끼고자 직접 로마를 불바다로 만들었다는 소문이 널리 퍼져 있지만 이는 사실과 전혀 다르다. 죽음과 고통 앞에서 음악을 연주하는 황제에 대한 이야기는 다른 수많은 일화들과 어떤 공통점을 가지고 있다. 즉 엄밀히 역사적으로 따지면 꼭 그와 같이 일어나지는 않았지만 아주 틀린 이야기는 아니라는 것이다. 어떤 일화는 기록상 세세히 입증된 내용보다 더 많은 진실을 알려주기도 한다.

고통을 즐기는 잔인한 독재자라는 네로의 이미지가 진실에서 아주 먼 것만은 아니다. 네로는 유례없는 악한이었고 학살자였다. 네로의 최측근 참모 가운데에는 네로가 하는 일에 걸림돌이 되거나 위협이 되는 인물들을 살해하는 암살자도 있었다. 네로는 친어머니를 살해하도록 지시하기도 했다. 게다가 그는 대단한 음악 애호가이기도 했다. 리라 말고도 여러 악기들을 다루었는데, 백파이프도 그 가운데 하나였다. 그러므로 바이올린에 대한 이야기에는 비유적인 의미에서 진실이 담겨 있다.

네로는 마지막으로 다음과 같은 말을 남겼다고 전해진다. "네가 죽음으로써 세상은 한 위대한 예술가를 잃는구나." 64년 7월에 일어난 대화재의 배후에 네로가 있었다는 소문은 아마도 다음과 같은 배경들과 관련이 있었을 것이다. 첫째, 도시 전체를 평평하게 고르려 했던 그의 계획은 화재 뒤에 실현하기가 더 쉬워졌다. 둘째, 네로는 시장 상인들에 의해 발생한 화재에 대한 책임을 자신이 증오한 로마

의 기독교인들에게 덮어씌움으로써 대중의 분노를 이용해
그들을 없애라는 명령을 내렸다.

근대 올림픽 경기가
처음 개최된 곳은 그리스다

정답은 잉글랜드 서부 마을 웬록Wenlock(슈롭셔주)이다.
올림픽 정신의 부흥은 흔히 생각하듯 쿠베르탱 남작이 아
니라 영국의 식물학자이자 열렬한 그리스 팬이었던 윌리엄
P. 브룩스 박사Dr. William P. Brookes의 공헌이다. 브룩스에 의
해 시작된 올림픽 경기는 1850년 이후 매년 잉글랜드와 웨
일즈 경계에 자리한 웬록에서 열렸다. 처음 실시된 종목은
멀리뛰기, 800미터 달리기, 공 던지기였다. 이후 다른 종목
들도 추가되었는데, 유럽에서 가장 오래된 스포츠 대회인
스코틀랜드의 하이랜드 게임Highland Game의 주요 종목이면
서 인기가 높았던 외바퀴 손수레 경주 및 통나무 멀리 던
지기도 거기에 포함되었다.

웬록의 올림픽 경기 우승자에게는 그리스 때와 비슷하
게 재현한 월계관이 상으로 수여되었고, 약소하지만 상금
도 주어졌다. 1860년과 1870년대에는 그리스 국왕 요르요
스 1세가 은으로 된 우승주화를 기부할 정도로 경기의 명
성이 높아졌다.

1888년 쿠베르탱은 브룩스와 연락을 취했고, 2년 뒤에
는 윈록에서 열린 경기를 직접 참관했다. 그곳에서 벌어
진 시합과 그리스 양식에 충실한 경기 진행에 감동한 쿠베
르탱은 자신의 후원자와 정치인과의 인맥을 활용해 브룩
스의 아이디어를 전 세계 차원에서 실현하기로 결심했다.
1894년 쿠베르탱은 국제올림픽위원회를 창설했고, 그로부
터 2년 뒤 그의 주도로 아테네에서 올림픽 경기가 다시 열
리게 되었다. 안타깝게도 몇 달 전 세상을 떠난 브룩스는
경기에 참석할 수 없었다.

해적은 바다의 도적떼였다

어느 시기든 어떤 바다든 도적떼가 없던 적은 없었다. 하
지만 유럽이 국가체제를 정비한 18세기, 정확히는 1713년
부터 국왕의 위임을 받은 함대와 국왕의 인장 없이 약탈을
일삼는 선단을 구분할 수는 있게 되었다. 1713년 유트레히
트 조약으로 유럽 각국의 지위가 공고해지면서 해적들은
무국적자들로 전락했다. 이 같은 과도기에는 잘 나가던 해
적이 왕실의 고관으로 출세할지 아니면 해적으로 유죄선고
를 받고 교수형에 처해질지가 순전히 우연에 따라 결정되
기 일쑤였다. 1720년경 마다가스카르에 인도주의적 소왕국
을 건설하려 했던 프랑스 선장 미송Misson 같은 이들은 유

335

트레히트 조약에 의해 범죄자로 선포되었다. 최소한 100년 동안은 오로지 위조가 쉬웠던 국왕의 인장에 의해서만 해적인지 여부를 결정했다.

1차 세계대전 당시 리히트호펜은
붉은 남작으로 불렸다

만프레트 폰 리히트호펜Manfred von Richthofen은 종종 붉은색으로 칠한 전투기를 타고 출격했다. 하지만 아무도 그를 '붉은 남작'이라 부르지는 않았다. 말년에 그 자신을 제외하고는 말이다.

그의 자서전은 '붉은 전투조종사'라는 제목을 달고 있다. 그는 또 스스로를 3인칭으로 즐겨 부르곤 했다. 그 자서전은 그가 죽기 1년 전인 1917년 베를린의 울슈타인 출판사에서 출간되었다. 리히트호펜은 프랑스 북부 마을 보-쉬흐-솜Vaux-sur-Somme 근처에서 공중전을 벌이던 중 전사했다. 향년 25세였다.

《붉은 전투조종사》는 당시 제국장관 헤르만 괴링의 머리말과 함께 1933년 재출간되어 베스트셀러가 되었다. 만프레트 폰 리히트호펜이 유명해지면서 '붉은 남작'이란 애칭을 얻은 것은 그가 사망한 다음이었다.

로빈 후드는 억울한 이들을
대변하는 의적이었다

아는 체를 하면서 로빈 후드가 문학이 만든 허구의 인물이라는 대답을 하는 이들도 있을 것이다. 하지만 아주 정확한 이야기는 아니다. 무법자 무리를 거느리고 다녔던 로버트 후드Robert Hood라는 도적떼 두목은 실제 여러 문헌에서 언급되고 있다. 14세기 중엽 영국 선술집을 중심으로 그 같은 일당의 활약을 찬양하는 운율 섞인 노래와 이야기가 널리 퍼져 있었다. 그것은 당시 통속 문화에서 오늘날 TV시리즈 〈소프라노스〉나 타란티노 영화들과 비슷한 역할을 수행하고 있었다. 다시 말해 폭력을 미화하면서 폭력범들과 자신을 동일시하게끔 유혹한 것이다.

평범한 도적떼 두목은 16세기 연극작품에서 당시의 엘리트적이고 도시적인 취향에 맞춰 부자들로부터 재물을 빼앗아 가난한 이들에게 나눠주는 고상한 귀족으로 변신했다. 이는 애초의 로빈 후드 이야기에서는 찾아볼 수 없었던 모티브였다.

우리가 알고 있는 로빈 후드 이미지에 가장 큰 영향을 준 이는 빅토리아 시대의 작가 월터 스콧Sir Walter Scott이었다. 그는 《아이반호Ivanhoe》를 쓸 때 자신의 작품을 영국의 국민 서사시로 만들기 위해 전해 내려오는 각종 이야기들을 참고했다. 그 결과 로빈 후드는 비열한 범죄자의 이미지에서 벗어나 불법적인 권력에 맞서 싸우는 서민들의 영웅으로 승화되었다. 로빈 후드와 그의 추종자들이 숲속에서 지낸다는 낭만적 모티브도 스콧이 지어낸 것이다. 여기서 스콧은 빅토리아 시대에 일어난 숲에 대한 동경을 차용했다. 이러한 풍조는 19세기에 유행한 기사 낭만주의와 마찬가지로 도시와 산업 발전에 위협을 느낀 당시 사람들이 보인 반응이었다.

세일럼에서는
많은 여성들이 화형당했다

유명한 미국의 세일럼Salem 마녀재판에서 유죄를 선고받은 여성 가운데 화형에 처해진 사람은 한 명도 없었다. 19명은 교수형에 처해졌고, 한 80세 노인은 돌에 짓눌려 죽었고, 나머지 15명은 재판 도중 또는 감옥에서 사망했다. 이런 식의 집단 히스테리는 독일과 달리 17세기 미국에서는 매우 특이한 현상이었다. 세일럼에서 돌연 마녀 사냥이 기승을 부리게 된 이유에 대해서는 많은 가설들이 제기되었다. 가장 널리 퍼진 설명은 1630년 이후 매사추세츠만麵 지역 식민지를 다스리던 청교도인들이 종교적이고 집단 히스테리적인 망상에 빠져들었다는 것이다. 어쩌면 맥각麥角에

오염된 곡물과 여기서 유발된 망상 및 환각 등의 증상이
원인으로 작용했을지도 모른다.

미국 남북전쟁은
노예해방전쟁이었다

남북전쟁에서 '선한 쪽'은 어디였을까? 우리에게는 너무
쉬운 질문이다. 당연히 노예를 해방시킨 푸른 군복의 북군
이다. 하지만 찰스 디킨스의 의견은 달랐다. 디킨스에 따르
면 남북전쟁은 노예해방이 아니라 세수歲首 문제에서 비롯
된 것이었다. 1860년 미국 대통령으로 선출된 공화당 소속
에이브러햄 링컨은 남부와 벌인 전쟁을 통해 미국의 분열
을 막은 장본인이었는데, 정작 그 자신은 노예제의 반대자
가 아니었다. 링컨은 취임 연설에서 이렇게 분명히 밝혔다.
"직접적이든 간접적이든 연방주에서 시행 중인 노예제도를
건드릴 생각이 없다."

백인이 아닌 이들이 어떻게 사는지는 링컨에게 크게 중
요치 않았다. 그와 가까운 미 육군 장성들은(링컨은 젊은
시절 소크Sauk족을 토벌하는 군사작전에 자원했다) 일찍이 '인
디언' 학살을 통해 그 점을 입증해 보인 바 있다. 탁월한 정
치적 전략가였던 링컨은 노예 소유를 계속 인정하는 법률
을 제정함으로써 연방을 탈퇴하고자 하는 연방주들을 유

인했다.

남북전쟁이 역사적으로 흥미로운 것은 두 가지 이유에
서다. 당시 군인 60만 명과 민간인 5만 명이 목숨을 잃었는
데, 그렇게 많은 수의 미국인들이 전쟁에서 사망한 것은 그
때가 처음이자 마지막이었다. 링컨 스스로 수차례 강조했
듯이, 이는 오로지 '연방'을 유지하기 위해서였다. 이 점에
서 남북전쟁은 헌법사적으로도 흥미로운 사례로 평가된다.
즉 수십 년 전 분리를 통한 독립으로 미합중국이 탄생했
음을 돌이켜보면, 링컨이 바로 그 같은 분리·탈퇴할 권리
를 남부 연방주로부터 박탈했다는 사실은 아이러니하다.

진지하게 생각해볼 점은, 미국 독립혁명이나 프랑스 대
혁명 모두가 노예해방에 별 관심이 없었다는 것이다. 가령
우리는 무엇이 카리브해 섬의 노예들을 해방시켰는지 잘
알고 있다. 바로 사탕무에서 설탕을 얻는 방법을 발견한 덕
분이었다. 이후 값싼 설탕의 대량 생산이 가능해지면서 자
메이카나 쿠바에서 원료당을 수입할 필요가 없어졌다.

타이타닉호는

속도 신기록을 세우려 했다

이는 1934년에 제작된 독일 선전영화에서 비롯된 주장
이다. 그 영화에서 영국인들은 승객들의 목숨을 우습게 아

는 무정하고 무모한 도박사들로 그려지고 있다. 대중문학과 영화에서 자주 다루어진 것처럼, 대서양을 가장 빨리주파한 배에게 주는 '블루리본'이란 상이 있었다. 당시 블루리본은 경쟁 선사인 큐나드 라인Cunard Line 소속 모리타니아Mauretania호의 차지였는데, 타이타닉호보다 거의 하루나빨리 대서양을 횡단했다.

하지만 화이트 스타 라인 선사는 타이타닉호로 속도기록을 깰 생각이 전혀 없었다. 타이타닉호의 추진 장치는 속도경쟁에 적합하게 설계되지도 않았다. 1912년 4월 15일빙산과 부딪혀 침몰한 타이타닉호의 엔진은 5만 1,000마력의 성능을 갖춘 반면, 모리타니아호는 7만 8,000마력이 넘는 성능을 자랑했다. 타이타닉호는 특별히 빠른 운항보다는 돈 많은 승객들에게 최고의 호화 서비스를 제공한다는기치를 내걸었다.

최초로 세계일주에 성공한 사람은
마젤란이다

구글 검색창에 이 질문을 입력하면 포르투갈의 항해가페르디난드 마젤란Ferdinand Magellan이란 이름이 떠오를 것이다. 남아메리카와 태평양 사이에 통로가 있다고 확신한마젤란은 1519년 세비야 항구를 출발했다. 마젤란에 대해서는 슈테판 츠바이크가 쓴 빼어난 전기가 있다. 마젤란은 세계사의 가장 중요한 인물 가운데 하나였고, 누구도 가보지 못한 미지의 세계에 첫발을 내딛은 장본인이기도 했다.

하지만 마젤란 자신은 세계일주 항해에 끝까지 함께하지 못하고 1521년 필리핀에서 세상을 떠나고 말았다. 최초로 세계를 일주한 사람은 마젤란의 노예였던 말라카의 엔리케Enrique de Malaca였다. 그에게 이 같은 이름을 지어준 사람도 마젤란이었다. 엔리케의 출신은 명확치 않다. 1511년 동남아시아 항해에 나선 마젤란은 말레이시아 노예시장에서 그를 사왔다. 엔리케는 마젤란이 나선 항해에 빠짐없이 동행했는데, 1519년 스페인 세비야를 출발해 1522년 원래 출발지로 귀항한 세계일주도 예외가 아니었다.

바이킹의 상징은 뿔 달린 투구다

절대 아니다. 뿔 달린 바이킹 투구는 작곡가 리하르트 바그너의 발명품이다. 바그너는 1876년 여름에 열린 바이로트축제 개막식에서 〈니벨룽겐의 반지〉를 초연할 때 처음으로 그 투구를 선보였다. 낭비벽이 심한 바이에른의 왕 루트비히 2세의 재정적 지원이 없었더라면 줄거리가 복잡하게 얽힌 네 편의 악극으로 구성된 그 작품은 무대에 오를 수 없었을 것이다.

시간여행은 가능하다

불가능하다. "그것이 가능하다면 미래에서 온 관광객들로 벌써 우리 주위가 북적댔을 것이다"라고 스티븐 호킹은 말한다.

한편으로는 이 순간에 막 일어나고 있는 모든 일이 시간여행이다. 여러분이 지금 읽고 있는 글자들은 내가 과거에 쓴 것이지만, 현재 여러분의 머릿속에서 소리로 울리고 있다. 작가로서 나는 여러분의 머릿속에 있다. 하지만 이 글을 쓰는 지금이 아니라 여러분이 이 글자를 읽을 때 비로소 그렇다는 것이다. 미래에 이루어질 그 같은 만남의 기회를 이용해 여러분에게 작별의 인사를, 또 감사의 인사를 전하고자 한다. 지금까지 함께해준 여러분들에게, 우리가 함께 떠난 시간여행에 관심을 보여준 데 대해 감사드린다.

감사의 글

《세계사라는 참을 수 없는 농담》을 쓰도록 격려해준 이리
나에게 고마움을 전한다. 책을 쓰는 동안 자주 함께 시간
을 보내지 못해 미안할 따름이다.

이 책을 쓰도록 용기를 준 출판사 대표 구나르 슈미트에
게도 감사를 전한다. 이처럼 말도 안 되는 엄청난 프로젝트
를 성공리에 마치려면 옆에서 독촉하는 이가 반드시 필요
하다. 그는 그 같은 역할을 훌륭히 해냈고 덕분에 나는 오
랫동안 품어온 소원을 이룰 수 있었다. 내 원고를 인내심
을 갖고 꼼꼼하고 정확하게 검토해준 편집자 리카르다 자
울과 울리히 방크에게도 감사를 드린다. 우리 셋은 진정 훌
륭한 팀이었다.

유발 하라리 교수, 제바스티안 그라프 헹켈 – 도너스마르
크, 토마스 마호 교수, 마르틴 모제바흐, 알렉산더 프셰라
박사에게도 소중한 참고문헌을 소개해주고 여러 조언을 해
준 데 대해 고마움을 전한다. 요하나 슈프론델 박사, 앤서

니 지암브로네 신부, 발터 슈트라텐, 랄프 게오르크 로이트 박사, 트레이시 롤런드 교수, 그리고 특히 하이케 볼터 박사에게도 감사의 인사를 드려야겠다. 볼터 박사는 내 원고 교열을 위해 고생을 많이 했다. 아울러 아넬리 슐리커 – 에릭손과 모리츠 슈트랑회너에게도 격려를 보내준 데 대해 고맙다는 인사를 전한다.

저자와 연락을 취하거나 근황을 알고 싶다면 트위터 @AlecSchoenburg를 팔로우하거나 블로그 www.OnAlexandersMind.blogspot.com을 방문해주길 바란다.

더 낫게 실패하기 위해 건네는 진지한 농담

인류의 미래를 둘러싼 불확실성이 높아지면서 과거를 되돌아볼 필요성 또한 그 어느 때보다 커지고 있다. 우리의 "미래는 과거의 미래, 곧 역사"(크라카우어)이기 때문이다. 우리는 어디서 왔고 어디로 가고 있는가. 그리고 무엇이 되고 싶은가. 역사에 대한 모든 관심은 바로 이런 질문에서 비롯되고 있다.

인간의 지구에 대한 장악력이 유례없이 막강해진 결과, '인간의 시대'를 뜻하는 '인류세'라는 용어가 이 시대를 지칭하는 말로 널리 인정받게 되었다. 하지만 인류의 성공담이 정점을 찍은 지금, 우리는 곳곳에서 파국의 조짐을 목격한다. 생태계의 파괴와 폭발적 인구증가로 인류는 어느덧 지구를 위협하는 존재로 부상했다. 나아가 생명과학의 발달은 불멸의 욕망과 만나면서 호모사피엔스의 정체성까지 뒤흔들고 있다. 지금 우리가 보다 넓은 차원에서 인류가 지나온 길을 재조명해야 하는 까닭이다.

저자 알렉산더 폰 쇤부르크는 바로 이러한 문제의식을 바탕으로 인류가 걸어온 길을 되짚어보는 야심찬 시도에 나선다. 쇠락한 명문 귀족가문 출신의 저널리스트라는 독특한 이력을 가진 그는 스스로가 아마추어 역사가임을 인정하면서 오히려 그 덕분에 세세한 부분에 연연하지 않고 곧바로 핵심에 집중할 수 있음을 장점으로 내세운다. 저자는 도시, 영웅, 악당, 발명품, 사상, 말, 예술과 같은 다양한 주제를 화두로 삼아 역사를 입체적으로 조망하는데, 동시에 책의 적지 않은 부분을 역사서술 및 역사의 의미에 대한 사색으로 채우고 있다. 또 이해를 돕기 위해 신화와 전설, 문학 등을 거리낌 없이 인용함으로써 내용에 한결 풍성함을 더하고 있다.

사실 이 책은 '세계사'로 불리기에는 어느 정도 한계도 있다. 유럽을 중심으로 오리엔트 세계까지를 아울러 이야기하는 경우가 많기 때문이다. 인류사의 전개, 특히 근대 이후의 역사를 유럽 문명이 주도하는 세계의 네트워크화 과정으로 이해하면서 그 추동력이 된 서양정신의 특성을 강조한다는 점에서도 그렇다. 저자는 이러한 '유럽중심적'인 관점이 역사가의 주관성이라는 모든 역사서술이 품고 있는 어쩔 수 없는 측면임을 밝히며 독자들에게 양해를 구한다. 우리가 이를 인정할 수밖에 없는 까닭은 유럽의 역사가 단순히 유럽인만의 역사가 아니기 때문일 것이다. 우리의 근대화가 서양을 모델로 이루어졌고, 우리 사회를 구성하는 여러 제도와 사상에도 그들이 이룩한 성과가 짙은 영향을 끼치고 있음은 엄연한 현실이다.

그렇다고 저자가 유럽이 주도한 근현대사를 일방적인 승리의 역사로 내세우는 것은 아니다. 오히려 그 결과에 대해서는 회의적인 시선을 거두지 않고 있다. 세계사를 자기애와 이타적 사랑이 서로 다투는 과정으로 보았던 아우구스티누스를 인용하며 저자는 인류의 진보란 인간의 자기애에서 비롯된 결과이자 다가올 파국을 암시하는 징후라는 씁쓸한 결론을 내린다.

그렇다면 생명의 창조행위에까지 관여하며 무소불위의 권력을 쥐게 된 이 시대의 인류에게 필요한 덕목은 무엇일까? 어느 대목에서 저자는 고대 그리스인들이 소중히 여긴 덕목 '소프로시네', 곧 '절제'를 언급한다. 하지만 그리스 비극에서도 보듯이 주인공들은 파국을 경험한 후에서야 비로소 깨달음에 도달한다. 파국을 맞이하기 전에, 더 늦기 전에 우리는 현명해질 수 없는 것일까.

우리에게 위로가 되는 것은 우리의 현재가 결코 역사의 필연적 귀결이 아니라는 사실이다. 역사를 통해 우리는 사건과 인물, 사상 등을 만들어낸 다양한 조건과 환경을 의식하게 되고, 이러한 통찰은 우리에게 단단한 현실에 맞설 용기를 준다. 역사란 결국 인간 삶이 빚어내는 이야기이고, 인간의 본질은 바로 자유에 있기 때문이다. 하지만 정말 그럴까? 인간마저 과학의 통제대상이 되는 현실에서 이 같은 생각은 시대에 뒤떨어진 주장이 아닐까?

다만 이렇게는 말할 수 있겠다. 감히 예쁜 내일을 꿈꾸지 못하더라도, 더 나은 미래란 순진하고 어리석은 바람일지라도, 그럼에도 역사의 의미를 믿는다면, "가장 숭고한 위업을 이룰 능력을 갖고 있지만 가장 비열한 짓을 벌일 수도 있는 존재"인 우리가 지나온 어리석고 위대한 길을 돌아보며 적어도 더 낫게 실패하는 방법에 대해 고민할 수는 있지 않을까.

참고문헌

이 책에서 다루는 주제는 너무도 광범위해서 내게 영감을 주거나 길잡이가 되어준 책들을 모두 열거한다는 것은 불가능하다. 하지만 특별히 중요한 몇몇 책들은 꼭 언급하고 싶다.

Alvarez, Walter: T. rex and the Crater of Doom. Princeton University Press, Princeton 1997.

Anderson, Benedict: Die Erfindung der Nation. Ullstein Verlag, Berlin 1998.

Ansary, Tamim: Die unbekannte Mitte der Welt. Campus Verlag, Frankfurt a. M. 2010.

Assmann, Jan: Exodus. Verlag C. H. Beck, München 2015.

Auerbach, Erich: Mimesis (1942 – 1949). Francke Verlag, Tübingen 2015.

Berger, Klaus: Paulus. Verlag C. H. Beck, München 2002.

Berlin, Isaiah: Die Wurzeln der Romantik. Berlin Verlag, Berlin 2004.

Bernstein, Peter L.: Against the Gods. John Wiley & Sons, New York 1996.

Berry, Robert J.: The Lion Handbook of Science & Christianity. Lion Hudson, Oxford 2012.

Bidez, Joseph: Kaiser Julian – Der Untergang der heidnischen Welt. Rowohlt Taschenbuch, Reinbek 1956.

Borkenau, Franz: Ende und Anfang. Ernst Klett Verlag, Stuttgart 1984.

Bowman, Alan K., Woolf, Greg: Literacy and Power, Cambridge University Press, Cambridge 1964.

Bredekamp, Horst: Der schwimmende Souverän – Karl der Große und die Bildpolitik des Körpers. Wagenbach, Berlin 2014.

Brown, Alison: The Renaissance. Longman Publishing, New York 1988.

Brown, Peter: Divergent Christendoms. The Emergence of a Christian Europe. Blackwell, Oxford 1995.

Burckhardt, Jacob: Vorträge zu Kunst und Kulturgeschichte. Dietrich' sche Verlagsbuchhandlung, Leipzig 1987.

Burckhardt, Jacob: Das Geschichtswerk Band I und II. Zweitausendeins, Frankfurt a. M. 2007.

Cave, Stephen: Unsterblich. Fischer Verlag, Frankfurt a. M. 2012.

Demandt, Alexander: Kleine Weltgeschichte. Fischer Taschenbuch, Frankfurt a. M. 2007.

Die Bibel. Einheitsübersetzung der Heiligenschrift. Pattloch, Stuttgart 1980.

Diringer, David: The Alphabet – A Key to the History of Mankind. Hutchinson, London 1968.

Elias, Norbert: Über den Prozess der Zivilisation. Suhrkamp Taschenbuch, Frankfurt a. M. 1997.

Fernau, Joachim: Rosen für Apoll. F. A. Herbig Verlagsbuchhandlung, München 1961.

Fest, Joachim: Nach dem Scheitern der Utopien. Rowohlt Verlag, Reinbek 2007.

Fest, Joachim: Hitler. Propyläen Verlag, Berlin 1973.

Finley, Moses I.: Die Griechen. Verlag C. H. Beck, München 1976.

Finley, Moses I.: Aspects of Antiquity. Penguin Books, London 1977.

Ford, Martin: The Rise of the Robots. Oneworld, London 2015.

Fraser, Lady Antonia: Boadicea's Chariot. Weidenfeld & Nicolson, London 2011.

Freely, John: Aladdin's Lamp. Alfred A. Knopf, New York 2009.

Friedell, Egon: Kulturgeschichte der Neuzeit. Diogenes Taschenbuch, Zürich 2009.

Goethe, Johann Wolfgang: Winckelmann und sein Jahrhundert. Cotta' sche Buchhandlung, Tübingen 1805.

Gombrich, Ernst H.: Eine kurze Weltgeschichte für junge Leser. Du Mont Buchverlag, Köln 1985.

Haller, Reinhard: Das ganz normale Böse. Rowohlt Taschenbuch, Reinbek 2011.

Harari, Yuval Noah: Eine kurze Geschichte der Menschheit. Deutsche Verlags-Anstalt, München 2013.

Heather, Peter: Empires and Barbarians. Macmillan, London 2009.

Hildebrandt, Dieter: Saulus, Paulus. Carl Hanser Verlag, München 1989.

Hintze, Otto: Feudalismus − Kapitalismus. Vandenhoeck & Ruprecht, Göttingen 1970.

Huizinga, Johan: Das Problem der Renaissance. Wissenschaftliche Buchgemeinschaft, Tübingen 1953.

Huizinga, Johan: Wege der Kulturgeschichte. Drei Masken Verlag, München 1930.

Jaspers, Karl: Vom Ursprung und Ziel der Geschichte. Piper Verlag, München 1950.

Jaynes, Julian: Der Ursprung des Bewußtseins durch den Zusammenbruch der bikameralen Psyche. Rowohlt Verlag, Reinbek 1988.

Kaufhold, Martin: Die großen Reden der Weltgeschichte. Marixverlag, Wiesbaden 2012.

Kennedy, Paul: The Rise and Fall of Great Powers. Fontana Press, New York 1988.

Kissler, Alexander: Der aufgeklärte Gott. Pattloch Verlag, München 2008.

Köhlmeier, Michael: Geschichten von der Bibel. Piper Verlag, München 2004.

Kothe B.: Abriß der allgemeinen Musikgeschichte. Verlag von F. E. C. Leuckart, Leipzig 1909.

Kracauer, Siegfried: Geschichte − Vor den letzten Dingen. Suhrkamp Taschenbuch, Frankfurt a. M. 1971.

LeGoff, Jacques: L'Europe est-elle née au Moyen Âge? Editions du Seuil, Paris 2003.

LeGoff, Jacques: Die Liebe zur Stadt. Campus Verlag, Frankfurt a. M. 1998.

Lloyd, John, und Mitchinson, John: The Book of General Ignorance. Harmony Books, New York 2006.

Magnis, Esther Maria: Gott braucht dich nicht. Rowohlt Verlag, Reinbek 2012.

Metternich, Clemens Fürst von: Ordnung und Gleichgewicht. Karolinger Verlag, Wien 1995.

Metzger, Rainer: Die Stadt. Brandstätter Verlag, Wien 2015.

Mithen, Steven: The Prehistory of the Mind. Thames & Hudson, London 1996.

Nelson, Brian R.: Western Political Thought. Prentice Hall, Englewood Cliffs 1996.

O'Hear, Anthoy: The Landscape of Humanity. Imprint Academic, Exeter 2008.

Pieper, Josef: Über das Ende der Zeit. Verlagsgemeinschaft Topos Plus, Kevelaer 2014.

Pollock, Sheldon: The Language of the Gods in the World of Men: Sanskrit, Culture and Power in Premodern India. University of California Press, Berkeley 2006.

Popper, Karl R.: Auf der Suche nach einer besseren Welt. Piper Verlag, München 1984.

Presser, Jacques: Napoleon. Manesse Verlag, Zürich 1990.

Pryce-Jones, David: The Closed Circle. An Interpretation of the Arabs. Weidenfeld & Nicolson, London 1989.

Ratzinger, Joseph Kardinal: Europa – Geistige Grundlagen. Vortrag am 28. November 2000 in der Bayerischen Vertretung in Berlin.

Sanders, Seth L.: The Invention of Hebrew. University of Illinois Press, Chicago 2011.

Schama, Simon: The Story of the Jews. Bodley Head, London 2013.

Schmitt, Carl: Land und Meer. Cotta'sche Buchhandlung, Leipzig 1942.

Schramm, Gottfried: Fünf Wegscheiden der Weltgeschichte. Vandenhoeck & Ruprecht, Göttingen 2004.

Schwarzenberg, Karl: Adler und Drache – Der Weltherrschaftsgedanke. Verlag Herold, Wien 1958.

Scull, Andrew: Madness in Civilization. Princeton University Press, Princeton 2015.

Seibt, Gustav: Canaletto im Bahnhofsviertel. Zu Klampen Verlag, Springe 2005.

Sieburg, Friedrich: Gott in Frankreich. Societäts-Verlag, Frankfurt a. M. 1958.

Stark, Rodney: Gottes Krieger. Haffmans & Tolkemitt, Berlin 2014.

Starr, Chester G.: A History of the Ancient World. Oxford University Press, New York/Oxford 1991.

Taleb, Nassim Nicholas: The Black Swan. Random House, New York 2007.

Taylor, Alan J. P.: Europe, Grandeur and Decline. Penguin Books, London 1967.

Thomson, David: Political Ideas. Penguin Books, London 1969.

Varoufakis, Yanis: Time for Change. Carl Hanser Verlag, München 2015.

Winkler, Heinrich August: Geschichte des Westens – Von den Anfängen der Antike bis zum 20. Jahrhundert. Verlag C. H. Beck, München 2009.

Wittgenstein, Ludwig: Geheime Tagebücher. Turi & Kant, Wien 1991.

Woolf, Greg: Rome: An Empire's Story. Oxford University Press, Oxford 2012.

Zweig, Stefan: Sternstunden der Menschheit. S. Fischer Verlag, Frankfurt a. M. 1962.

세계사라는 참을 수 없는 농담

짧지만 우아하게 46억 년을 말하는 법

1판 1쇄 발행	2017년 7월 21일
1판 5쇄 발행	2024년 1월 25일

지은이	알렉산더 폰 쇤부르크
옮긴이	이상희
펴낸이	고병욱

기획편집실장 윤현주 **기획편집** 김경수 한희진
마케팅 이일권 함석영 황혜리 복다은 **디자인** 공희 백은주
제작 김기창 **관리** 주동은 **총무** 노재경 송민진

펴낸곳	청림출판(주)
등록	제2023-000081호

본사	04799 서울시 성동구 아차산로17길 49 1009, 1010호 청림출판(주)
제2사옥	10881 경기도 파주시 회동길 173 청림아트스페이스
전화	02-546-4341 팩스 02-546-8053
홈페이지	www.chungrim.com
이메일	cr2@chungrim.com

ISBN	979-11-5540-105-7 03900